职业教育铁道运输类专业教学创新系列教材

铁道车辆制动检修

主　编　师玲萍　史新伟

副主编　冯长久　李　健　郝　磊

主　审　刘耀峰

西南交通大学出版社
·成　都·

图书在版编目（CIP）数据

铁道车辆制动检修 / 师玲萍，史新伟主编. -- 成都：
西南交通大学出版社，2024. 12. -- ISBN 978-7-5774
-0281-9

Ⅰ. U260.13

中国国家版本馆 CIP 数据核字第 2025P93F86 号

Tiedao Cheliang Zhidong Jianxiu
铁道车辆制动检修

主　编 / 师玲萍　史新伟

策划编辑 / 黄庆斌　李芳芳
责任编辑 / 李　伟
责任校对 / 谢玮倩
封面设计 / 曹天擎

西南交通大学出版社出版发行
（四川省成都市金牛区二环路北一段 111 号西南交通大学创新大厦 21 楼　610031）
营销部电话：028-87600564　　028-87600533
网址：https://www.xnjdcbs.com
印刷：四川煤田地质制图印务有限责任公司

成品尺寸　185 mm×260 mm
印张　15.5　　字数　339 千
版次　2024 年 12 月第 1 版　　印次　2024 年 12 月第 1 次

书号　ISBN 978-7-5774-0281-9
定价　68.00 元

课件咨询电话：028-81435775
图书如有印装质量问题　本社负责退换
版权所有　盗版必究　举报电话：028-87600562

前 言

随着国家对职业教育的持续关注,一系列政策文件如《国家职业教育改革实施方案》《职教 20 条》、《职业院校教材管理办法》以及《"十四五"职业教育规划教材建设实施方案》相继出台,明确提出了教材改革的新方向,这也意味着职业教育教材建设正式迈入新发展阶段。

为深化产教融合,推进职普融通,编写团队积极响应国家号召,开始了《铁道车辆制动检修》新形态教材的筹划工作。车辆制动装置是铁道车辆的重要组成部分,"车辆制动检修"课程也是铁道车辆技术专业的核心课程之一。在此背景下,编写团队将本书成功申报为学院的新形态教材建设项目。

本书可作为职业院校铁道车辆专业教材,以培养铁道车辆技术专业高素质技术技能型人才;也可将其作为铁路职工岗前培训教材,帮助员工迅速掌握专业知识与检修技能,尽快定岗;同时还可作为车辆相关单位管理人员、技术人员的参考教材以及对列车制动有浓厚兴趣的火车迷们的自学教材,帮助他们提高专业知识和职业素养,为开展后续教学、工作奠定扎实的专业基础。

本书在编写过程中力求严谨、务实,以符合现代化职业教育教学需求为原则,紧跟行业发展现状,具体特色如下:

(1)校企双元编写。本书编写团队由西安铁路职业技术学院、黑龙江交通职业技术学院、湖南铁路科技职业学院的专业教师以及中国铁路西安局集团有限公司、中国铁路兰州局集团有限公司、中国铁路郑州局集团有限公司、中车南京浦镇车辆有限公司、中车石家庄车辆有限公司的行业企业专家组成,为本书的权威性、标准化、实用性等提供了有力的保障。

(2)岗课赛证融通。根据典型制动岗位需求,对标车辆制动钳工技能考核要点,重构教材体系,设计岗位作业检修环节,全面提升学生的专业技能与职业素养。

(3)新知与思政并重。聚焦行业前沿发展,融入行业"四新"内容,提升职业教育的科技创新含量;深度践行"立德树人"目标,将思想政治教育自然融入,促进学生全面发展,使其成为既具有专业技能又具备高尚品德的新时代工匠。

（4）数字化富媒驱动。教材采用模块化、项目式体例格式。每个任务都围绕现场检修任务展开；配备丰富的微课、视频、动画仿真等数字资源；习题设计重视理论与实践同步提升；智慧评价体系满足综合素养考评需求。这些资源均可扫码识别，满足线上线下混合式教学需求，顺应数字化变革潮流。

（5）理论与实践交融。将典型岗位的工作流程与生产任务编制成检修工艺流程，使教学内容与岗位技能接轨，并将现场岗位作业指导书充分融合凝练，绘制出重要零部件的检修工序，切实做到理实一体、工学结合。

本书共分为3个模块，6个项目，共计17个任务。模块一主要讲述了铁道车辆制动装置的基础知识，包括制动机历史简介、制动装置相关概念以及我国主型客货车制动机的特点；模块二、模块三分别讲述了客车制动装置和货车制动装置的检修工艺，包括空气制动机、人力制动机以及基础制动装置三部分内容，详细介绍了重要零部件的系统组成、结构特点、工作原理和检修方法。

本书由师玲萍、史新伟担任主编，冯长久、李健、郝磊担任副主编，刘耀峰担任主审。具体编写分工如下：西安铁路职业技术学院师玲萍、中国铁路西安局集团有限公司史新伟共同编写项目一、项目二以及项目六任务一、任务二；黑龙江交通职业技术学院冯长久编写项目三任务一、任务二；湖南铁路科技职业学院李健编写项目五任务一、任务二；西安铁路职业技术学院郝磊编写项目三任务三、任务四；西安铁路职业技术学院张曹辉编写项目四；西安铁路职业技术学院朱亚利编写项目五任务三、任务四；西安铁路职业技术学院姚姣凤编写项目六任务三；师玲萍、冯长久负责本书的统稿工作，中国铁路西安局集团有限公司刘耀峰负责本书的审稿工作。

在本书编写过程中，铁路同行专家们提供了丰富的数字资源，并参与教材的校对工作。他们是：中车南京浦镇车辆有限公司陈燕，中车齐车集团石家庄公司武进雄，中国铁路兰州局集团有限公司刘亚飞，中国铁路郑州局集团有限公司王旭庆，中国铁路西安局集团有限公司魏青竹、郝祥文、李锐、肖卫、张鹏、贾勋、李建澍、蒙甲、张勇、宋涛、杨彦强等，在此一并表示感谢！

由于编者水平有限，书中难免存在不足之处，欢迎广大读者批评指正，提出宝贵意见。

编 者

2024年10月

目录 CONTENTS

模块一　车辆制动基础认知

项目一　制动机发展概述 ·· 002
　　任务一　制动机历史简介 ·· 002
　　任务二　车辆制动机相关概念及分类 ································· 009
项目二　车辆制动机简介 ·· 015
　　任务一　客货车主型制动机 ·· 015
　　任务二　车辆制动机主要附件 ··· 026

模块二　客车制动装置检修

项目三　内制动 ·· 046
　　任务一　制动（总风）软管的检修 ······································ 046
　　任务二　104型分配阀的检修 ·· 055
　　任务三　F8型分配阀的检修 ·· 076
　　任务四　防滑排风阀的检修 ·· 097
项目四　外制动 ·· 109
　　任务一　手制动机的检修 ·· 109
　　任务二　基础制动装置的检修 ··· 118

模块三　货车制动装置检修

项目五　内制动 ·· 133
　　任务一　120型控制阀的检修 ·· 133
　　任务二　KZW-A型空重车自动调整装置的检修 ·················· 157
　　任务三　货车脱轨自动制动装置的检修 ······························ 171
　　任务四　试验台试验 ·· 182
项目六　外制动 ·· 193
　　任务一　NSW型手制动机的检修 ······································· 193
　　任务二　基础制动装置的检修 ··· 209
　　任务三　单车性能试验 ··· 225

参考文献 ··· 242

01 模块一
车辆制动基础认知

★★★★

　　本模块主要介绍车辆制动装置的基础知识，一共分为两个项目：项目一介绍制动机的发展历史以及与制动相关的一些概念定义；项目二介绍我国主型客货车制动机的结构特点以及制动机重要附件的组成和作用。

　　回望制动技术的发展之路，我们深感自豪，更觉责任重大。作为新时代的学子，我们应正视历史，铭记使命，不忘初心，持续追赶超越；通过不断学习与探索，助力我国铁路事业蓬勃发展，为构建更安全、高效的交通体系贡献力量。

PART ONE 项目一
制动机发展概述

// 项目导入 //

客货车制动机是整个制动技术的关键，制动机的性能随着客货车不同的运营需求而有所不同。车辆制动技术能够保证列车安全运行，及时减速或者停车；同时，制动技术也制约着列车牵引技术的发展。因此，制动技术需要与牵引术同步发展。现在让我们来揭开制动机的神秘面纱吧。

// 素养小课堂 //

主题：不忘历史，吾辈自强

素养课堂 1

任务一 制动机历史简介

学习目标

1. 知识目标

学习世界铁路制动机发展史。

2. 能力目标

了解早期制动机原理。

3. 素质目标

引导学生牢记历史、不忘初心，培养他们的爱国情怀和民族自豪感。

学习重难点

1. 学习重点

制动机发展史。

项目一　制动机发展概述

2. 学习难点

空气制动机的作用原理。

学习任务

（1）了解国内外制动机发展历史以及车辆制动机的基本原理；

（2）了解对我国制动机发展做出重要贡献的知名企业和制动专家，培养国家荣辱感和民族自信心。

基础认知

一、世界第一条铁路

达林顿铁路简介

1825 年，英国斯多克顿至达林顿之间建成第一条由蒸汽机车牵引的铁路，名叫达林顿铁路，该铁路同时办理客运和货运业务。这条铁路是由"蒸汽机车之父"——G. 斯蒂芬森（见图 1-1-1）任工程师负责主持修建的，历时 3 年完成，如图 1-1-2 所示。

图 1-1-1　英国人斯蒂芬森

图 1-1-2　"旅行号"蒸汽机车

二、早期制动方式

在铁路出现初期，由于列车车厢数量较少、速度较慢，当时主要依靠两种制动方式：闸瓦制动、逆汽（倒汽）制动。

1. 闸瓦制动

闸瓦制动是以人力为原制动力，每节车辆上配备一名制动员，以司机笛声为号令协同操作手轮，以手轮的转动方向和受力大小来操纵制动机构，最终使闸瓦压紧车轮踏面，从而产生制动作用。

003

2. 逆汽（倒汽）制动

当发生紧急情况时，由于闸瓦制动的制动力小，不能很快停车，这时，有经验的司机还采用逆汽制动。逆汽制动是一种破坏性的制动方式。它能够使蒸汽机车动轮获得向后滚动的转矩，从而产生制动作用。由于该方式是欲迫使机车在不停车时后退，这必定会对机车的气缸、传动机构、配气机构产生损坏。如不是极其严重的险情，一般不能随便使用该制动方式。

倒汽制动

3. 空气制动

随着铁路运输不断发展，列车变得更长、更快，对列车的制动性能要求变得越来越高。1866 年，美国宾夕法尼亚铁路工程师乔治·威斯汀豪斯（西屋电气公司创始人，见图 1-1-3）目睹了一起铁路事故，了解到既有制动装置的不足。1869 年，年仅 23 岁的乔治·威斯汀豪斯通过大量的研究和试验，成功研制出了世界上第一套"直通空气制动机"，如图 1-1-4 所示。

制动时，司机打开制动阀，让压力空气进入每节车辆的制动缸内，推动活塞伸出，再经由一系列拉杆和杠杆迫使闸瓦压紧车轮踏面，从而产生制动作用。

图 1-1-3 美国人乔治·威斯汀豪斯　　　图 1-1-4 直通式空气制动机原理

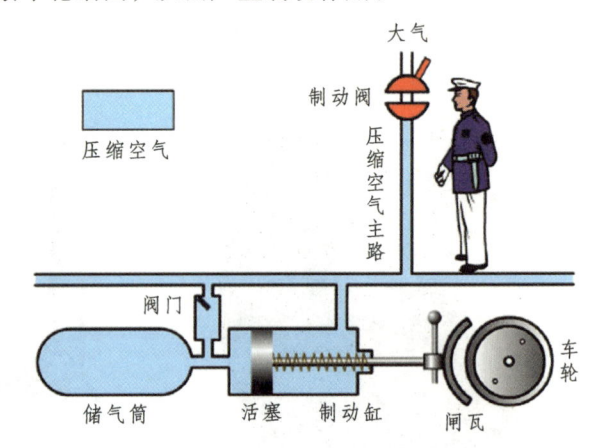

> **知识拓展**
>
> ## 我国铁路制动机的发展史

乔治·威斯汀豪斯简介

1. 新中国成立前

新中国成立前，我国拥有可统计的机车车辆 4 069 台，分别出自 9 个国家的 30 多家工厂，机车型号多达 198 种，当时的中国也因此被称为"万国机车博物馆"。机车车辆制动装置型号也十分繁杂，蒸汽机车大多装备 ET-6 型制动机。客车以 PM 型和 LN 型制动机为主，其他为 AV、QSLP 和 QA 型等。货车则以 K1、K2 型制动机为主，其他为 QA、Q、SL、P、H、QSHU 等杂型阀。这些制动阀基本上是 20 世纪 20 年代之前的国外产品。

据 1950 年的统计，客货车辆中只有一部分安装了制动阀，其余有的只安装了过风管，有的安装了手制动机或过风管，还有很多车辆没有任何制动设施，这给列车运用和检修带来了很大困难。

2. 新中国成立初期

1）简统化及仿造改造阶段

1950 年初，齐齐哈尔车辆厂（现中车齐齐哈尔交通装备有限公司）建立了制动机车间，对空气制动机进行简统化并进行生产，淘汰了一批杂型阀，后统一为客车用 P 型和 LN 型制动机，货车用 K 型制动机，蒸汽机车用 ET-6 型制动机，自此所有机车车辆上都陆续安装了制动机，改写了中国不能生产制动机的历史。同时，我国还建立了一支制动科研队伍，开始开展机车车辆制动机的研制工作。

1958 年，我国制动机研发团队对 K 型制动机进行了相应改造，试制成功了 GK 型制动机。GK 型制动机在当时基本上解决了大型货车的制动问题，并增设一套加装 17 L 降压风缸的空重车调整装置，改善了重载货车的制动效率。同年，对客车的 L_3 制动阀进行了改造，制造出使用 GL_3 阀的 LN 型空气制动机，目前这两种制动机均已淘汰。

2）研发创新阶段

我国铁路在引进国外制动机和发展电空阀的同时，1962 年，铁道部决定自行研制空气制动机，由铁道科学研究院与齐齐哈尔车辆厂承担设计及试制任务，并由国内机车车辆制动技术专家——吴培元同志（见图 1-1-5）主持此课题。1963 年 2 月，新型 101 型分配阀诞生了。由于在选用橡胶件还是研磨滑阀上存在分歧意见，研发团队又制造出一台试验样机，取名为 102 型分配阀。1966 年，研发团队又自行研制出我国第一台货车空气制动机——103 型制动机。后又将 103 型分配阀的空重车调整装置部分去除，正式命名为 104 型分配阀，并在客车上推广使用，如图 1-1-6 和图 1-1-7 所示。103/104 型分配阀均为二压力机构，多数零部件为通用件，可互换。另外，103 型制动机还可以实现与 K 型、GK 型制动机的无条件混编。

图 1-1-5　吴培元同志　　　图 1-1-6　103 型分配阀　　　图 1-1-7　104 型分配阀

3. 改革开放后

1) 货车 120 型空气控制阀

随着国民经济的不断发展，长大重载货物列车对制动机的性能又提出了新的要求。因此，研制开发新一代货车制动机的工作成为制动工作者的迫切任务。

1989 年，铁道科学研究院和眉山车辆厂（现中车眉山车辆有限公司）开始进行了货车 120 型空气制动机的研制工作。1990 年，研发团队试制出样机，随后进行了一系列性能测试，于 1993 年通过铁道部技术成果鉴定并在全国推广应用。2003—2006 年，全路既有货车逐步改造装用 120 阀，新造货车全部装用 120 阀，如图 1-1-8 所示。到目前为止，120 控制阀仍然是我国铁道货车的主型空气控制阀。

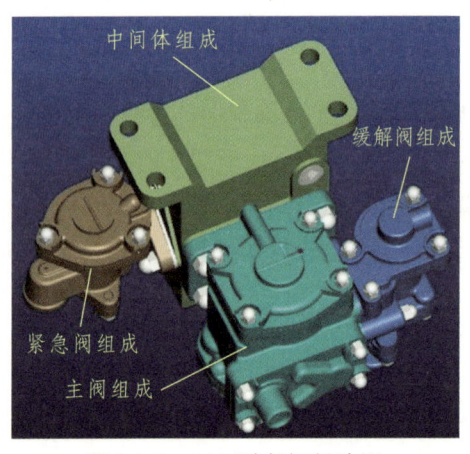

图 1-1-8　120 型空气制动阀

中车眉山车辆有限公司简介

天津机车车辆机械厂简介

2) 客车 104 型、F8 型电空制动阀

随着我国铁路客车的不断提速，客车制动机也迎来了更大的挑战。1985 年，客车电空制动技术正式列入技术提案，1986—1988 年，我国的制动专家们对 104 型空气制动机进行了设计改造（加装了电空制动部分），1989—1994 年，104 型电空阀先后在郑州局、哈尔滨局完成了列车重车 20 节编组以及寒冷地区的运行考核工作。1992 年，104 型电空制动机在广深线准高速铁路开始工作，随后在全国各路局推广使用，如图 1-1-9 所示。

1989 年，铁道部通过了由天津机车车辆机械厂（现中车天津机辆轨道交通装备有限责任公司）和青岛四方车辆研究所有限公司共同研制的 F8 型客车分配阀（以下简称 F8 阀）的项目鉴定工作。随后在 F8 型分配阀的基础上又联合开发了 F8 型电控制动机，并于 1994 年通过铁道部鉴定，如图 1-1-10 所示。F8 型电空制动机先后在广深准高速客车（25Z 型）、提速客车（25K 型、25T 型）和部分国产动车组上批量装车使用。2018 年，F8 阀又大批量用于 160 km/h 速度等级的 CR200J 复兴号动车组，其性能稳定、故障率低、检修周期长、检修技术难度低。

图 1-1-9　104 型电空阀

图 1-1-10　F8 型电空阀

💡 自主提升

同步练习 1.1

1. 单选题

（1）以下哪项不属于早期火车的制动方式？（　　）

A. 人力制动　　　　B. 闸瓦制动　　　　C. 电空制动　　　　D. 倒汽制动

（2）下列选项中，哪位专家发明了世界上第一套空气制动机？（　　）

A. 乔治·威斯汀豪斯　B. 茅以升　　　　C. 斯蒂芬森　　　　D. 冯·西门子

（3）下面哪项不是货车制动机使用过的型号？（　　）

A. 104 型　　　　　B. 103 型　　　　C. 120 型　　　　D. GK 型

2. 判断题

（1）120 型货车制动机主要是由原齐齐哈尔车辆厂和铁科院研制成功的。（　　）

（2）103/104 型制动机主要是由原眉山车辆厂和铁科院研制成功的。（　　）

（3）104 型和 F8 型电空制动机大量用于我国客用车辆。（　　）

考核评价

线上考评 1.1

学生姓名		组名		班级			
出勤情况							
考评项目	具体内容	评价要点	分值	学生自评	小组互评	教师评定	
课前	知识点掌握情况	能够理解制动机的发展史	5				
	制动方式掌握情况	能够简单阐述早期的制动原理	10				
	学习主动性	积极参与，主动接受教师指导	5				
	任务完成度	根据情况，酌情赋分	5				
课中	能够简单说出制动机的发展史	论述表达清楚，内容正确，酌情赋分。错一处扣2分	10				
	能够清晰阐述客车制动机的发展史	论述表达清楚，内容正确，酌情赋分。错一处扣2分	10				
	能够清晰阐述货车制动机的发展史	论述表达清楚，内容正确，酌情赋分。错一处扣2分	15				
	能够大致说出各型制动机的研发背景及其制造单位	论述表达清楚，内容正确，酌情赋分。错一处扣2分	5				
	团队协作能力	根据情况，酌情赋分	5				
	课堂表现	根据情况，酌情赋分	5				
	职业素养	根据情况，酌情赋分	5				
课后	作业完成情况	根据情况，酌情赋分	10				
	交流反馈	能够进行有效互动并给出合理建议	5				
	自评反思	根据情况，酌情赋分	5				
成绩评定							
改进建议							

任务二　车辆制动机相关概念及分类

学习目标

1. 知识目标

学习与制动机相关的基本概念。

2. 能力目标

了解制动机的种类和作用原理。

3. 素质目标

培养学生掌握科学的学习方法和技巧，提高学习效率，并运用理论指导实际的方法解决问题。

学习重难点

1. 学习重点

制动的基本概念。

2. 学习难点

空气制动的作用原理。

学习任务

火车制动的安全性

车辆制动装置是列车制动装置的基本单元。车辆制动技术是列车实现重载、高速发展的关键条件之一。掌握制动机的基本概念，有助于提高学生对制动机的性能认知。

基础认知

在铁路运输上，为了调节列车的运行速度和及时准确地在指定地点停车，保证列车安全正点运行，每一辆车辆上都装有制动装置，它就是由车辆上起制动作用的零部件所组成的一整套机构。车辆制动装置通常由三部分组成：空气制动装置、基础制动装置和人力制动机。

一、制　动

人为地给物体施加一个外力，使其减速、停车或保持其静止状态，这个过程就叫制动。施加的力叫作制动力，这个力与列车的牵引力平行且相反。

二、缓　解

解除制动的过程称为缓解。即列车开始走行或加速前，要解除制动作用。

三、制动装置

同时具备制动和缓解两个功能，能够产生制动力的装置，叫作制动装置（制动机）。装在机车上的制动装置称为机车制动装置，装在车辆上的制动装置称为车辆制动装置。列车制动装置由机车制动装置和车辆制动装置组成，如图 1-2-1 所示。控制列车制动和缓解的手柄称为司机室制动手柄，如图 1-2-2 所示。

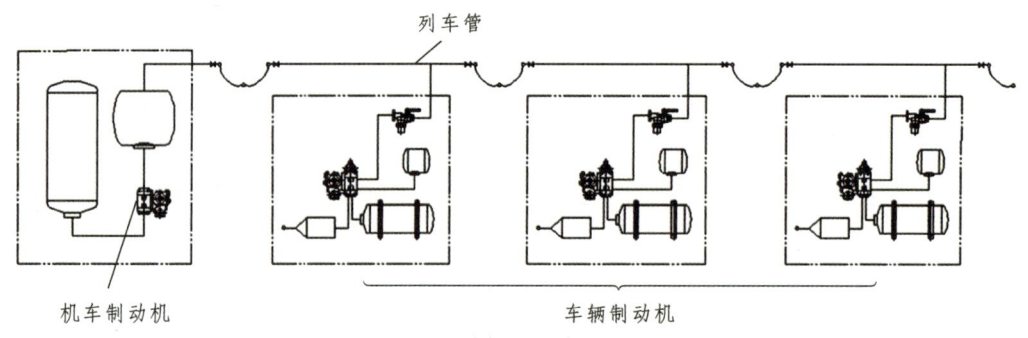

图 1-2-1　列车制动装置示意图

图 1-2-2　司机室制动手柄

四、车辆制动装置

车辆制动装置如图 1-2-3 所示。车辆的制动技术和制动性能决定着列车制动机的性能，车辆制动技术是铁路运输实现重载、高速的关键性前提条件之一。

五、制动距离

从司机施行制动时起，到列车完全停车，列车所行驶过的距离叫作制动距离。所需要的时间为制动时间。制动距离越短，列车的安全系数越大。

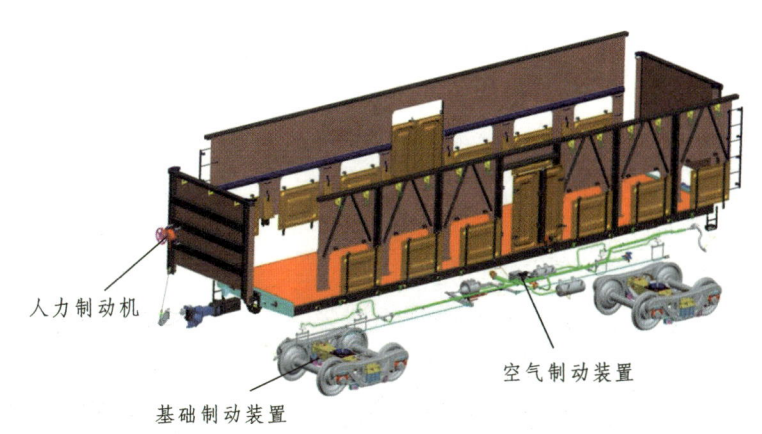

图 1-2-3　车辆制动装置

六、制动波和缓解波

制动或缓解作用的产生一般是由机车开始的,并沿列车纵向方向从前往后传递,这种制动或缓解作用的传播现象就叫作制动波或缓解波。波速的快慢是综合评定制动机性能的关键指标之一。波速越快,制动或缓解的作用就越快,从而能够缩短制动距离,保证行车安全;同时,传播速度越快,列车中的各制动机动作就会趋于一致,从而减小了列车的纵向冲动。

七、制动机的稳定性

制动机的稳定性是指制动机在制动管缓慢减压下(如漏泄),不发生制动作用的性能。

八、制动机的安定性

制动机的安定性是指制动机在常用制动时,制动机不发生紧急制动作用的性能。

九、制动机的灵敏度

制动机的灵敏度分为缓解灵敏度和制动灵敏度,是指制动管缓慢增压或减压时,制动机是否发生缓解或制动作用。要求车辆制动机在制动管减压 40 kPa 前发生制动作用。在制动管缓慢增压时,制动缸应在 45 s 内缓解完毕。

知识拓展

能够产生制动力的装置叫作制动机。作为制动机来讲,至少得具备制动和缓解两个功能。客、货车制动机的种类有很多,根据动力源的不同,可以分为以下几种:

1. 人力制动机

以人力作为动力来源,操纵制动机实现制动和缓解作用的装置叫作人力制动机,如

图 1-2-4 和图 1-2-5 所示。多数人力制动机为手制动机，少量为脚踏式。其特点是制动力小，仅用于原地制动或调车作业等辅助制动。

图 1-2-4　折叠式手制动机　　　　　　图 1-2-5　制动作业

2. 空气制动机

以压缩空气为动力来源，用空气压力的变化速度来操纵的制动机叫作空气制动机，如图 1-2-6 所示。我国货车制动机多采用自动式空气制动机，其特点是当制动管减压时，车辆制动，增压时，车辆缓解，一旦列车分离，车辆脱钩，制动管被拉断，则立即实施紧急制动作用。

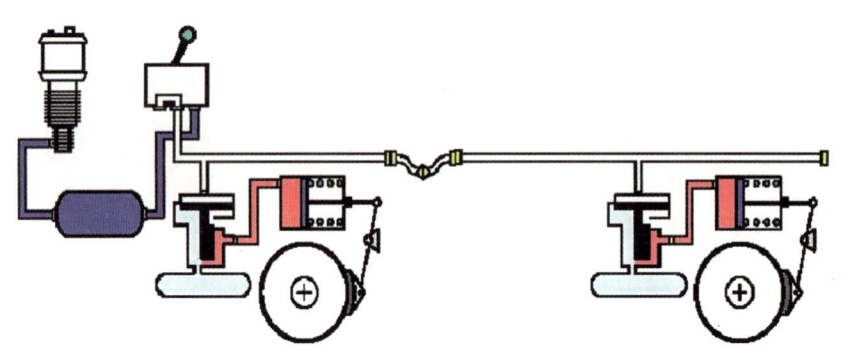

图 1-2-6　空气制动机

火车常用制动方式　　　　　　车辆制动装置基本原理

3. 电空制动机

电空制动机是以压力空气作为原动力，在空气制动机的基础上，配套有电制动控制系统，通过电信号控制电磁阀动作，实现制动机的制动和缓解作用。其特点是能够迅速实现制动和缓解作用，列车中的各制动机一致性较好，列车纵向冲动小，因此多用于客车制动机。现在采用的电空制动机仍然保留压力空气操纵，当电空制动被切除或发生故障时，能自动转换为空气制动机状态。

4. 电磁制动

电磁制动有磁轨制动和线性涡流制动两种。二者都在转向架上装有电磁铁，在制动时，电磁铁会通电励磁向下运动，区别是磁轨制动机的电磁铁会压紧钢轨，实现摩擦制动；而线性涡流制动机的电磁铁会保持与轨道 7～10 mm 的距离，利用它和钢轨的相对运动使钢轨表面产生电磁涡流而产生制动作用。电磁制动主要用作高速列车的辅助制动装置。

5. 电制动

电制动分为电阻制动和再生制动，分别适用于机车和动车。电阻制动是当机车制动时，将牵引电机转变为发电机，将列车的动能转换为电能，并消耗于电阻上，再配合空气制动达到停车的目的。再生制动是在电阻制动的基础上发展起来的，它是将电能反馈回电网，供其他列车牵引使用。再生制动主要用于动车上。

💡 自主提升

1. 单选题

（1）以下哪项不属于车辆制动装置的组成？（　　）

A. 手制动机　　　　　　　　B. 空气制动机

C. 基础制动装置　　　　　　D. 再生制动机

（2）下面哪项制动技术只使用在动车组列车上？（　　）

A. 再生制动　　　　　　　　B. 电阻制动

C. 踏面制动　　　　　　　　D. 人力制动

（3）制动力是一种与牵引力大小相等且（　　）的力。

A. 相反　　　　　　　　　　B. 相同

C. 互斥　　　　　　　　　　D. 相关

2. 判断题

（1）电空制动是一种靠电能来制动的制动方式。　　　　　　　　（　　）

（2）同时具备制动和缓解两个功能的装置叫作制动装置。　　　　（　　）

（3）再生制动是当机车制动时，将牵引电机转变为发电机，将列车的动能转换为电能，并消耗于电阻上。　　　　　　　　　　　　　　　　　　　　　　　　（　　）

考核评价

线上考评 1.2

学生姓名		组名		班级			
出勤情况							
考评项目	具体内容	评价要点	分值	学生自评	小组互评	教师评定
课前	知识点掌握情况	能够理解基础知识，如制动装置的基本概念、组成等	5			
	作用原理掌握情况	能够简单说出制动机的作用原理	10			
	学习主动性	积极参与，主动接受教师指导	5			
	任务完成度	根据情况，酌情赋分	5			
课中	能够简单说出制动装置的基本概念	论述表达清楚，内容正确，酌情赋分。错一处扣2分	10			
	能够掌握制动装置的种类	论述表达清楚，内容正确，酌情赋分。错一处扣2分	10			
	能够掌握不同制动机的作用原理	论述表达清楚，内容正确，酌情赋分。错一处扣2分	15			
	能够阐述各型制动装置的特点	论述表达清楚，内容正确，酌情赋分。错一处扣2分	5			
	团队协作能力	根据情况，酌情赋分	5			
	课堂表现	根据情况，酌情赋分	5			
	职业素养	根据情况，酌情赋分	5			
课后	作业完成情况	根据情况，酌情赋分	10			
	交流反馈	能够进行有效互动并给出合理建议	5			
	自评反思	根据情况，酌情赋分	5			
成绩评定							
改进建议							

项目二 车辆制动机简介

// 项目导入 //

在学习了我国客货车制动机的发展历史后,同学们需要学习不同类型的客货车主型制动机,它们是车辆制动装置的重要组成。车辆能够安全停车以及快速缓解,都是依靠车辆空气制动机执行车辆的制动、缓解、减速等命令。除此之外,车辆制动机还需要其他部件来共同工作,完成车辆制动机的各项功能。现在,让我们一起认识一下客货车主型制动机家族,了解它们的工作原理和基本组成吧。

// 素养小课堂 //

主题:劳动安全,警钟长鸣

素养课堂 2

任务一 客货车主型制动机

学习目标

1. 知识目标

学习我国客货车主型制动机。

2. 能力目标

了解各型制动机的结构组成和特点。

3. 素质目标

引导学生用唯物辩证的思维看待整体与局部的关系,二者是对立统一的,既相互依存,又相互影响。

学习重难点

1. 学习重点

空气制动机的一般组成。

2. 学习难点

空气制动机的作用特点。

学习任务

旅客列车和货物列车的运输性质不同,其制动机的性能特点也不同。学习我国主型客货车主型制动机的功能和特点,并掌握我国现行车辆上的制动机型号。

基础认知

客货车制动机的命名方式多以阀的名称来命名,例如,GK 型制动机用的就是 GK 型制动阀。制动机由很多配件组成,除了制动阀之外,还有制动缸、副风缸、管路等附件。

一、货车主型制动机

1. GK 型制动机

GK 型制动机是在过去的 K 型制动机的基础上改造的,在 103 型制动机出现之前,在大型货物列车运输中,GK 型制动机的使用仍占绝大多数。GK 型制动机及其气路走向如图 2-1-1 和图 2-1-2 所示。

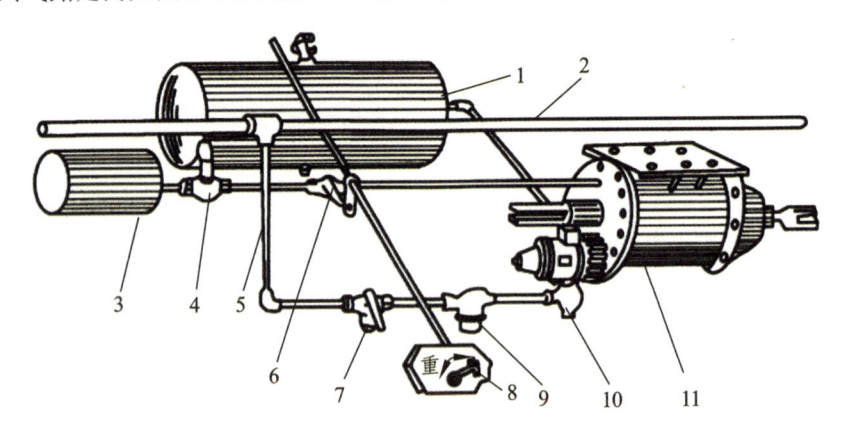

K 型制动机

1—副风缸;2—列车制动主管;3—降压风缸;4—空车安全阀;5—制动支管;6—空重车转换塞门;
7—截断塞门;8—空重车调整把手;9—远心集尘器;10—GK 阀;11—制动缸。

图 2-1-1　GK 型制动机

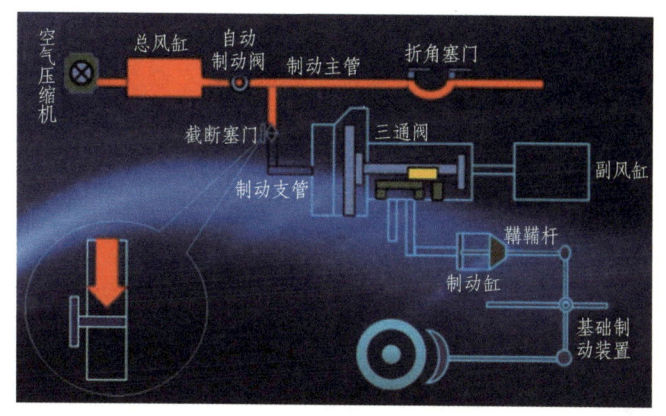

图 2-1-2 GK 型制动机的气路走向

GK 型制动机系统组成

GK 型空气制动机的核心是 GK 型三通阀，是具有两级空重车调整装置的自动空气制动机。与 K 型制动机的区别就是增设有一套带有降压气室（17 L）的空重车调整装置。二级调整是人工可扳动手把，使车辆处于空车位或重车位。当列车制动时，处于空车位的车辆会受到相对较小的制动力（多余的压力空气进入降压气室）；而处于重车位的车辆则会受到全力制动，从而减轻全列车辆在制动时受到的纵向冲动，并且减少闸瓦、车轮踏面的相对损耗。

2. 103 型空气制动机

103 型空气制动机是为了满足我国当时货物运输提高至 60 t 的载重需求设计的，其同样拥有空重车二级调整功能。如图 2-1-3 所示，制动阀采用 103 型分配阀，它能够与当时的 K 型、GK 型制动机无条件混编，在考虑提高性能的同时，各作用压力、时间等参数与旧型三通阀协调工作。

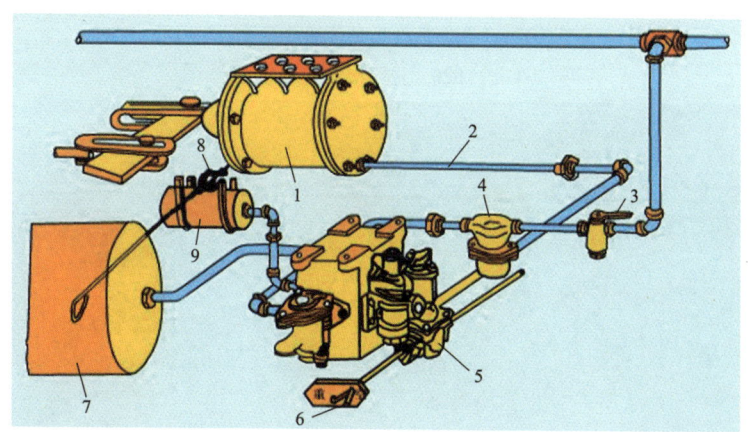

1—制动缸；2—制动缸管；3—截断塞门；4—远心集尘器；5—103 分配阀；6—控制车指示牌及调整手把；7—副风缸；8—缓解阀；9—制动缸。

图 2-1-3 103 型空气制动机

103 型空气制动机的性能特点如下：

（1）采用二压力机构与间接作用方式，即依靠列车管压力变化引起与工作风缸的压力差来控制制动机的充气缓解、减速充气和减速缓解，具有制动、保压和紧急制动等基本作用，便于按原来习惯进行操作，并满足长大货物列车制动和缓解性能的要求。

（2）采用橡胶膜板金属滑阀结构，其主活塞采用橡胶膜板结构，摒弃了金属活塞与金属胀圈，这样可以保证气密性，提高作用灵敏度，也便于检修。

（3）分部作用形式，即将紧急制动与常用制动分开，专设紧急阀来控制紧急制动作用，以确保全列车发生有效的紧急作用。

（4）设有紧急二段阀，以减轻长大货物列车紧急制动时的纵向冲动。

（5）能够与客车104阀的各个零部件互换，采用通用件，以减少零件规格。

3. 120型空气制动机

1）120型货车制动机整体车下布局

考虑到现代货物列车重载、长编组的特性，120型空气制动机改进了空重车调整装置，并设有货车脱轨自动制动装置，如图2-1-4所示。120型空气制动机位于中部，空重车调整装置位于制动阀和制动缸之间；脱轨自动制动装置与制动管连通，安装在转向架的车轴处，如图2-1-5所示。

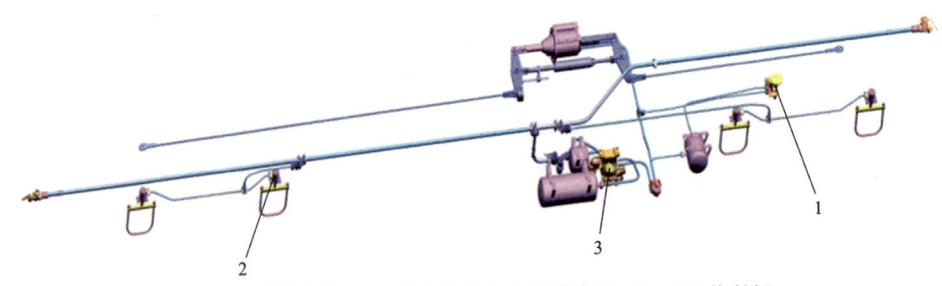

1—空重车调整装置；2—货车脱轨自动制动装置；3—120控制阀。

图2-1-4　120型货车制动系统整体图

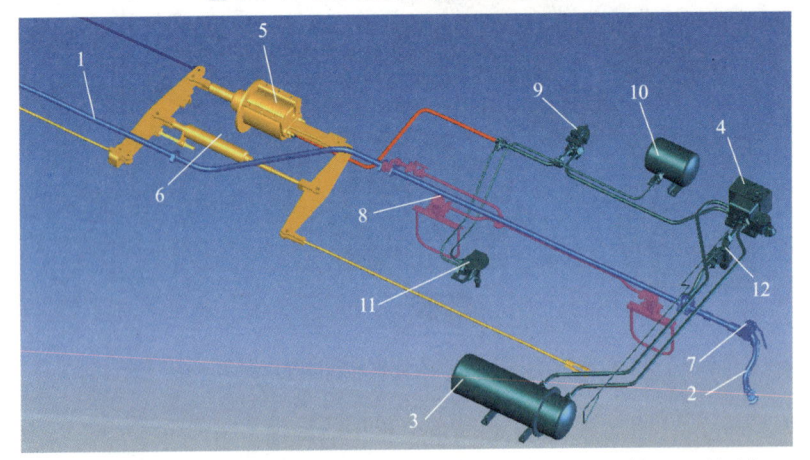

1—制动管；2—制动软管；3—双室风缸（副风缸和加速缓解风缸）；4—120阀；5—制动缸；6—闸调器；7—折角塞门；8—脱轨制动阀；9—限压阀；10—降压风缸；11—测重机构；12—组合式集尘器。

图2-1-5　货车制动系统具体布局

空重车调整装置能根据车辆载重自动调整制动缸的压力值，既不会因为制动力过大引起车轮擦伤（空车时），也不会因为制动力不足而导致制动距离增大（重车时），并且使各车辆无论是哪种载重状态，其制动时间都趋于一致，减小制动时车辆间的纵向冲动。总之，空重车调整装置能够保证行车安全，提高运输效率，降低运输成本。

脱轨自动制动装置是于 2016 年开始在全路推广使用的，其主要原因是当货物列车脱轨后，如不能及时停车，车辆会继续行驶千余米，引发更多车辆相继脱轨或倾覆，造成人员伤亡和巨大的经济损失。该装置能在车辆脱轨后，使列车的制动管迅速向大气排风，使列车产生紧急制动作用，防止事故的继续扩大。

2）120 型空气制动机的结构组成

为适应货物列车的重载需求，120 型空气制动机设有加速缓解风缸（11 L），配合主阀作用部的加速缓解阀，能够在列车缓解时，产生制动管的局部增压作用，提高列车的缓解波速；同时还设有半自动缓解阀，能够让制动缸或者制动系统快速排风。

120 货车制动机布局

如图 2-1-6 所示，制动主管两端设有折角塞门，制动支管上设有截断塞门，能够开通或关闭气路；压缩空气通过制动主管、制动支管进入 120 阀，120 阀分别与副风缸、制动缸、加速缓解风缸连通，阀体通过气体压差控制各部分动作，完成制动机的缓解、制动和保压作用。

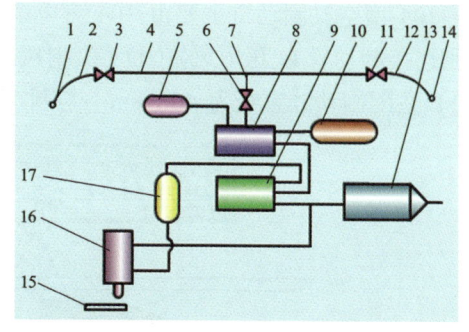

（a）车下位置　　　　　　　　（b）组成示意图

1，14—制动软管连接器；2，12—制动软管；3，11—折角塞门；4—制动管；5—加速缓解风缸；
6—截断塞门和远心集尘器；7—制动支管；8—120 控制阀；9—限压阀；10—副风缸；
13—制动缸；15—横跨梁；16—传感阀；17—降压气室。

图 2-1-6　120 型空气制动机的结构组成

二、客车主型制动机

1. LN 型空气制动机

LN 型空气制动机曾经是新中国成立初期的铁路客车主型制动机，主要在 22 型客车上装车使用。LN 型空气制动机由 L 型或 GL 型三通阀和 N 型制动缸组成，并设有闸瓦间隙调整器和附加风缸,在阶段缓解和紧急制动时使用,如图 2-1-7 所示。三通阀安装在制动缸的后盖上,不与制动支管直接连接。

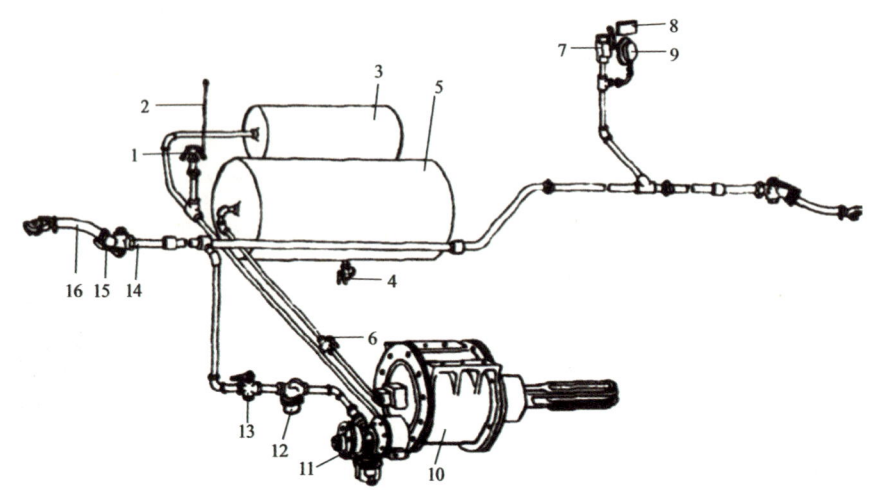

1—缓解阀;2—缓解阀拉杆;3—副风缸;4—排水塞门;5—附加风缸;6—附加风缸截断塞门;7—紧急制动阀;8—危险勿动指示牌;9—压力表;10—制动缸;11—L 型三通阀;12—远心集尘器;13—截断塞门;14—补助管;15—折角塞门;16—制动软管。

图 2-1-7　LN 型空气制动装置

2. 104 型空气制动机

104 型空气制动机主要由 104 型分配阀及主要附件组成。104 型分配阀为四通阀,分别连接制动管 L、压力风缸(11 L)、副风缸 F(容积为 120 L,适配制动缸直径为 356 mm,180 L 适配制动缸直径为 406 mm)与制动缸 Z,如图 2-1-8 所示。其特点为二压力机构

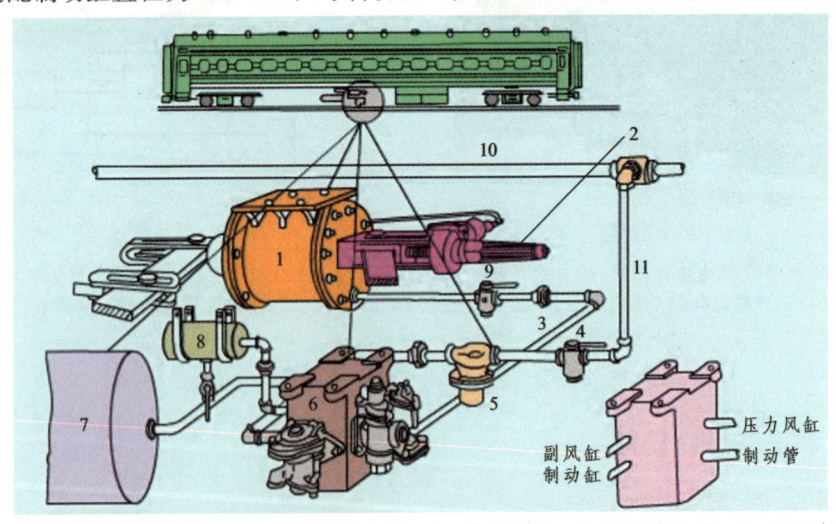

1—制动缸;2—闸瓦间隙自动调整器;3—制动缸管;4—截断塞门;5—远心集尘器;6—104 型分配阀;7—副风缸;8—压力风缸;9—制动缸排气塞门;10—制动管;11—制动支管。

图 2-1-8　104 型空气制动机

操作、间接作用方式，主阀采用橡胶膜板和金属滑阀结构，滑阀结构紧凑，确保制动连续过程中的联锁性，不会因磨耗影响制动作用。

104 型分配阀和同时代生产的货用 103 型分配阀结构相似，很多零部件可以互换，如图 2-1-9 和图 2-1-10 所示。

图 2-1-9　104 型分配阀

图 2-1-10　104 型分配阀主阀

3. 104 型电空制动机

我国铁路大提速的时代发展需求，对旅客列车的运行安全和乘客的舒适度体验提出了更高的要求，装用电空制动机，能够加快制动波速和缓解波速的传递，提高列车的安全性，同时减小了车辆在制动时由于制动机的不一致性导致的纵向冲动，改善了乘坐舒适度，提高了列车运行的平稳性。

25 型客车及速度 160 km/h 动力集中电动车组（CR200J）的拖车均采用电空制动机。其结构是在 104 型空气制动机的基础上，在主阀和中间体之间增设电磁阀安装座（依次装有保压、制动、缓解三个电磁阀）及容积为 40 L 的缓解风缸（用来加快制动管的增压速度，使各车辆迅速处于缓解状态），如图 2-1-11 和图 2-1-12 所示。现 25T 型车安装的集成化 104 型电空制动机，取消了 104 型空气制动机的中间体，将 104 型制动机的所有零部件集中安装在一块集成板上，如图 2-1-12 和图 2-1-13 所示。

图 2-1-11　104 型空气制动阀

图 2-1-12　104 型电空制动阀

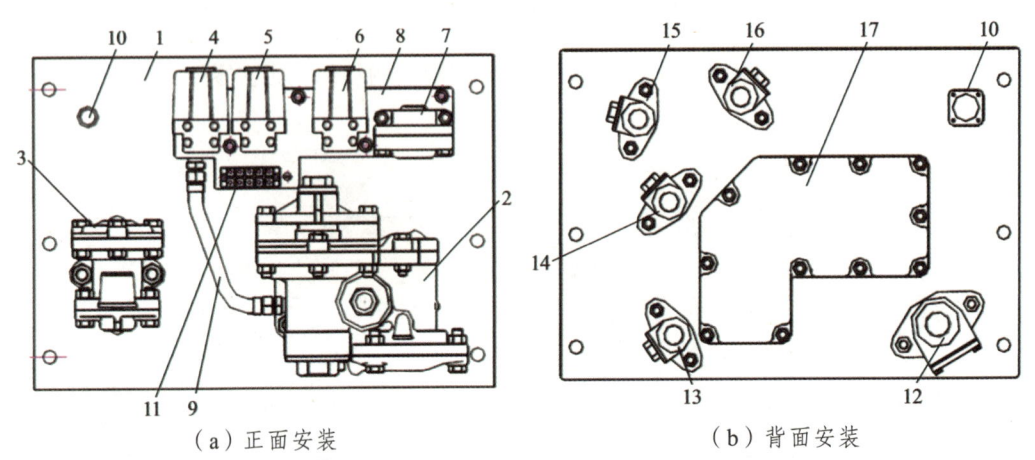

1—集成安装板；2—104 主阀；3—104 紧急阀；4—保压电磁阀；5—制动电磁阀；6—缓解电磁阀；7—充气阀；
8—电磁阀安装座；9—保压管；10—穿电缆线口 G3/4；11—接线端子；12—制动管法兰接头；
13—制动缸法兰接头；14—副风缸法兰接头；15—缓解风缸法兰接头；
16—压力风缸法兰接头；17—容积组合法兰接头。

图 2-1-13　104 型电空制动机集成板安装示意图

4. F8 型电空制动机

1）结构组成

F8 型电空制动机的组成结构如图 2-1-14 所示，包括空气制动和电空制动两部分。空气制动部分主要由 F8 型分配阀、压力风缸、副风缸以及附件组成。分配阀为四通阀，分别连接制动管、副风缸、压力风缸和制动缸。F8 型分配阀的主阀为三压力机构，取消了金属滑阀和金属活塞环结构，采用橡胶膜板活塞和柱塞结构，消除了金属件引发的漏泄，提高了制动阀的动作灵敏度，如图 2-1-15 和图 2-1-16 所示。

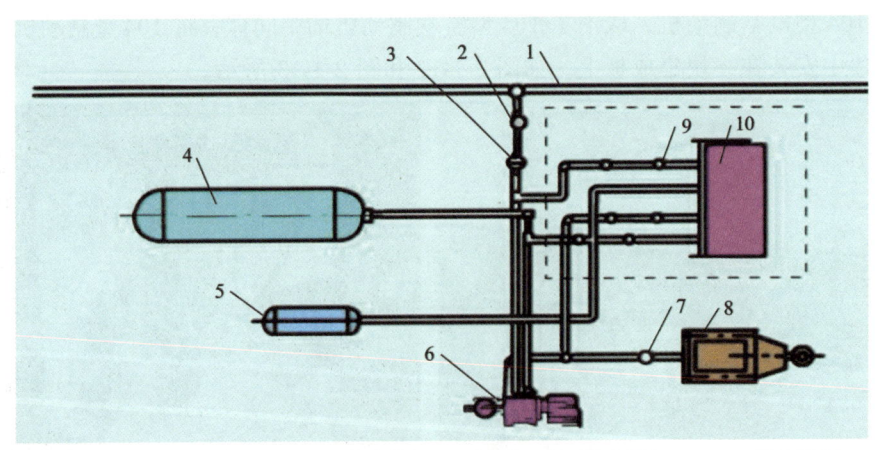

1—制动管；2，9—截断塞门；3—集尘器；4—副风缸；5—压力风缸；6—F8 型分配阀；
7—缓解塞门；8—制动缸；10—电控阀箱。

图 2-1-14　F8 型电空制动机

图 2-1-15　F8 型分配阀车上位置

图 2-1-16　F8 型空气分配阀

2）适用车型

F8 型电空制动机是 20 世纪 90 年代中期在旅客列车上推广使用，为适应铁路提速和扩大列车编组需要而设计的新型客车制动机，现多用在 25K、25T 及 CR200J 型动力集中型动车组列车上，如图 2-1-17 所示。F8 型电空制动机的作用性能远高于空气制动机，特别是在减少列车冲动和缩短制动距离方面更为显著。

图 2-1-17　F8 型电空制动阀

知识拓展

1. 货车空重车调整装置的意义

随着货车载重能力的提高，货车载重系数逐渐下降，空重车重量会相差很大，在同一列货物列车上，不同车辆的载重量不同，所需要的制动力也不同，如都按照重车状态进行制动，则制动力对空车位车辆来说，制动力过大，会导致车轮抱死，增大闸瓦与踏面的磨损等。如制动力按照空车状态进行制动，又会导致部分重车位车辆制动力不足，并且在列车制动时造成巨大的纵向冲动，增大货物和车辆的损伤。

2. 手动二级调整

GK 型及 103 型制动机虽然都安装了空重车调整装置，但均要依靠人工进行一一调整，且只有空、重车两种状态选择，对于车辆的实际载重状态来说并不准确。手动二级调整虽然能够改善列车的整体制动效果，减少车辆零配件损耗和货物损伤，但还有很大的进步空间，且实际运用不方便，易造成漏调、误调。

3. 无级调整

为了保证同一列车上的不同车辆制动率趋于一致，减少在停车时由于制动机的不一致性导致的纵向冲动，在 120 型货车制动机上安装的 KZW 系列空重车自动调整装置，可根据车辆的实际载重状态自动调整输出的制动力，制动缸的压力随车辆的载重实现成比例的变化，从而实现自动无级调整。

自主提升

同步练习 2.1

1. 单选题

（1）以下哪项不属于货车制动机？（　　）

A.104 型　　　　B.103 型　　　　C.120 型　　　　D.GK 型

（2）以下哪项不属于客车制动机？（　　）

A.104 型　　　　B.F8 型　　　　C.120 型　　　　D.LN 型

（3）以下哪个选项型号的制动机是为提速和扩编客车所设计的电空制动机？（　　）

A.103 型电空　　B.104 型电空　　C.104 型　　　　D.F8 型

2. 判断题

（1）120 型空气制动机配套的空重车调整装置能够实现制动力手动无级调整。
（　　）

（2）对于货物列车来说，制动力越大越好。（　　）

（3）104 型和 F8 型电空制动机的电控部分都是相对独立的，切断电空部分，也能实现制动机的空气制动功能。（　　）

考核评价

线上考评 2.1

学生姓名		组名		班级			
出勤情况							
考评项目	具体内容	评价要点	分值	学生自评	小组互评	教师评定	
课前	知识点掌握情况	能够掌握主型客货车制动机的基础知识	5				
	性能特点掌握情况	能够简单区分客货车制动机的不同需求	10				
	学习主动性	积极参与，主动接受教师指导	5				
	任务完成度	根据情况，酌情赋分	5				
课中	能够简单说出客车主型制动机的名称	论述表达清楚，内容正确，酌情赋分。错一处扣2分	10				
	能够说出货车主型制动机的名称	论述表达清楚，内容正确，酌情赋分。错一处扣2分	10				
	能够简单阐述已淘汰制动机的缺点	论述表达清楚，内容正确，酌情赋分。错一处扣2分	15				
	能够阐述电空制动机的优点	论述表达清楚，内容正确，酌情赋分。错一处扣2分	5				
	团队协作能力	根据情况，酌情赋分	5				
	课堂表现	根据情况，酌情赋分	5				
	职业素养	根据情况，酌情赋分	5				
课后	作业完成情况	根据情况，酌情赋分	10				
	交流反馈	能够进行有效互动并给出合理建议	5				
	自评反思	根据情况，酌情赋分	5				
成绩评定							
改进建议							

任务二　车辆制动机主要附件

学习目标

1. 知识目标

认识车辆制动机的主要附件。

2. 能力目标

了解各附件的作用和特点。

3. 素质目标

告诫学生必须要牢记安全第一的原则，坚持按标作业，这是企业员工的基本素养，也是保障企业安全稳定运行的重要基石。

学习重难点

1. 学习重点

制动机主要附件的功能与具体位置。

2. 学习难点

制动机主要附件的检修方式。

学习任务

以 104 型空气制动机为例，如图 2-1-8 所示，掌握各附件的基础知识。

基础认知

所谓制动机附件，就是指除制动阀以外的所有零部件，它们和制动阀紧密配合，实现制动机的制动、缓解及其他作用功能。

一、制动管系

制动管系主要是用于各阀、各风缸、制动缸或用风设备的连接，包括制动管和制动软管连接器等，如图 2-2-1 所示。制动管系材料使用不锈钢材质，管路连接用管接件，再用管卡固定。

1. 制动管

制动管由制动管吊座安装在车辆下部，是贯通整个车辆压缩空气的管路，其间安装有制动管尼龙卡垫，如图 2-2-2 所示。通过控制制动管内压缩空气的大小和方向，可以给制动阀控制信号，从而实现制动机的各项功能。制动管分为制动主管和制动支管两种。主管贯通各车辆之间的气路，支管主要贯通本车辆阀体、附件、风缸之间的气路。制动主、支管连接时有管螺纹连接和法兰连接两种，建议用法兰连接，以保证强度。

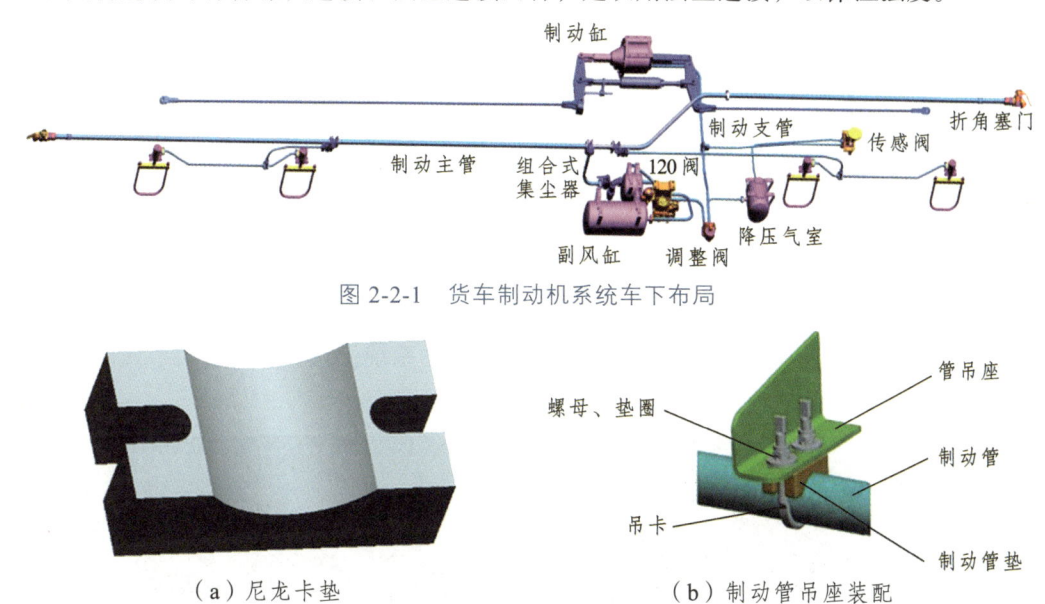

图 2-2-1 货车制动机系统车下布局

图 2-2-2 制动管卡垫及吊座

客车主管和支管直径均为 25 mm，货车主管直径为 32 mm，支管为 25 mm。制动主管的中间部分为弯曲状，两头延伸至车端的右侧。为便于修换，在主管两端各安装 250～450 mm 的补助管。

2. 制动管检修工序及作业要点

制动主管易发生腐蚀、裂纹和折损等。在检修时，首先应清理外部及内部锈垢和尘砂。检查管系配件螺纹时，发现腐蚀、磨损时应更换，端部有飞边、毛刺时应去除；管壁磨耗或缺损超限时应更换。在空气制动装置各配件装车完成后，须对管系整体进行气密性试验，要求无漏泄。

在厂修时或者客车 A4、A5 修时需要将制动管系及配件全部拆解下车并做分解检修，检修工序如图 2-2-3 所示。

（1）清洁可以采用煮洗、高压水冲洗、刷洗等方式，以清除内外表面的锈垢、污物，之后要吹干并保持干燥，最后要用外套式防护件对管口进行防护。

（2）检修完毕后，需要做吹扫工作及过球试验，管口使用外套式防护件封堵防护。管卡锈蚀超限、裂纹、折损时应更换。

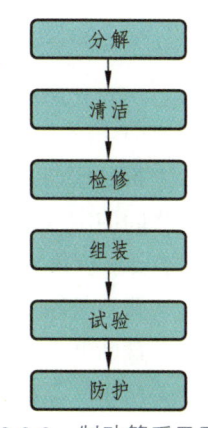

图 2-2-3 制动管系及配件分解检修工序

（3）组装时应先将分配阀中间体、气路控制箱、防滑阀等悬吊件安装上车。管系配件组装时，需要在圆锥外螺纹上缠绕管路密封绳或聚四氟乙烯薄膜，以保证密封性。最后再用管卡固定。

（4）管系及配件经检修合格后运输、存储时，外露管口均使用外套式防护件或金属螺堵防护，防止异物进入。小型管路及管接件可不带防护件，要求在封闭、干净的周转箱内放置。

3. 制动软管

制动软管是用来连接车辆之间的制动主管，并保证车辆过曲线时主管气路的通畅。客车车辆一般有单管供风和双管供风两种，如图 2-2-4 所示。客车电空型制动机大多采用双管供风系统，双管即为制动管和总风管。在车辆上的位置是制动软管在上，总风软管在下。二者主管直径均为 25 mm。制动管用于制动系统供风，总风管用于其他设备的供风，如空气弹簧、塞拉门、集便器等。

（a）单管供风 　　　　　　　　　　（b）双管供风

图 2-2-4　制动软管

二、塞　门

1. 分　类

塞门安装在制动管上，按照安装位置和用途，可以分为折角塞门、截断塞门和制动缸缓解塞门。

（1）折角塞门：安装在制动主管与软管之间，其用途是开通或者遮断制动主管与制动软管之间的空气通路，以便于摘接或更换制动软管，如图 2-2-5~图 2-2-7 所示。安装上车时，要求折角塞门中心线与车辆垂直线必须为 30°。折角塞门关闭后，后部车辆的制动主管气路被关断，司机在施行制动或者缓解时，后部车辆不动作。

（2）截断塞门：安装在制动支管上，位于远心集尘器的前方。关闭截断塞门的车叫作制动关门车，简称关门车，关闭后本车制动机无作用。检修车辆制动装置时，应先关闭截断塞门，切断制动主管与该车制动支管的压缩空气通路。随后排尽风缸、制动缸的压缩空气，使车辆制动机缓解，保证检修人员的作业安全。

图 2-2-5　折角塞门与软管连接示意图

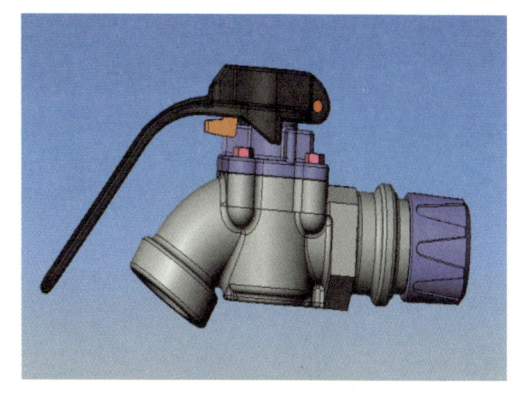

图 2-2-6　折角塞门

（a）货用　　　　　　　　　　　　　（b）客用

图 2-2-7　折角塞门

（3）制动缸缓解塞门：安装在制动缸的前方，用来控制制动缸的气路通断。

折角塞门简介　　　　　折角塞门防尘堵故障案例　　　　　锥芯式塞门

2. 组成与作用原理

1）结构组成

塞门按照塞门芯的结构可以分为锥芯式和球芯式两种，因现场多用球芯式，故此处仅介绍球芯式。

球芯式塞门主要由手把、上盖和塞门体组成，如图 2-2-8 和图 2-2-9 所示。其结构组成关系如下：手把通过销轴与上盖连接，上盖下部与拨芯轴上端连接并配有密封垫、密封圈，拨芯轴下部与塞门芯连接，塞门芯通过两个密封座定位在塞门体内。塞门芯用 45 钢镀铬抛光，其上贯有通孔。

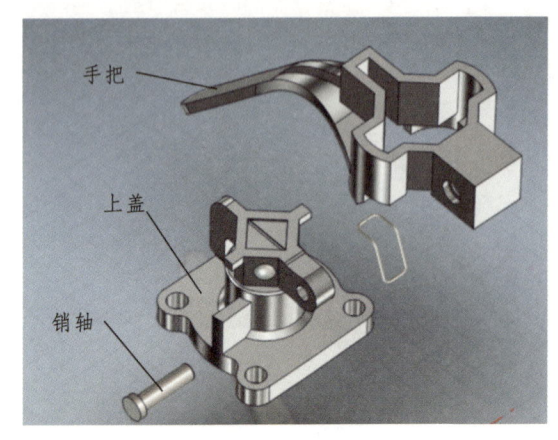

图 2-2-8　上盖与手把　　　　　图 2-2-9　塞门体与球芯

2）作用原理

手把有开通和关闭两个位置，当手把转动时，带动拨芯轴、塞门芯转动，使塞门处于开通或者关闭位。手把提起后可转动 90°，当手把与管路成平行位时为开通位，成垂直位时为关闭位。

3. 检修工序及作业要点

段修时，橡胶件和尼龙件要更换新品，塞门芯不得出现影响密封性能的划痕、镀层脱落等。阀体裂纹、破损时应更换。组装时应将各部件清洗干净，涂抹硅脂。塞门必须做塞门试验，不得产生漏泄。

客车 A2 修时折角塞门需拆解下车做分解检修，其他塞门现车检查，状态不良时下车检修。客车 A3 以上及货车段修时，各塞门需分解检修，检修工序如图 2-2-10 所示。

（1）外表面煮洗清洁干净，塞门芯需手工擦拭干净，其余配件拆解后再次清洁并吹扫干净。

（2）组装时，球芯与密封罩整体放入塞门体时结合面要结合良好，转动灵活。手把与上盖连接紧固无松动。

图 2-2-10　各塞门分解检修工序

（3）塞门试验在试验台上进行，充以压缩空气（货车：600~700 kPa；客车：600 kPa±10 kPa），另一端用螺堵封堵，通风后将手把开闭三次后先后置于开放位、关闭位，用防锈漏泄剂检测各部，要求不得泄漏，开闭作用良好。

三、远心集尘器

1. 作用及组成

远心集尘器安装在制动支管上，位于截断塞门和制动阀之间，其作用是清除制动管中压缩空气的砂土、杂质、锈垢等。远心集尘器多与截断塞门组合为一体式，如图 2-2-11 所示。核心件为止尘伞,可以自由转动,可将压缩空气中的灰尘、锈垢等杂质沉淀于集尘器的下部,以免进入制动阀体。

组合式集尘器分解图

远心集尘器故障案例

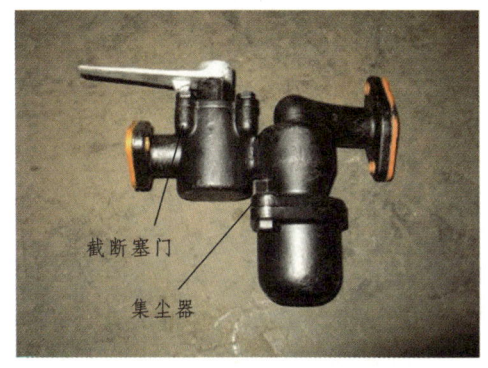

(a)货用

(b)客用

图 2-2-11 组合式集尘器

滤尘网安装在制动阀的空气进口处,它是将经远心集尘器清洁后的空气再过滤一次,防止细微的尘埃、锈垢等进入分配阀内,如图 2-2-12 所示。滤尘网用细金属丝网制成,内部填装滤尘材料。

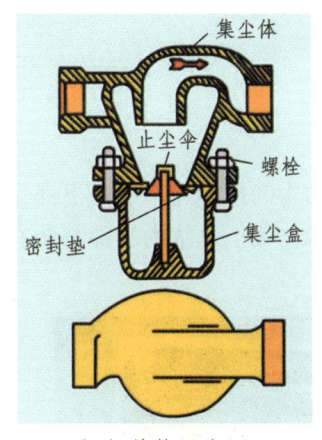

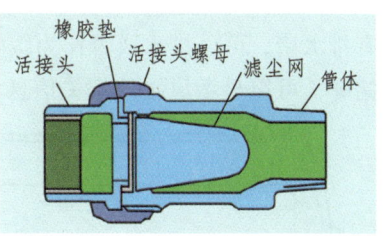

(a)结构示意图　　(b)关闭位　　(c)滤尘网

图 2-2-12 远心集尘器与滤尘网

2. 检修工序及作业要点

检修时应对表面进行除锈,分结构将各零部件清洗干净;各零部件裂纹、破损、变形时应更换。清除集尘盒内的尘垢、积水，止尘伞须符合标准要求。组装后应做性能试验，不得发生漏泄。

货车厂修、客车 A2 修以上均需对组合式远心集尘器分解检修，检修工序如图 2-2-13 所示。

（1）组装止尘盒部分，止尘伞伞口冲下摆放在集尘盒中间的杆上，密封垫安装正位，集尘器体与集尘盒对正，自上而下穿入螺栓，对角均匀紧固。

（2）安装远心集器时，注意方向不要装反，集尘器体表面箭头应指向制动阀，保持集尘器体垂直于轨道平面，集尘盒置于下方。

四、储风缸

1. 储风缸的类型和作用

车辆制动机均采用压缩空气作为制动作用的原动力，各型制动阀均依靠压缩空气的大小变化和方向来实现制动机的制动、缓解作用。储风缸是每辆车上用于储存压缩空气的容器，有压力风缸（工作风缸）、副风缸（见图 2-2-14）、加速缓解风缸及降压气室（风缸）等。

图 2-2-13　组合式远心集尘器分解检修工序

图 2-2-14　客用副风缸

2. 结构特点

风缸体由钢板焊制而成，端部设有管路接头，与制动阀的中间体相连。中间下部设有排水堵，可以排水或者作为缓解阀来使用，如图 2-2-15 所示。每个风缸的端部都装有铭牌，可以显示风缸的相关信息，如图 2-2-16 所示。

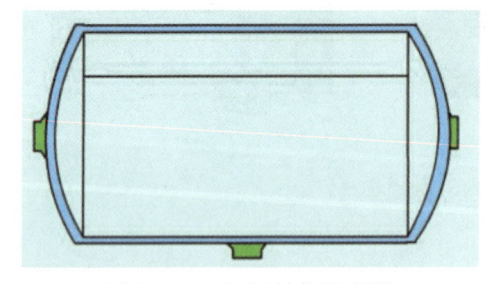

图 2-2-15　风缸结构示意图

图 2-2-16　储风缸铭牌

3. 风缸类型

副风缸的作用是在制动时给制动缸充气增压，产生制动作用。客用副风缸较大（120 L 和 180 L 两种），货用副风缸一般有 40 L 和 60 L 两种，分别适配 254 mm 和 356 mm 的制动缸。

压力风缸也叫工作风缸，其作用是配合主阀动作，产生主活塞两侧的压差。同时，压力风缸还能通过控制充气部动作实现对副风缸充气作用的控制，如图 2-2-17 所示。压力风缸的容积为 11 L（用于客车）。

图 2-2-17　压力风缸（工作风缸）装车位置

加速缓解风缸的作用是在车辆缓解时，实现制动管的局部增压作用，加快缓解作用，使缓解波快速向后传递。加速缓解风缸的容积为 11 L（用于货车）。

104 型电空制动机上增设的缓解风缸，是用来加快制动管的增压速度，使各车辆迅速处于缓解状态，其容积为 40 L。

4. 风缸检修工序及作业要点

各风缸检修时应先清除外部锈垢，然后分解螺堵，清除内部积水和尘砂；缸体出现裂纹时应焊修，腐蚀深度超限时应更换，焊修后须进行风压试验和水压试验，检修工序如图 2-2-18 所示。

作业要点：

（1）储风缸螺堵须全数分解，清除缸体内的杂质和积水。

（2）可用抛丸清除储风缸外部，砂尘、油垢等要清洗干净。

（3）焊修后要进行质量检验，焊缝不得有裂纹、气孔、夹砂、咬边等缺陷。

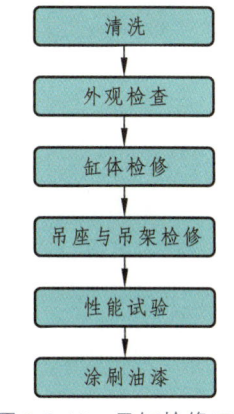

图 2-2-18　风缸检修工序

（4）水压试验是加压到 900 kPa，保压 3 min，不得出现漏泄和永久变形。有渗水现象时，要重行焊修并做水压试验。

（5）双室风缸各气室还需做 650~700 kPa 风压试验，内部窜通时应更换，水压试验后应清除缸体内的积水。

注：车辆为了节省空间，会采用组合风缸（见图 2-2-19），即将两种容积的风缸合二为一，称为双室风缸。较常见的就是 70 t 货车上，将副风缸和降压气室组合在一起。

（a）17 L+11 L　　　　　　　　（b）50 L+11 L

图 2-2-19　双室风缸

（6）检查合格后，在缸体外面原底漆剥离处均匀涂抹一层防锈底漆，干燥后再涂一层面漆。

（7）储风缸螺堵组装时须缠绕聚四氟乙烯生料带，使用扳手紧固。

5. 储风缸吊架检修

各风缸都需要通过螺栓将风缸吊架固定在车体底架上。一旦吊架螺栓松动或丢失，风缸会有掉落风险。检修作业要点如下：

（1）螺栓松动时应紧固，螺栓丢失时应补装。

（2）储风缸吊座垫原设计是木垫者更换时须用尼龙卡垫或短纤维增强橡胶垫。

（3）储风缸采用托挂式安装结构，如图 2-2-20 所示。确认安装螺栓端部是否夹扁处理，压扁长度为 10～15 mm，厚度为 8 mm。

储风缸吊架检修

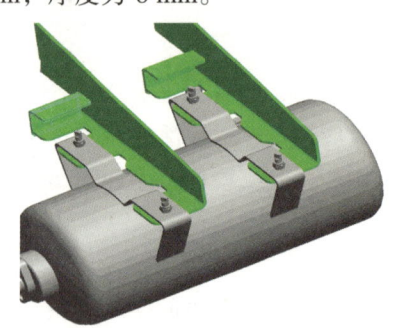

图 2-2-20　风缸防脱装置示意图

五、制动缸

制动缸是一种将压缩空气压力转换为机械推力的部件。缸体内部装有活塞及复原弹簧。制动时，副风缸的压缩空气经制动阀流入制动缸，制动缸活塞杆、推杆伸出，带动基础制动装置动作；缓解时，制动缸的压缩空气经制动阀排入大气，活塞连带推杆在复原弹簧的作用下缩回，完成缓解作用，如图 2-2-21 所示。货车常用旋压密封式制动缸，客车多用单元式（膜板式）制动缸。表 2-2-1 为制动缸活塞行程表。

货车 GK 型制动缸　　　旋压密封式制动缸组成　　　制动缸与副风缸容积匹配表

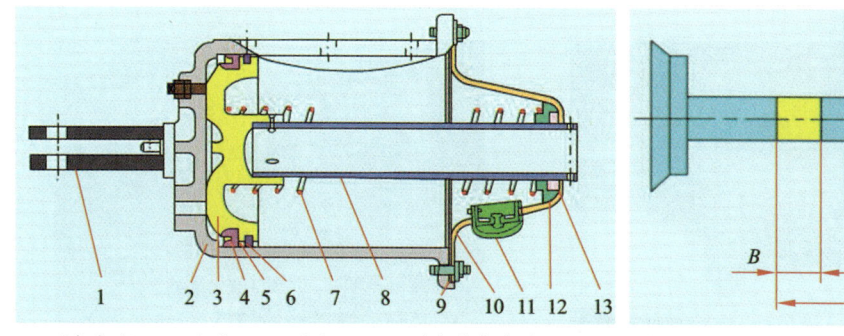

1—后杠杆托；2—缸体；3—活塞；4—Y形自封式皮碗；5—润滑套；6—毡托；7—缓解弹簧；8—活塞杆；9—前盖垫；10—盖；11—滤尘器；12—弹簧座；13—滤尘套。

图 2-2-21　密封式制动缸及制动缸活塞行程标记

表 2-2-1　制动缸活塞行程表　　　　　　　　　　单位：mm

制动缸规格	空　车	重　车
356×254	115～135	125～160
305×254	145～165	145～195
254×254	145～165	145～195
203×254	115～135	125～160

1. 客用单元制动缸

每一个制动盘都配有一个单元制动缸，以三点式吊挂在构架横梁的制动缸吊座上，如图 2-2-22 所示。其特点是采用橡胶膜板代替活塞，内部设有间隙调整器，能够自动调整闸片与制动盘之间的间隙到规定范围。

图 2-2-22　老式客用制动缸

2. 货用旋压式制动缸

货车多用旋压密封式制动缸,吊装在货车车体底架上,如图 2-2-23 所示。制动缸前后均设有前、后杠杆,可以将制动缸的力传递给前后两个转向架。其特点是制动缸的缸体与后盖压成一体,可提高气密性,自重小,缸体内壁粗糙度较高,减轻了膜板(皮碗)的磨损;前盖下方、前盖与活塞配合处加装滤尘设施,活塞套有 Y 形自封式皮碗,能够在制动过程中有压力自封作用,保证良好的气密性。

(a)货用　　　　　　　　　(b)客用

图 2-2-23　常用制动缸

3. 检修工序及作业要点(货用旋压密封式)

密封式制动缸经单车试验作用良好者可不分解。制动缸分解后,皮碗、活塞膜片、前衬垫橡胶件、滤尘毛毡等须更换新品。缸体及盖出现裂纹或沙眼时应报废,缸体内壁偏磨、划伤时应进行修理。用内径尺检测缸体内径,铸造缸体内径磨耗大于 3 mm 时更换。组装活塞前,制动缸内壁、活塞、皮碗需涂抹制动缸脂。制动缸润滑套及毛毡需在制动缸脂中浸透 3 h 以上(可加热至 50 ℃ 进行),装入后,内壁也须涂抹制动缸脂。

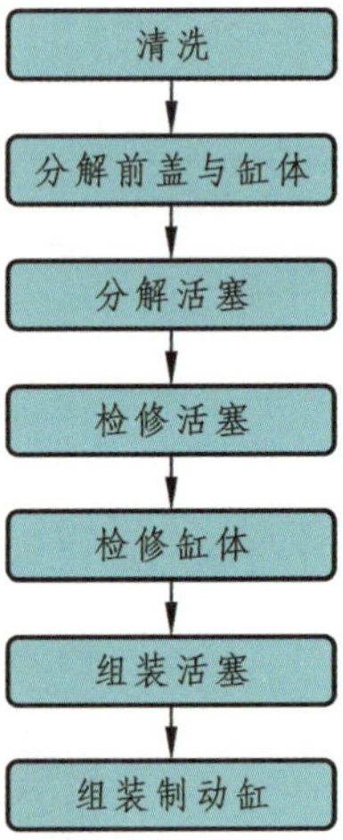

制动缸检修工序如图 2-2-24 所示。

作业要点:

(1)制动缸安装螺栓应由上向下装入,须安装弹簧垫圈,螺栓与螺母须点焊焊固。

(2)橡胶垫缺损时应更换。

(3)制动缸吊架变形时须调修,裂纹时须更换,焊缝裂纹时须焊修。

清洗 → 分解前盖与缸体 → 分解活塞 → 检修活塞 → 检修缸体 → 组装活塞 → 组装制动缸

图 2-2-24　制动缸检修工序

(4)后支点与制动缸非一体式安装时,制动缸安装座上应装有后止挡。

六、缓解阀

缓解阀安装在客车制动支管上,用于排尽副风缸或压力风缸内的压缩空气,使车辆制动机产生缓解作用，如图 2-2-25 所示。

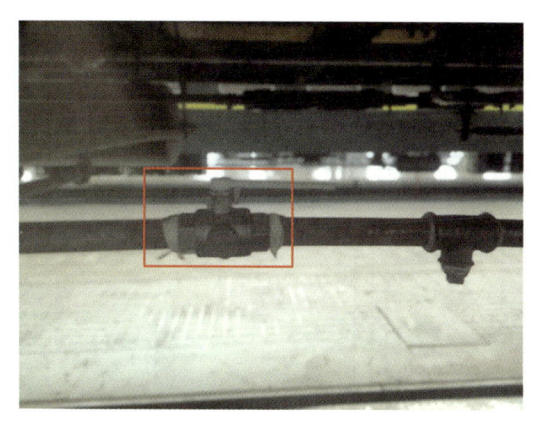

图 2-2-25　缓解阀

七、紧急制动阀

紧急制动阀安装在客车或特种货车车厢的一位端，如图 2-2-26 所示。在列车运行途中，如遇危险或紧急情况，可拉动此阀手把（平时不用的时候用红线铅封，注意列车未发生紧急制动作用之前手不能松开），制动管的压缩空气会经此阀与阀座间隙排入大气，列车制动机发生紧急制动作用，如图 2-2-27 所示。

紧急制动阀的
使用时机规定

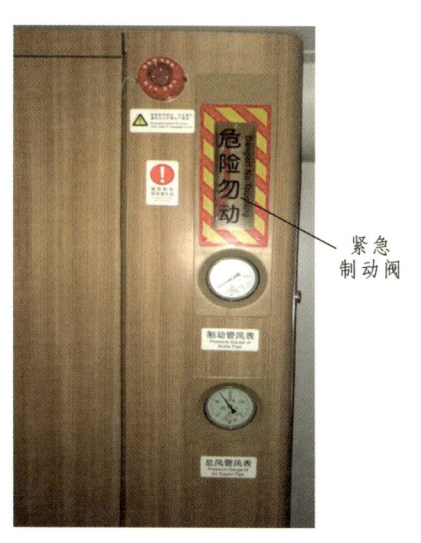

图 2-2-26　紧急制动阀

八、压力表

压力表也叫风表，安装在客车车厢内紧急制动阀支管上，可以观察制动管内空气的压力，如图 2-2-28 所示。压力表有单针和双针两种。双针压力表多用在制动阀试验台上，如图 2-2-29 所示。

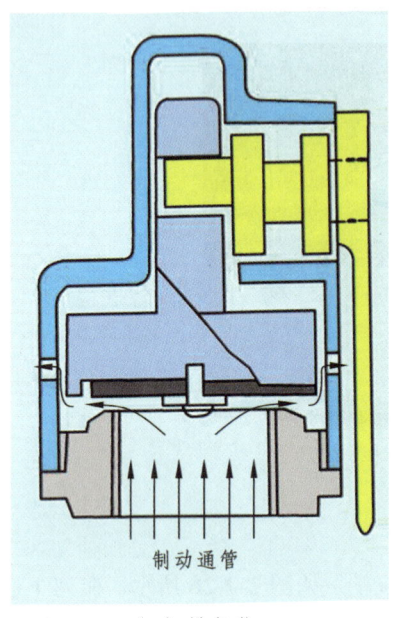

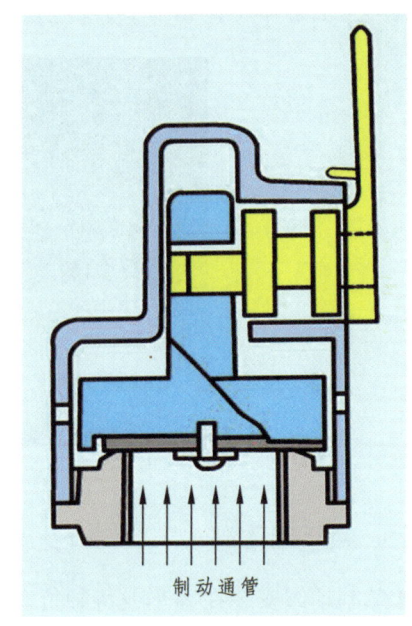

（a）排气位　　　　　　　　　　　　（b）停止排气位

图 2-2-27　紧急制动阀工作原理

图 2-2-28　车上压力表　　　　　　　　图 2-2-29　试验台压力表

九、电子防滑器

电子防滑器是客车制动系统中的重要组成部分，主要用于盘型制动系统中，在制动时能够有效防止车辆轮对因滑行而造成的踏面擦伤；还可以调整制动缸压力，获得较短的制动距离。

作用原理：速度传感器安装在轴箱处，用来采集轮轴转速，电子防滑单元接收到 4 个轮对的速度信号后，通过微机处理，向防滑阀发出指令，调整制动缸压力，防止车轮在制动时打滑，如图 2-2-30 所示。图 2-2-31 为防滑器试验台。

图 2-2-30　防滑器

图 2-2-31　防滑器试验台

知识拓展

车辆段现场有很多作业岗位，每个岗位都配有作业指导书，通过学习岗位检修作业流程（见图 2-2-32），掌握作业准备和完工整理中的注意事项，养成遵规守纪、收纳整理的良好习惯。

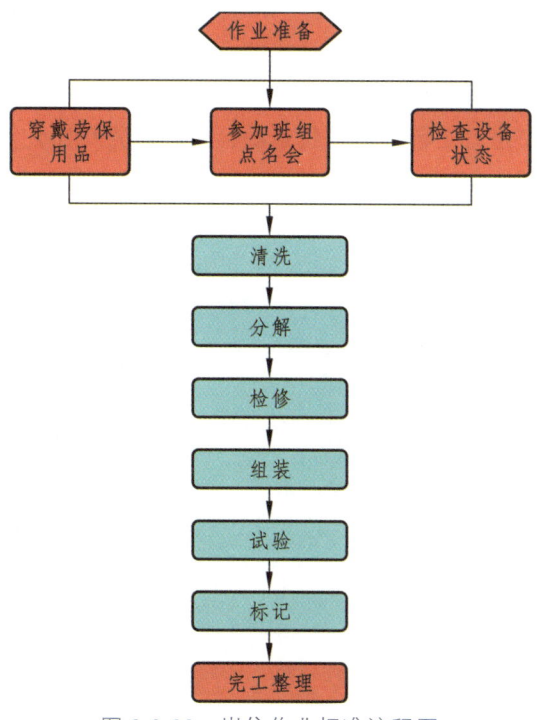

图 2-2-32　岗位作业标准流程图

1. 作业准备

（1）正确穿戴劳保用品。

每班开工前更换统一发放的工作服，戴好工作帽，着装应整齐、整洁，工作帽帽檐应朝正前方，如图 2-2-33 和图 2-2-34 所示。女职工有长发者应盘在帽内，不符合要求者不得进入作业场所。

图 2-2-33　正面

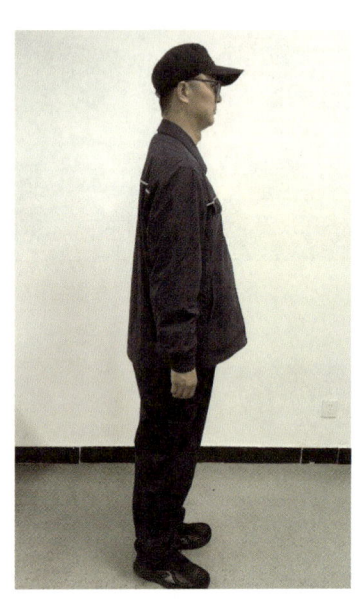

图 2-2-34　侧面

（2）参加班组点名会。

接收工作任务。每班开工前，由工长组织各岗位人员列队点名，传达上级要求，布置当日工作任务，如图 2-2-35 所示。

图 2-2-35　开工前班组会

（3）检查工装、器具状态。根据本岗位所涉及的相关工装量具、设备等清单，检查工装、设备、量具、样板尺状态良好、校验合格，所需材料齐全。

（4）网络安全自检。工控机开机后进行网络安全检查，禁止一机两网运行。

2. 注意事项

（1）确认风源、风压均满足工作要求。

（2）搬运各种零部件时轻拿轻放、严禁抛掷。

（3）库内作业时，注意高空坠物防护。

3. 三检一验

作业完毕后，每个零配件都要经过"三检一验"四道工序：作业人员自检、工长检查、质检员检查、验收员检验。若收到反馈信息，应按照规定及时处理。

4. 完工整理

现场要求以 5S 或 6S 标准执行，如图 2-2-36 所示，做到工完料净场地清。

图 2-2-36　企业 6S 标准

6S 管理内容

（1）关闭电源、风源设备，擦拭保养。

（2）收好工具材料，定置存放。

（3）清扫作业场地，保持清洁。

同步练习 2.2

自主提升

1. 单选题

（1）以下哪项不属于制动机附件？（　　）

A.104 型分配阀　　　　　　　　　　B. 折角塞门

C. 制动管 D. 副风缸

（2）远心集成器的核心件是（　　）。

A. 手把 B. 止尘伞

C. 滤芯 D. 垫圈

（3）折角塞门安装后，塞门体中心线要求与车辆垂直线为（　　）夹角。

A.20° B.50°

C.40° D.30°

2. 判断题

（1）折角塞门和截断塞门的结构、功能都类似，只是安装位置不一样。（　　）

（2）制动缸的功能是将压缩空气的压力转换为机械推力。（　　）

（3）制动管包括制动主管、制动支管以及补助管三种。（　　）

3. 填图题

（1）填写图 2-2-37 所示的折角塞门的组成结构。

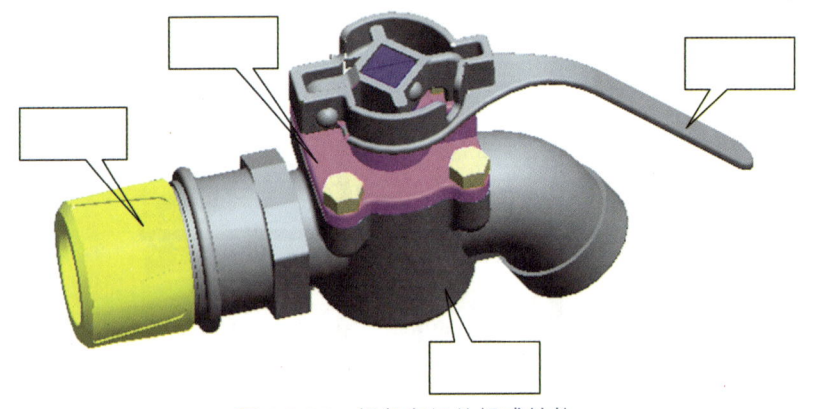

图 2-2-37　折角塞门的组成结构

（2）填写图 2-2-38 所示的制动缸的组成结构。

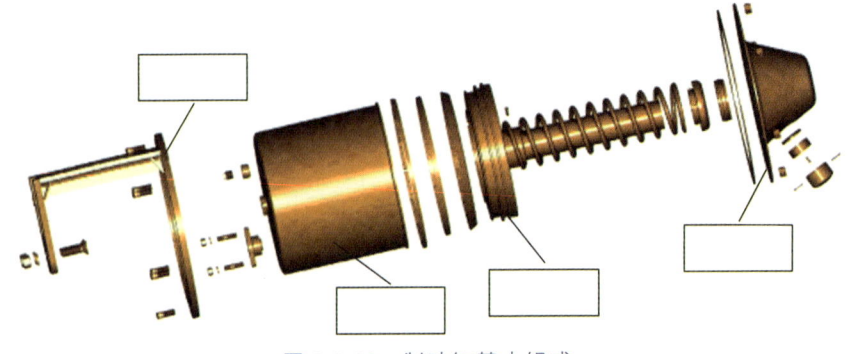

图 2-2-38　制动缸基本组成

考核评价

线上考评 2.2

学生姓名		组名		班级			
出勤情况							
考评项目	具体内容	评价要点	分值	学生自评	小组互评	教师评定	
课前	知识点掌握情况	能够掌握制动机附件的基础知识	5				
	性能特点掌握情况	能够简单区分客货车制动机的附件	10				
	学习主动性	积极参与，主动接受教师指导	5				
	任务完成度	根据情况，酌情赋分	5				
课中	能够简单说出制动机各附件的名称及作用	论述表达清楚，酌情赋分，内容正确，错一处扣2分	10				
	能够说出一般货车制动机附件的组成	论述表达清楚，酌情赋分，内容正确，错一处扣3分	10				
	能够说出一般客车制动机附件的组成	论述表达清楚，酌情赋分，内容正确，错一处扣4分	15				
	能够说出作业准备和作业结束时的注意事项	论述表达清楚，酌情赋分，内容正确，错一处扣5分	5				
	团队协作能力	根据情况，酌情赋分	5				
	课堂表现	根据情况，酌情赋分	5				
	职业素养	根据情况，酌情赋分	5				
课后	作业完成情况	根据情况，酌情赋分	10				
	交流反馈	能够进行有效互动并给出合理建议	5				
	自评反思	根据情况，酌情赋分	5				
成绩评定							
改进建议							

> **新工艺**

金属球面密封管接件

为降低冬季高寒天气活接头泄漏风险，鼓形车体采用金属球面密封管接件（见图 2-2-39 和图 2-2-40）代替橡胶垫密封的管接件。这种先进且有效的密封方式，设计结合了鼓形车体的特点和金属球面密封管接件的优势，能够确保车体在复杂环境下的密封性能。

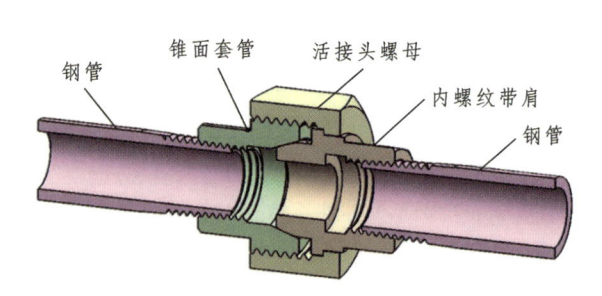

图 2-2-39 实物展示　　图 2-2-40 整体组装示意

1. 球面密封的优势

（1）优异的密封性能：金属球面密封管接件采用球面密封结构，当密封环受到压力变形后，与连接件的接触由线变为面，能够大大提高密封效果，减少泄漏的风险。

（2）良好的适应性：球面密封结构能够适应各种复杂的连接环境，如不规则的表面、微小的变形等，确保在各种情况下都能保持良好的密封性。

（3）高强度和耐久性：金属材质具有较高的强度和耐久性，能够承受较大的压力和负荷，确保密封管接件在长期使用过程中不会损坏或失效。

2. 结构特点介绍

金属球面密封管接件结构爆炸图如图 2-2-41 所示，其与橡胶垫密封管接件的外形尺寸及接口形式相同，但密封结构不同。球面密封管接件为插入式密封结构，要求管路组装时应先组装接头，后紧固管卡，以便留出插接调整量。

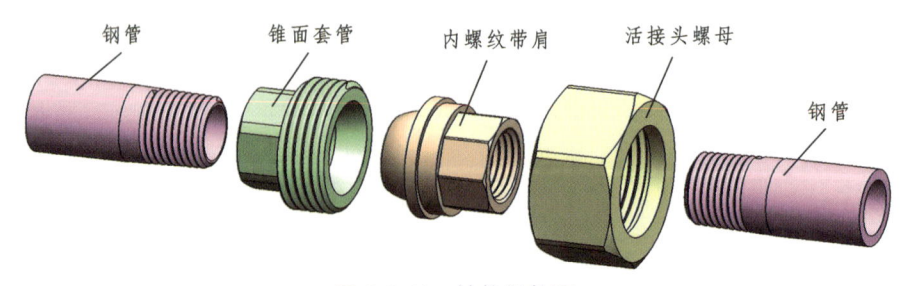

图 2-2-41 结构爆炸图

02 模块二
客车制动装置检修

★★★★

　　本模块主要介绍客车制动机重要组成部分的检修任务，一共分为两个项目，项目三介绍客车内制动班组的检修任务，包括制动软管的检修、104 型分配阀的检修、F8 型分配阀的检修以及防滑排风阀的检修。项目四介绍客车外制动班组的检修任务，包括手制动机的检修以及基础制动装置的检修。

　　同学们，每一个平凡岗位的背后都有不凡的故事，我们要有爱岗敬业的职业操守，秉承螺丝钉般的坚守与奉献精神，精益求精、锐意创新，无论岗位大小，都应全力以赴，为共同推动社会进步贡献自己的力量，书写属于我们的时代篇章。

PART THREE 项目三
内制动

// 项目导入 //

车辆制动机在车辆段检修时，所有零件会被拆解，根据修程分别被送往检修车间的内制动和外制动班组。内制动作业任务主要是检修各制动阀、单元制动缸、电子防滑器、制动软管等。外制动作业任务主要是检修制动管路及附件、手制动机、基础制动装置等。下面我们来认识客货车车辆段检修车间（客车车辆段）内制动班组的主要工作任务。

// 素养小课堂 //

主题：雷锋精神永传承

素养课堂 3

任务一　制动（总风）软管的检修

学习目标

1. 知识目标

学习制动（总风）软管的组成与基本作用。

2. 能力目标

掌握制动（总风）软管的试验方法。

3. 素质目标

引导学生树立正确的职业观念，具备"干一行爱一行、干一行精一行"的职业操守。

学习重难点

1. 学习重点

制动（总风）软管的作用。

2. 学习难点

性能试验的具体内容及要求。

学习任务

制动（总风）软管的检修任务流程如图 3-1-1 所示。

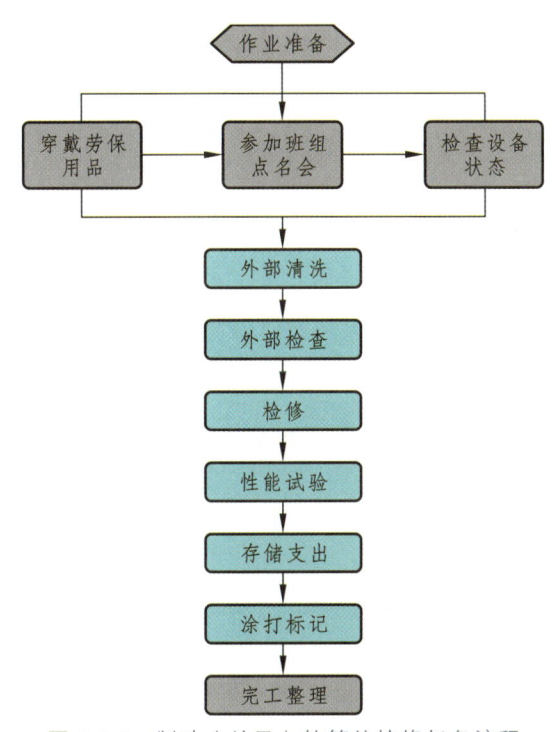

图 3-1-1　制动（总风）软管的检修任务流程

基础认知

制动软管连接器是车辆空气制动装置的重要附件之一，其作用是连接两相邻车辆的制动主管，能在列车通过曲线或各车辆间距变化时，保证制动主管内压力空气的通畅，如图 3-1-2 所示。

制动软管为编制软管，一头为接口（连接折角塞门），另一头为连接器，连接相邻软管，如图 3-1-3 所示。连接器和接头用卡子和螺栓与软管连接在一起。软管连接器内嵌有垫圈，保证连接器的密

图 3-1-2　制动软管

封性。相邻车辆的连接器连接时,应注意二者结合时须互相垂直,再旋转卡紧。

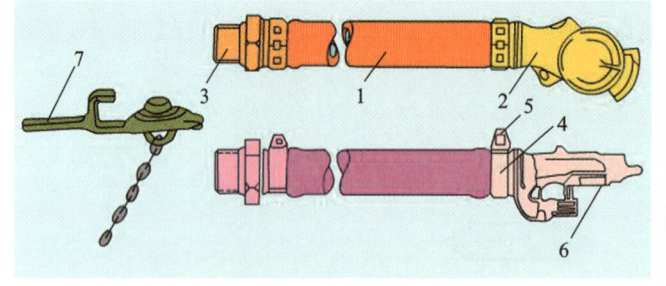

1—软管;2—连接器;3—软管接头;4—卡子;
5—螺栓和螺母;6—垫圈;7—防尘堵。

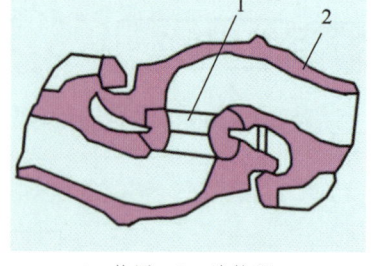

（a）具体组成

1—垫圈;2—连接器。

（b）连接状态示意图

图 3-1-3　制动软管连接器

车辆上的软管用于车辆运动时,连通会发生相对位移的配件之间的供风管路。

（1）金属护套橡胶软管:常用于转向架管路与单元制动缸之间的连接,以及车体管路与转向架管路之间的连接,如图 3-1-4 和图 3-1-5 所示。

图 3-1-4　金属软管

图 3-1-5　橡胶软管

（2）制动软管连接器:用于车端两节车厢之间列车制动管路的连接。
（3）总风软管连接器:用于车端两节车厢之间总风管路的连接。

25 型客车总风软管连接器统型长度如表 3-1-1 所示,软管型号、长度规格尺寸（货车）如表 3-1-2 所示。

表 3-1-1　25 型客车总风软管连接器统型长度

车　型	总风软管连接器长度/mm		制动软管连接器长度/mm	
	15 号车钩	密接式车钩	15 号车钩	密接式车钩
25G	690	—	715	—
25T（含青藏车）	690	780	715	780

表 3-1-2　软管型号、长度规格尺寸（货车）

序号	胶管长度/mm	总成长度/mm	装用车型
1	690±10	715±10	60 t 级通用货车
2	835±10	795±10	70 t 级通用货车
3	850	980（带外护簧）	不摘钩翻卸作业的敞车

制动软管组装后都必须进行风、水压试验，合格后才准使用。风压试验在特制的水槽中进行，软管内充入 600~700 kPa 的风压并保持 5 min，检查是否发生漏泄。风压试验后，再进行水压强度试验，在软管内充以 1 000 kPa 的水压保持 2 min，不得发生破损、局部凸起等，以检查软管强度是否符合要求。

经过风压和水压试验合格的软管，用白瓷漆在中央部位顺着连接器方向涂打试验标记，如图 3-1-6 所示。

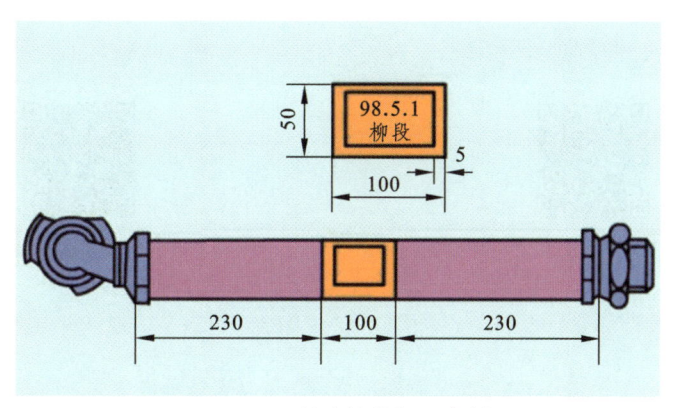

图 3-1-6　制动软管标记实例

知识拓展

1. 制动软管检修要求

制动软管连接器有下列故障时，必须及时处理。

1）软管连接器破损、分离和漏泄

（1）软管连接器由于材质、铸造或者用力过猛导致裂损；连接器头部磨耗或者安装调度不正，在列车运行中受振而造成分离。这些都必须更换软管或调整安装角度。

（2）软管连接器连接不严密造成漏风。这是由于连接头部磨耗，或旋制的尺寸不符合标准，或由于垫圈不良、连接等问题造成的。处理方法一般为更换垫圈后重新连接。

2）软管连接器或软管接头脱出

由于卡子制造不良或折损，卡子螺栓松弛或安装不结实等，造成软管连接器或软管接头脱出，此时必须更换整套软管连接器，换下后送到制动车间重新检修组装试验。

3）软管裂损

由于材质不良或者制造方法不好、使用日久老化以及水压试验不彻底等原因，造成软管裂损（多发生在卡子向里 30~100 mm 处），如图 3-1-7 和图 3-1-8 所示。在检查时，发现材质老化或无水压试验标记等时，应予以更换。

图 3-1-7　用止规测量直径（水压试验）　　　　图 3-1-8　报废标记

2. 工装设备、检测器具清单

工具设备清单 3.1　　　　　　　　　　更换制动软管

3. 客车制动（总风）软管段修检修工艺（见表 3-1-3）

表 3-1-3　客车制动（总风）软管段修检修工艺

序号	作业项目	作业内容、标准
1	外部清洗	（1）将制动、总风软管放置在高压清洗机内进行清洗。 （2）用高压水枪冲洗制动、总风软管，表面须无污垢。 （3）关闭清洗设备，将制动、总风软管取出后放置在搬运小车上沥干。 （4）用钢丝刷清理总风、制动软管表面，须无锈垢。 （5）用钢丝刷清理总风、制动软管连接头，须无锈垢，连接头露出金属本色

续表

序号	作业项目	作业内容、标准
2	外观检查	（1）外观检查胶管，老化、龟裂、破损、脱层（鼓泡）、标识不清时报废。 （2）外观检查软管接头处螺纹，影响密封、紧固时更新。软管接头、连接器及接头套裂纹、变形、松动时报废。 （3）生产日期与制造标记不清晰者、使用保证期超6年者报废
3	检修	（1）拉直软管后，将一端对准光源进行透光试验，从另一端观察软管内部。 （2）检查软管内部有裂损、凸起、凹陷者报废
4	性能试验	（1）在螺纹端加装试验密封堵，另一端接于试验台，准备试验。 （2）操作软管试验台设备，将软管降至水面以下。 （3）风压试验：通以（600±10）kPa压力空气后，保压5 min，不得有漏泄或鼓泡现象，试验完毕后排尽压力空气。 （4）水压试验：压力空气排尽后通入1 000 kPa压力水，保压2 min，使用膨胀样板、卷尺测量总风、制动软管外径、长度，软管外径膨胀率大于6%、长度变形率大于1.5%者或发生破裂、漏泄、局部凸起、局部膨胀者报废
5	标记涂打	（1）将试验合格的总风、制动软管内部水分晾干。 （2）用黑色调和漆涂掉旧的定检标记。 （3）按照左图要求涂打定检标记。 （4）使用白油漆在距连接器体端面150 mm处涂打定检及区别标记，宋体、字高15 mm、宽10 mm。定检及区别标记须避开原制造标记

续表

序号	作业项目	作业内容、标准
6	加装外套式防护件	（1）将印刷完检修标记的总风、制动软管的螺纹端加装外套式防护件，连接器端加装钢片防护件，并分类储存。 （2）储存期超过 12 个月时应进行试验。新品储存期以生产日期距装用前计算，检修储存期以检修合格日期距装用前计算
7	完工整理	（1）关闭设备电源，擦拭保养。 （2）收好工具材料，定置存放。 （3）清扫作业场地，保持清洁

自主提升

同步练习 3.1

1. 单选题

（1）列车软管组装后，须进行水压强度试验，其水压为（　　）。

A. 800 kPa　　　　　　　　　　B. 900 kPa

C. 1 000 kPa　　　　　　　　　D. 700 kPa

（2）制动软管从生产日期到检修日期超过（　　）年时报废。

A. 7　　　　　　　　　　　　　B. 6

C. 5　　　　　　　　　　　　　D. 8

（3）制动软管在安装时，其连接器口平面须与车体中心线呈（　　）夹角。

A. 45°　　　　　　　　　　　　B. 30°

C. 60°　　　　　　　　　　　　D. 90°

（4）以下哪种材料最适合用于制动软管？（　　）

A. 橡胶　　　　　　　　　　　　B. 塑料

C. 钢铁　　　　　　　　　　　　D. 铜

（5）制动软管在长期使用过程中可能出现（　　）问题。

A. 老化变硬　　　　　　　　　　B. 变形扭曲

C. 破裂渗漏　　　　　　　　　　D. 以上都有可能

2. 判断题

（1）制动软管必须进行风压和水压试验，试验合格后才能涂打标记。　　（　　）

（2）制动软管的老化和磨损不会影响制动性能。　　（　　）

（3）制动软管可以在任何情况下进行更换，无须考虑车辆的使用环境和行驶里程。

（　　）

（4）在紧急制动情况下，制动软管应能够承受较大的压力和冲击力。　（　　）

（5）定期对制动软管进行检查和维护可以延长其使用寿命并提高制动性能。

（　　）

3. 填图题

指出图 3-1-9 中各序号代表的名称。

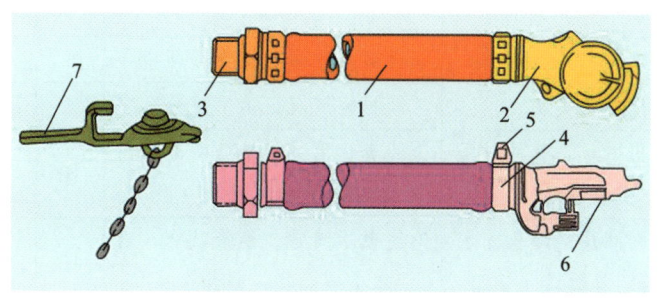

图 3-1-9　制动软管的组成

1. _____； 2. _____；

3. _____； 4. _____；

5. _____； 6. _____；

7. _____。

考核评价

线上考评 3.1

学生姓名		组名		班级			
出勤情况							
考评项目	具体内容	评价要点	分值	学生自评	小组互评	教师评定	
课前	知识点掌握情况	能够掌握制动软管的基本组成	5				
	制动软管检修掌握情况	能够简单阐述制动软管的检修要求	10				
	学习主动性	积极参与，主动接受教师指导	5				
	任务完成度	根据情况，酌情赋分	5				
课中	能够说出制动软管的风压试验过程	论述表达清楚，酌情赋分，内容正确，错一处扣 2 分	10				
	能够清晰阐述制动软管水压试验的具体操作步骤	论述表达清楚，酌情赋分，内容正确，错一处扣 3 分	10				
	能够掌握客货车制动软管的类型	论述表达清楚，酌情赋分，内容正确，错一处扣 4 分	15				
	能够说出制动软管的检修步骤及具体内容	论述表达清楚，酌情赋分，内容正确，错一处扣 5 分	5				
	团队协作能力	根据情况，酌情赋分	5				
	课堂表现	根据情况，酌情赋分	5				
	职业素养	根据情况，酌情赋分	5				
课后	作业完成情况	根据情况，酌情赋分	10				
	交流反馈	能够进行有效互动并给出合理建议	5				
	自评反思	根据情况，酌情赋分	5				
成绩评定							
改进建议							

任务二　104 型分配阀的检修

学习目标

1. 知识目标

学习客车 104 型分配阀的基础知识。

2. 能力目标

掌握 104 型分配阀的作用原理和检修方法。

3. 素质目标

培养学生养成按标作业、精益求精的严谨工作态度。

学习重难点

1. 学习重点

104 型分配阀主阀的组成。

2. 学习难点

104 型分配阀的作用性能。

学习任务

104 型分配阀的检修任务流程如图 3-2-1 所示。

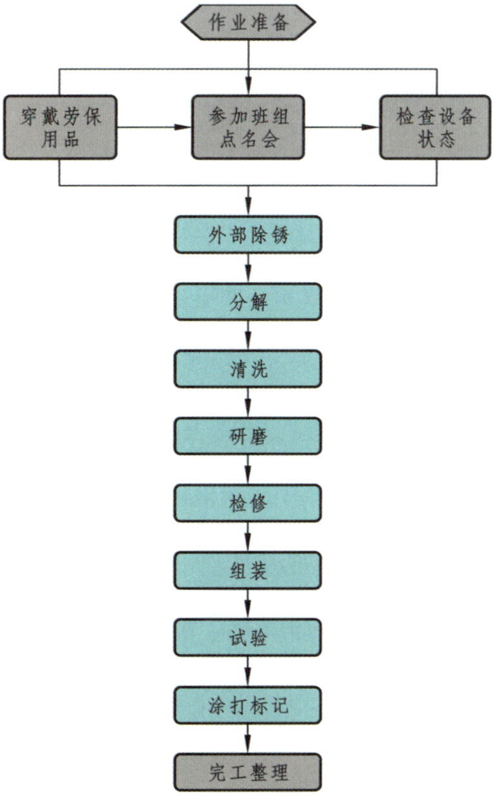

基础认知

104 型分配阀是客车 104 型空气制动机的重要组成部分，如图 3-2-2 所示。后续在 104 型空气制动机的基础上又研发出了 104 型电空制动机，能够加快制动管的增压速度，使车辆迅速缓解。

图 3-2-1　104 型分配阀的检修任务流程

一、结构特点

1. 采用二压力机构

对于 104 型分配阀来说，主阀的二压力是指制动管与压力风缸的压力。紧急阀的二压力是指紧急室与制动管的压力。

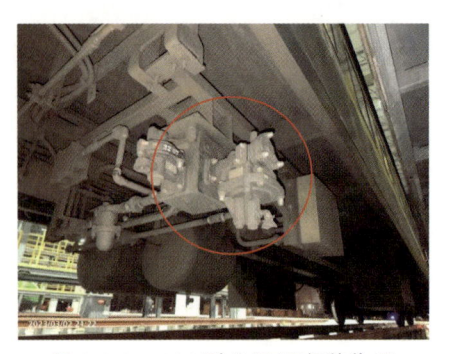

图 3-2-2　104 型分配阀安装位置

2. 采用间接作用方式

间接作用方式是与直接作用方式相对应的。直接作用方式是指制动缸状态（缓解或制动）是受制动管直接控制，如 120 型分配阀。间接作用方式则是制动管通过中继部间接控制制动缸，如 104 型分配阀。其中，中继部是指压力风缸、容积室、均衡部、充气部等。

3. 采用分部作用形式

紧急制动与常用制动分开。专设紧急阀控制紧急制动作用，当紧急制动时，紧急阀能使制动管压力迅速直通大气，确保全列车迅速、有效地产生紧急制动。

4. 膜板滑阀结构

104 型分配阀主活塞采用膜板滑阀结构，减小了运动阻力，提高了动作灵敏度，并消除了漏泄不稳定而产生的故障，有利于检修。

5. 采用新结构和新材料

104 型分配阀采用了滤尘器、多种形式橡胶膜板、新品种润滑材料等新结构和新材料，便于检修，利于延长检修周期。

二、结构组成及作用

104 型分配阀由主阀、紧急阀和中间体三部分组成，如图 3-2-3 所示。104 型分配阀为四通阀，分别连接制动管、制动缸、压力风缸、副风缸，制动管通过压差的变化控制分配阀动作，产生各部作用。

1. 中间体

中间体为铸铁长方体，其顶面有吊耳，通过螺栓吊挂安装在车体底架上。四个侧面中的两个相邻侧面分别是主阀、紧急阀的安装座，能够将主阀、紧急阀连接为一体。其余两侧面留有四个管路，分别与制动管 L、压力风缸 G、副风缸 F 及制动缸 Z 连通。

中间体内部有三个独立空腔，分别是 1.5 L 的紧急室（J）、0.6 L 的局减室（Ju）、3.8 L 的容积室（R）。中间体在主阀与紧急阀的制动管通路上分别设杯形滤尘器和滤尘网，起到二次过滤的效果（第一次过滤为远心集尘器完成的）。

(a) 整体结构　　　　　　　　　　　　(b) 中间体

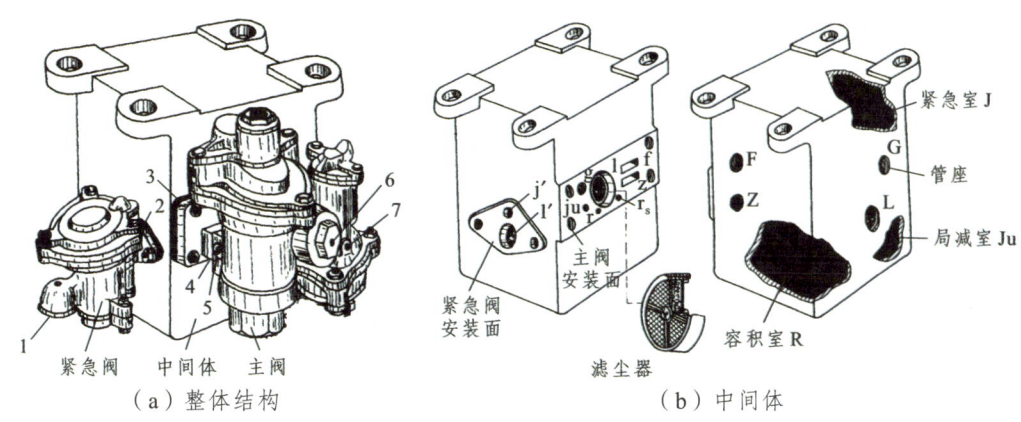

1—紧急阀排气口；2—紧急阀垫；3—主阀垫；4—局减室排气口；
5—作用部排气口；6—局减阀大气孔；7—均衡部排气口。

图 3-2-3　104 型分配阀

注：在制动机通路描述中，一般采用所通主容器（风缸、腔室等）的第一个汉字拼音首字母表示。大写代指主容器，小写代指通向主容器的孔路。现场也称制动端为列车管，因制动管与制动缸拼音首字母一样，故将制动管用 L 代指。过去将压力风缸习惯叫作工作风缸，故压力风缸用 G 代指。

2. 主阀

主阀是分配阀的核心，它根据制动管压力增减的变化，控制空气制动机实现充气、缓解、制动、保压等作用。主阀由作用部、充气部、均衡部、紧急增压阀、局减阀五部分组成，如图 3-2-4 所示。

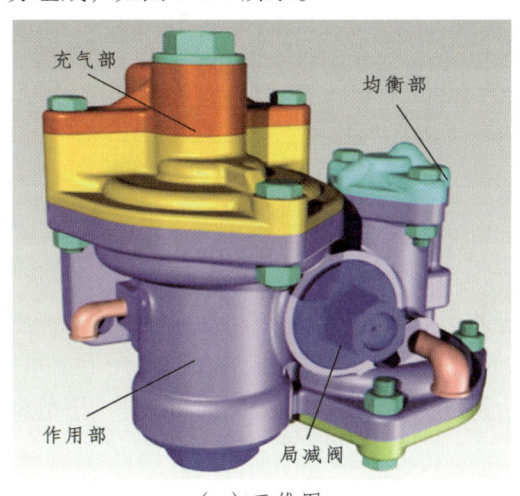

(a) 三维图　　　　　　　　　　　　(b) 实体图

图 3-2-4　104 型分配阀主阀组成

1) 作用部

作用部主要由主活塞、滑阀、节制阀、主阀体、稳定装置等组成，如图 3-2-5 所示。

057

(a）分解图

(b）滑阀/节制阀气路　　　　　（c）滑阀及滑阀座

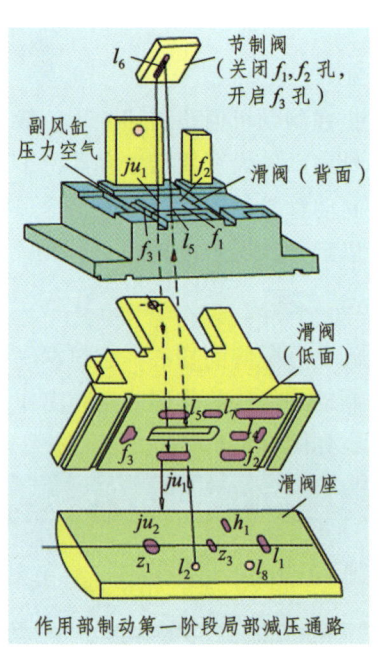

图 3-2-5　作用部

作用部是根据制动管与压力风缸之间的压差，推动主活塞上下移动，使分配阀产生充气缓解、制动、保压等作用。

主活塞上侧通制动管，下侧滑阀室通压力风缸，主活塞的膜板能保障活塞上下的密封性。

作用部组成分解图　　　　　　　　分配阀各部分孔路及代码

主活塞的活塞杆上安装有滑阀和节制阀。当主活塞两侧（制动管与压力风缸）压力发生变化时，主活塞会上下移动，带动滑阀、节制阀上下移动，开通或者遮断滑阀与滑阀座上相对应的空气孔路，从而实现分配阀的充气、缓解、局减、制动、保压等作用。

稳定装置装在主活塞杆的尾部，其作用是使主活塞部具有一定的稳定性。当制动管的压力波动或轻微漏泄时，稳定弹簧压紧稳定杆，阻止了主活塞的上移，避免制动机发生自然制动。

（1）稳定性的实现。

104 型制动机的稳定性除了稳定装置外，还依靠压力风缸与制动管的逆流通路。当主阀位于充气缓解位时，假如制动管轻微漏泄，压力风缸的风压会补充到制动管中，维持主活塞上下两侧压差平衡，保证主活塞不会上移而发生制动作用。

在单车试验中，对制动机稳定性的要求是：制动管在 40 kPa/min 的减压速度下，制动机不得发生制动作用。

（2）104 型分配阀的作用原理。

①充气缓解作用原理：制动管充气增压，当制动管压力大于压力风缸压力时，推动主活塞下移，形成充气缓解位。此时，制动管分别向压力风缸、副风缸充气；同时，容积室的压缩空气排向大气，均衡部作用活塞下移，制动缸的压缩空气经由均衡阀活塞杆上的孔排向大气。

②制动作用原理：制动管减压，当压力风缸压力大于制动管压力时，推动主活塞上移，形成制动位。此时压力风缸的压缩空气进入容积室，容积室的压力增大后推动均衡部的作用活塞上移，打开作用阀，使副风缸的压缩空气进入制动缸，推动制动缸活塞伸出，形成制动作用。

③制动保压作用原理：当制动管停止减压时，主活塞带动节制阀稍下移，切断压力风缸到容积室的充气通路，容积室保压，均衡部的作用阀稍下移，作用阀与阀座密贴，关闭遮断副风缸 F 到制动缸 Z 的充气通路，实现制动缸的保压。

| 充气缓解作用 | 制动作用 | 制动保压作用 |

2）充气部

充气部由充气阀部和充气止回阀部两部分组成，如图 3-2-6 所示。充气部能够协调压力风缸与副风缸的充气速度的一致性。当制动管给压力风缸充气时，充气阀被打开，打开制动管给副风缸的充气通路，实现副风缸的充气。止回阀是防止副风缸压缩空气逆流回制动管，造成局部增压，影响制动作用甚至造成自然缓解。也就是说，副风缸的充气速度是靠压力风缸通过充气部控制的。

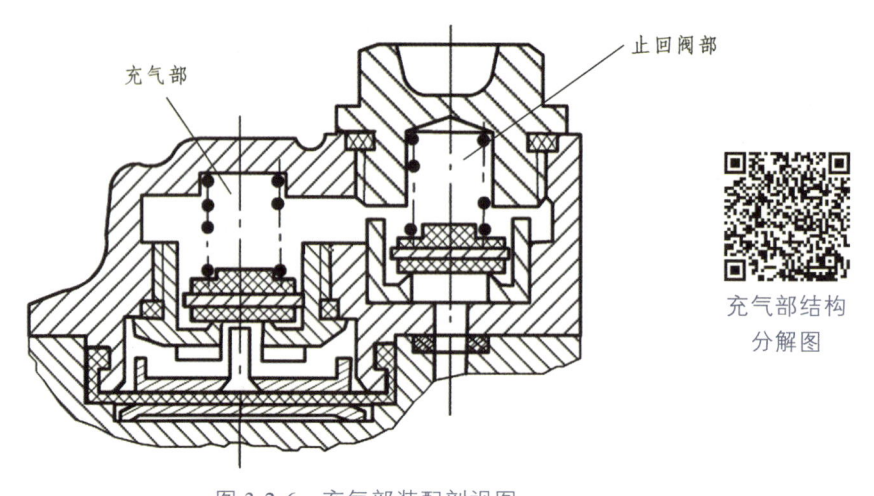

图 3-2-6　充气部装配剖视图

3）均衡部

均衡部由作用阀和作用活塞两部分组成,如图 3-2-7 所示。作用活塞下部通容积室,上部通制动缸。作用活塞上移能够打开作用阀,使副风缸的压缩空气能够向制动缸充风,制动缸实施制动作用。作用活塞下移,能使制动缸的压缩空气经由作用阀杆轴向孔、中心孔排向大气,实现制动缸的缓解作用。也就是说,制动缸的状态是容积室通过均衡部控制的。

（a）上盖　　　　（b）下盖　　　　（c）作用阀（左）和作用活塞（右）

图 3-2-7　均衡部

自动补风作用的实现：当制动缸因漏泄等原因压力下降时,作用活塞上侧的压力下降,活塞两侧作用力失去保压位的平衡,活塞下侧的容积室压力推动均衡活塞上移,重新顶开作用阀使副风缸向制动缸充气。当制动缸压力恢复到与容积室压力重新平衡时,作用阀再一次关闭,实现了制动力不衰减的性能。

4）局减阀

（1）局减阀的作用。

局减阀位于主阀体内,局减阀下部的杆为中空结构,内通制动缸,如图 3-2-8 所示。

其作用是在第二阶段局减时,将制动管的部分压缩空气送入制动缸,加快制动管的减压速度,同时使制动缸获得一定的初始压力。一阶段局减(L→Ju)是制动管开始减压,主活塞带动节制阀上移,滑阀未动。制动管的压缩空气经由滑阀、节制阀的联络气孔送往中间体的局减室,再经缩孔缓慢排向大气,从而加快制动管的减压速度。

(a)分解

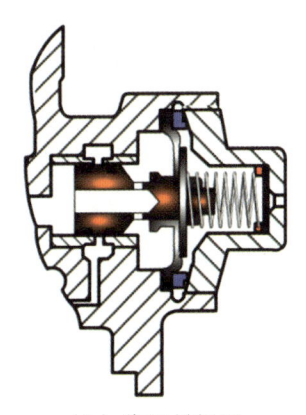

(b)装配剖视图

图 3-2-8　局减阀

(2)局减阀的结构特点。

局减阀盖上有 $\phi 3$ mm 的轴向孔,使局减阀外侧室通大气(D),能够在局减活塞外移时,消除空气背压,提高关闭灵敏度。

局减阀套上有 8 个 $\phi 1$ mm 的径向孔,经阀体暗道通向滑阀座上的局减阀孔(z_1)。局减阀杆缩颈部分有两个 $\phi 3$ mm 的径向孔,经轴向孔通向作用阀下部(制动缸)。局减阀杆下部套有两密封圈,当局减阀发生二阶段局减作用移动时,局减阀套的 z_2 孔会被遮断于两密封圈之间,从而切断制动管向制动缸充气的局减通路。

(3)局部减压的作用原理。

制动管继续减压,主活塞带动滑阀上移(一阶段局减结束)到常用制动位,制动管的压缩空气经由滑阀座(z_1)与局减阀(z_2)通路连通,从局减阀套进入局减阀杆下部的中空结构,再经过局减阀套径向孔进入制动缸,实现增压过程,实现第二阶段局减

（L→Z）。当制动缸压力达到 50~70 kPa 时，制动缸的压力大于局减阀弹簧的工作压力，使局减阀移动，关闭制动管与制动缸的通路，保证制动缸获得一定的初始压力。

5）紧急增压阀

（1）紧急增压阀的作用。

紧急增压阀位于主阀体内，紧急制动时将副风缸与压力风缸的压力空气一起送入容积室，提高容积室压力，通过均衡部使制动缸产生增压作用，从而获得更大的制动力。

（2）紧急增压阀的结构特点。

紧急增压阀由紧急增压阀本体、增压阀弹簧、阀盖等组成，如图 3-2-9 所示。增压阀装在 104 主阀体的增压阀套内，有 8 个 $\phi 1$ mm 的径向孔（f_5）通副风缸。增压阀杆中部有两个 $\phi 3$ mm 的径向孔与轴向孔相通。阀体上部套有两密封圈，将增压阀套上的 8 个 f_5 孔阻隔在两密封圈之间，可以遮断副风缸与容积室、制动管之间的通路，防止漏气。增压阀上部通制动管，下部通容积室。通常增压阀在制动管压力与增压阀弹簧作用下处于下方关闭位置，此时制动管、副风缸、容积室均不通。

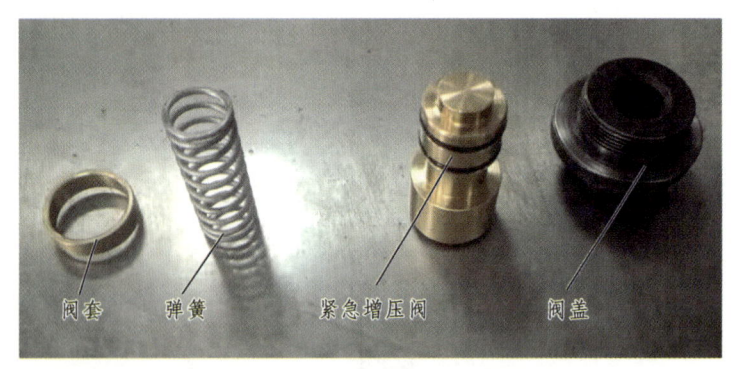

图 3-2-9　紧急增压阀及弹簧

（3）紧急增压阀的作用原理。

紧急制动时，增压阀上部制动管压力急剧下降，下部容积室压力迅速上升，形成压力差，增压阀压缩弹簧上移，打开阀套上的副风缸孔，副风缸与容积室相通，容积室增压，由容积室通过均衡部控制的制动缸也实现增压作用，此时压力风缸、副风缸、容积室、制动缸相互连通，制动缸压力达到最大值。

3. 紧急阀

紧急阀是为了改善列车的紧急制动性能，其动作和作用不受主阀影响。紧急阀的作用是，当制动管紧急制动减压时，产生强烈的紧急局部减压作用，加快制动管的排气速度，提高紧急制动的波速和灵敏度，改善紧急制动性能。

104 分配阀分解

紧急阀分上下两部分。上部由紧急阀上盖、紧急活塞组件、安定弹簧等组成。下部由紧急阀下盖、放风阀组件、紧急阀体、排气保护罩等组成，如图 3-2-10 所示。

（a）上部

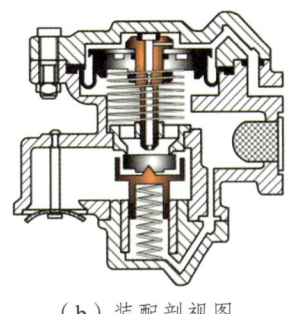

（b）装配剖视图 　　　　（c）下部

图 3-2-10　紧急阀

　　紧急活塞上侧通紧急室，下侧通制动管。非紧急制动时，制动管压力大于紧急室压力，紧急活塞处于上端极端位置。紧急制动时，制动管迅速排气，紧急室压力大于制动管压力，紧急活塞杆迅速下移打开放风阀，制动管压力通过开启的放风阀口排向大气，加速紧急制动作用。同时，紧急增压阀下部容积室的压力增大，推动紧急增压阀上移，副风缸向容积室充气，容积室增压，制动缸压力比常用制动时所获得的压力还要大（上升 10%~15%），保证列车在紧急制动时有足够的制动力，缩短了制动距离。

　　安定性的实现：104 型制动机的安定性是依靠紧急活塞杆中部的轴向限孔Ⅲ实现的。当常用制动时，紧急室的风经由该孔向制动管逆流，平衡了紧急活塞两侧压差，阻止紧急活塞下移打开放风阀而产生紧急制动作用（具体参考 120 阀的紧急阀的三孔介绍）。

三、104 型分配阀作用原理

1. 充气气路（见图 3-2-11）

2. 缓解气路（见图 3-2-12）

3. 一阶段局减气路（见图 3-2-13）

4. 二阶段局部减压及制动气路（见图 3-2-14）

5. 紧急室逆流（安定性）（见图 3-2-15）

各作用位置的具体气路请扫码学习。

气路详细介绍

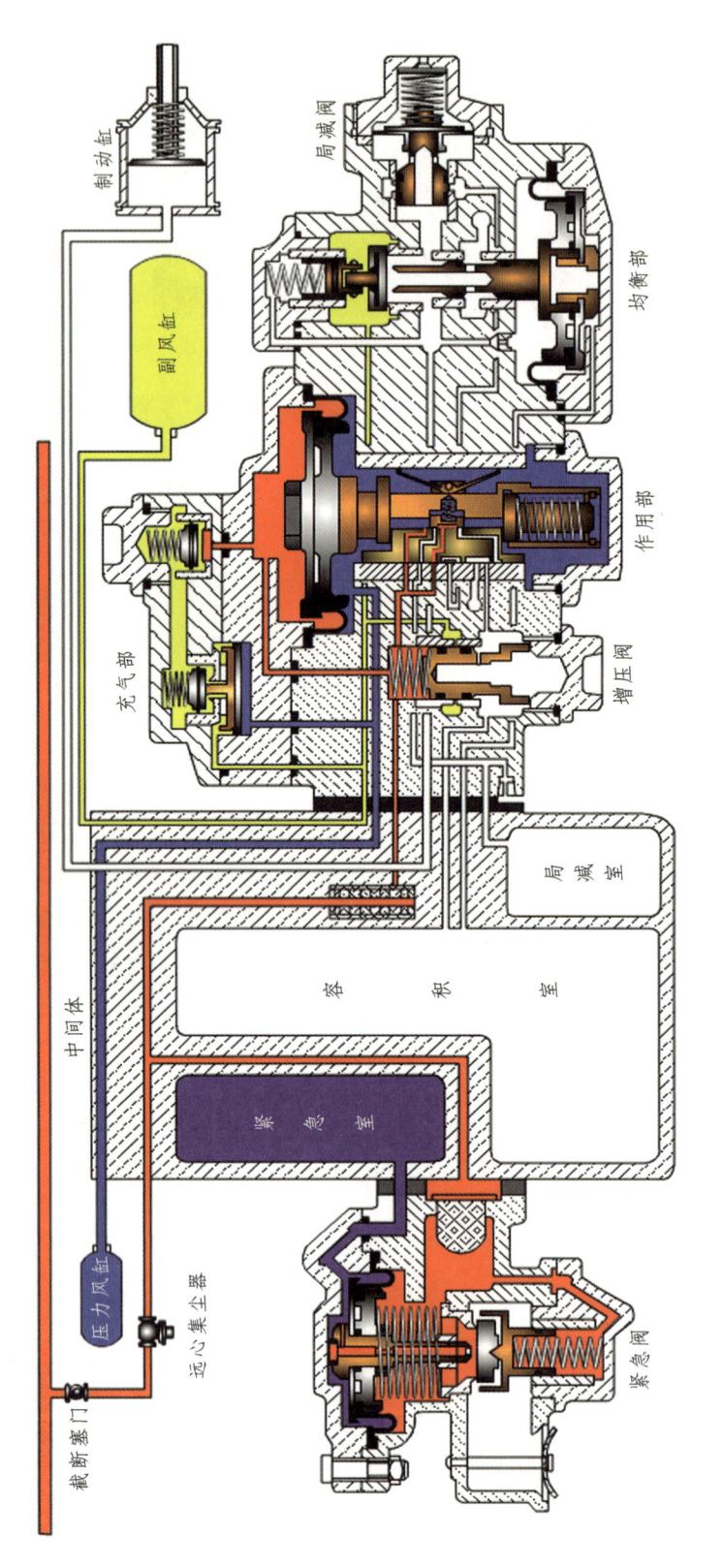

图 3-2-11 充气气路

项目三 内制动

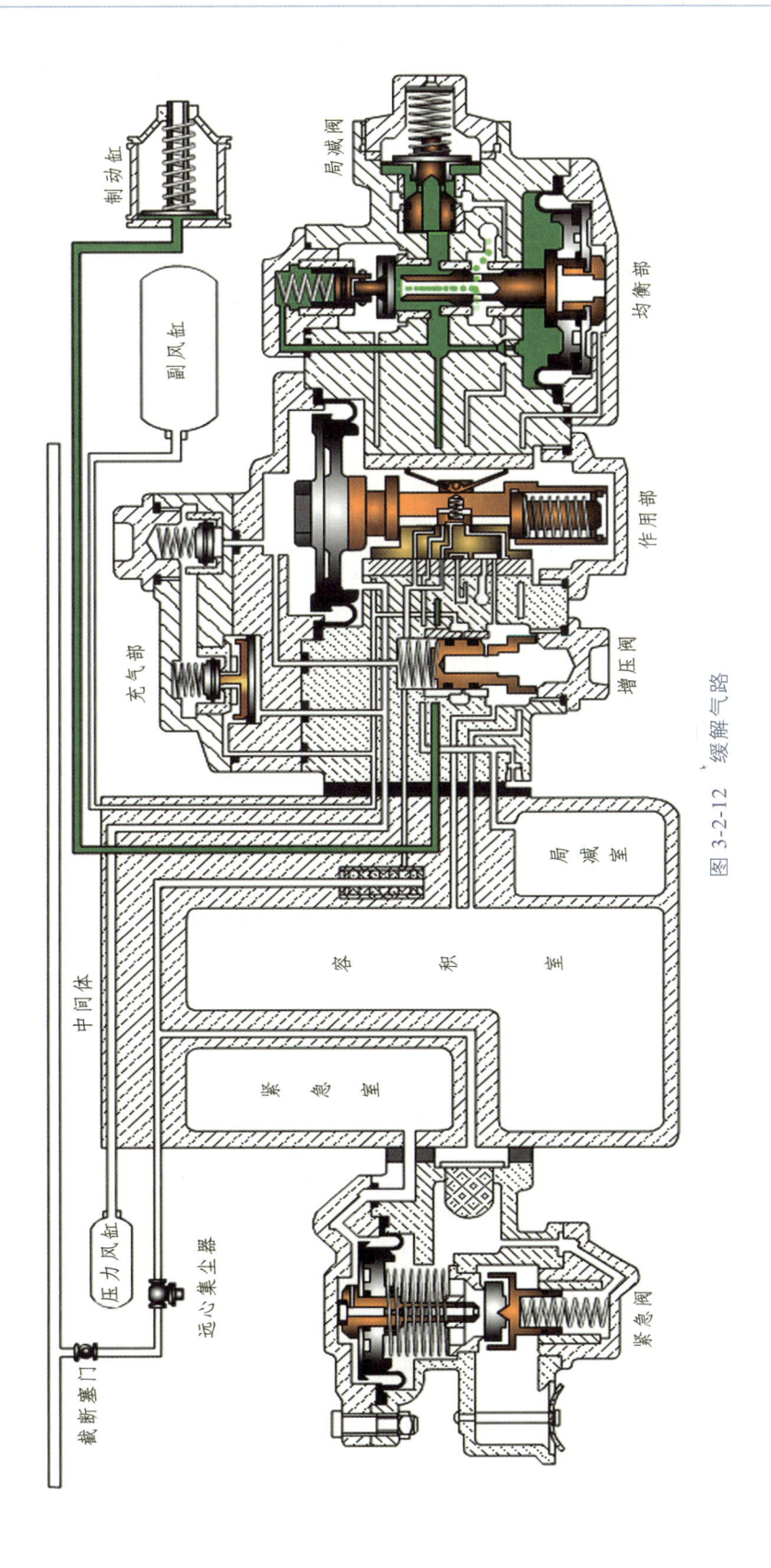

图 3-2-12 缓解气路

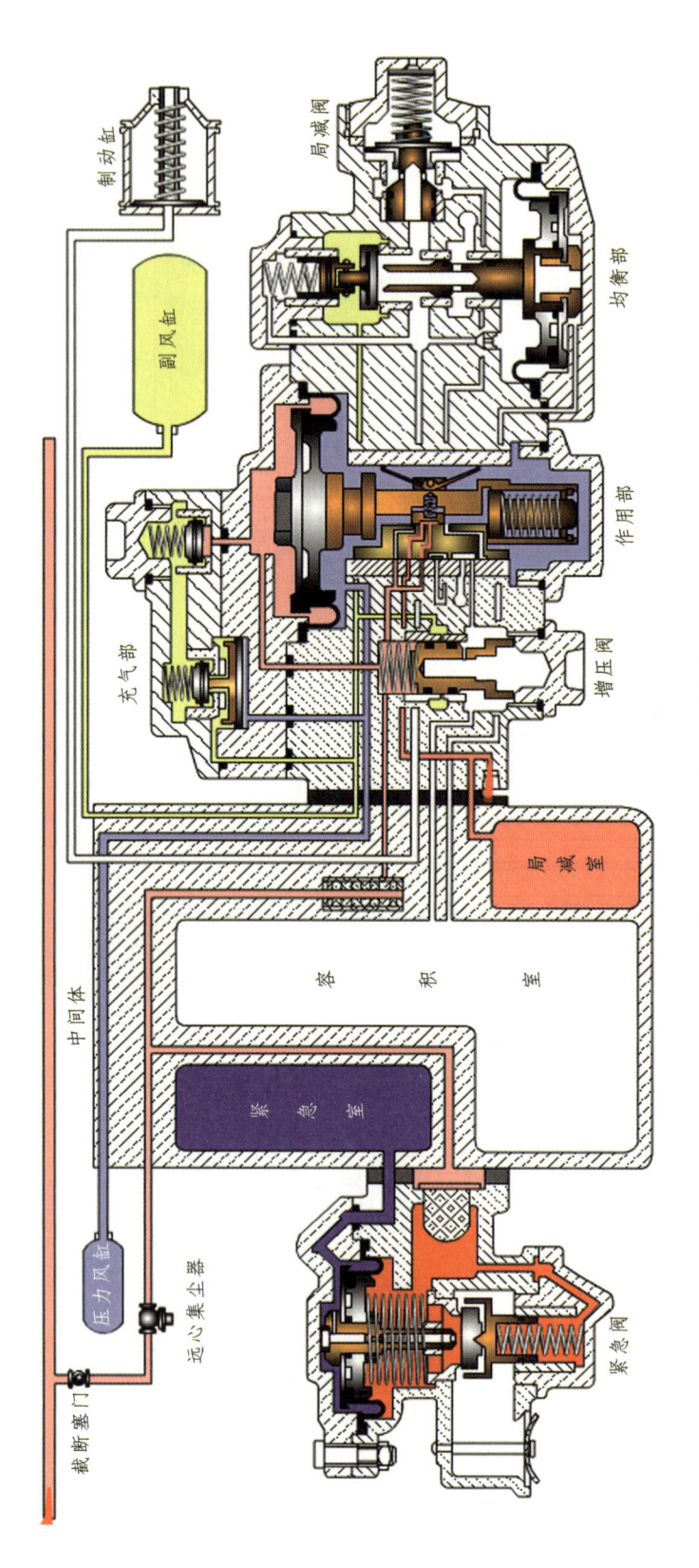

图 3-2-13 一阶段局减气路

项目三　内制动

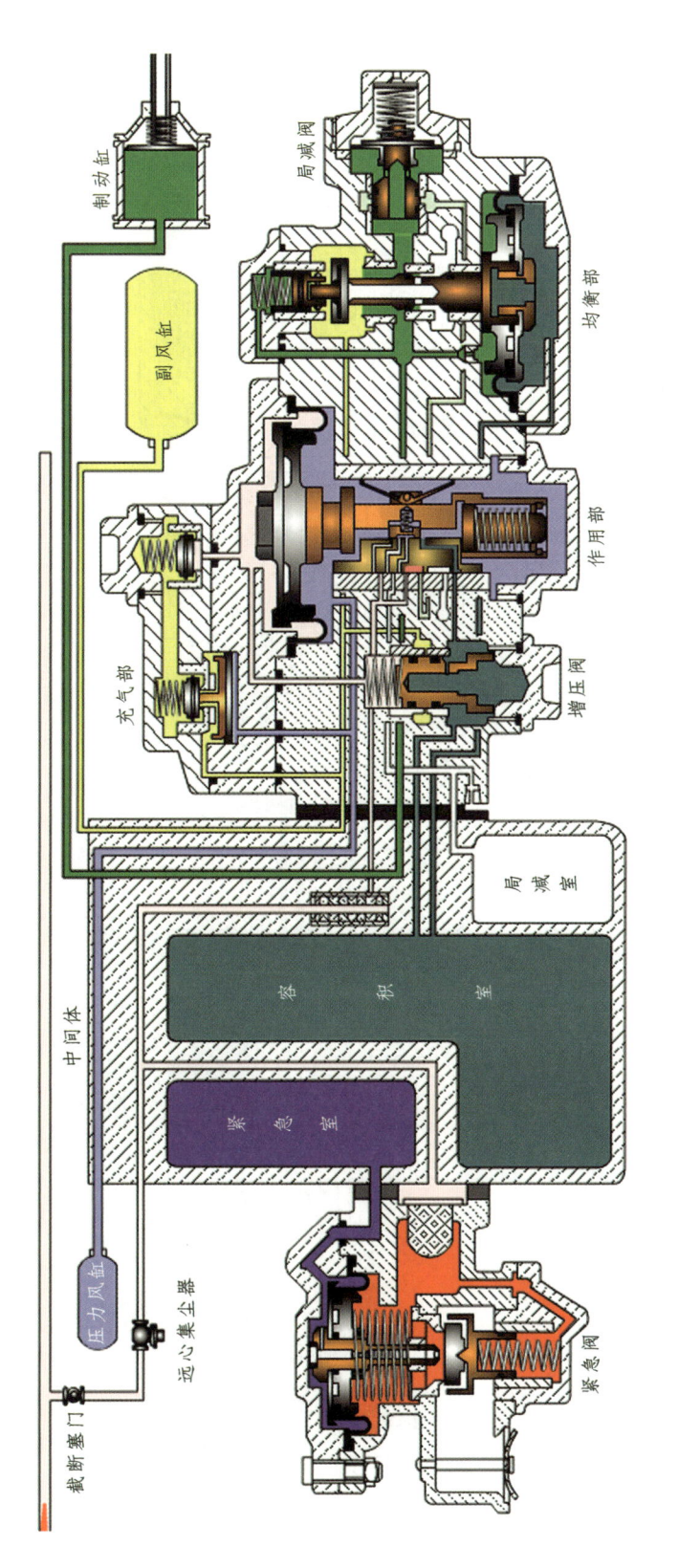

图 3-2-14　二阶段局部减压及制动气路

067

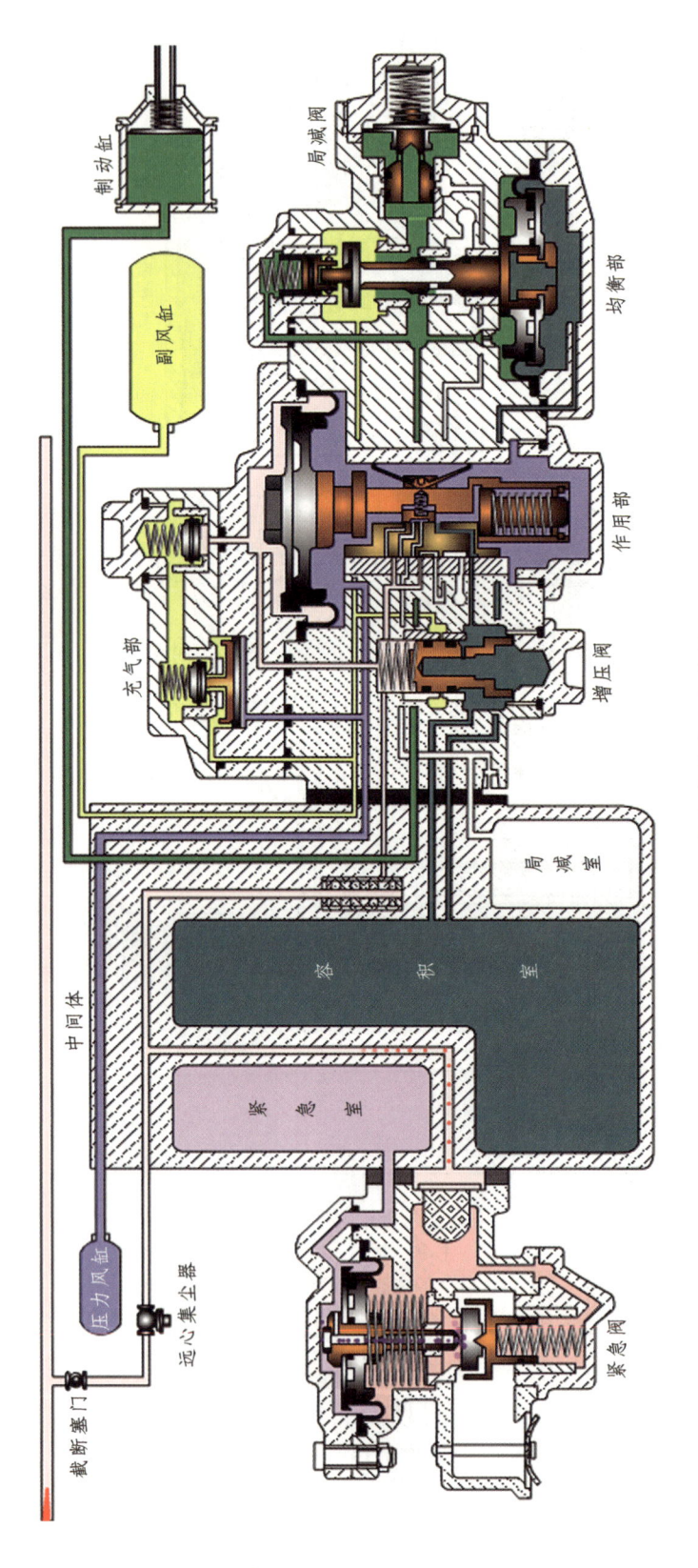

图 3-2-15 紧急室逆流（安定性）

> 拓展知识

1. 104 型集成式电空制动机

1)结构特点

104 型电空制动机是在 104 型空气制动机的基础上增设电磁阀安装座、缓解风缸以及车端导线连接装置等设计的。缓解风缸由副风缸通过充气止回阀进行充气。

104 型电空制动机的集成是指，将电空制动机的所有零部件集中安置在集成板上，外部设有防护罩，可实现防尘和密封，并且取消了中间体。在集成板上，正面装有主阀、紧急阀、充气阀、电磁阀及座等，背面有容积室 R、紧急室 J 和局减室 Ju，以及各管系法兰接口（L、F、Z、H）。所有阀类零部件都装在集成板正面，反面安装有容积风缸和管路，如图 3-2-16 所示。

图 3-2-16　104 型集成式电空制动机

电磁阀安装座用来连接三个电磁阀：缓解、制动和保压电磁阀。三个电磁阀通过线圈的引出线和接线端子与五芯电缆连接，电缆通过电缆连接器（每辆客车端墙下部左右两侧）连通全列车。电缆中五根导线的得电、失电状态由机车电空制动机进行控制（另外两根导线为检查导线和零线）。

2)作用原理

（1）制动电磁阀：常闭状态（失电）能够切断制动管到大气的通路，得电时连通。车辆实施电空制动时，制动管的压缩空气经由制动电磁阀排向大气，制动管的减压量由电磁阀的得电时间来决定。

（2）缓解电磁阀：缓解风缸与缓解电磁阀相连，得电时连通缓解风缸与制动管的通路，失电时断开。当车辆充气缓解时，各车的缓解风缸的压缩空气经缓解电磁阀内的通路进入制动管完成增压，加快缓解波的传递，并且减轻前、后车辆制动机由于缓解时的不一致性导致的纵向冲动。

（3）保压电磁阀：失电状态使容积室连通大气，得电时切断。104主阀容积室的排气口被连接至电磁阀安装座，当保压电磁阀得电时，容积室的压缩空气不能排出，从而实现制动缸的保压状态。

2. 104型分配阀检修要求

（1）检修时主阀和紧急阀需分解；A2/A3检修时中间体现车检修，状态良好时可不下车分解，A4/A5检修时中间体需下车检修试验。

（2）阀体、阀套和阀盖检修要求。

①安装面密封部位碰伤时应报废，非密封部位碰伤时须修平。

②各压装阀套松动时，整体更换阀体组成。各阀套滑动工作面无划伤。

③阀体、阀盖上的膜板圆弧压筋轻微碰伤时，可用细油石研磨碰伤处并圆滑过渡；碰伤严重时应更换。阀体、阀盖有裂纹时应更换。

（3）中间体检修要求。

①中间体穿孔漏泄、裂纹、缺损及螺纹损坏时应更换。

②中间体须清除表面污垢，吹扫内腔，各通路须畅通，表面漆层脱落时补漆。滤尘器体锈蚀时应更新。

③厂修时外表面腐蚀深度大于3 mm时更新，用650~700 kPa压缩空气进行漏泄试验，各内腔、通路间窜通或漏泄时应更换。螺堵漏泄时处理，组装螺堵时，螺纹部位须涂适量厌氧型密封胶。

（4）各橡胶件均需按照规定进行更换。

104阀检修更新橡胶件

（5）滑阀、滑阀座、节制阀研磨要求为各滑动面光滑无划痕，各限度见表3-2-1。

表3-2-1 零部件检修限度

序号	名称	检测项目	设计尺寸/mm	限度/mm	检测器具
1	滑阀	滑阀厚度	17±0.15	≥16	游标卡尺或样板
		缓解槽深度	3	≥2.2	
2	节制阀	节制阀厚度	6±0.2	≥5	游标卡尺或样板
3	主阀体组成	滑阀座底面与顶面圆弧最高点处距离	$45.5_{0}^{+0.39}$	≤46.8	游标卡尺或塞规

（6）夹芯阀、排风口罩垫段修时状态良好者可不更换，厂修时更新。

（7）弹簧须在弹簧测力机上进行检测，负荷须符合规定。

（8）局减阀通大气孔处毛毡（厚度0.5~1 mm，直径19.5 mm）更新。

（9）标准件腐蚀严重、失效或螺纹损坏等状态不良时须更新，规格等级须符合规定。

（10）各限制孔（缩堵孔）须用相应孔径的钻头或通针疏通，螺纹损坏时须更新。

（11）紧急活塞杆表面有毛刺时需打磨清除，有偏磨等状态不良时更新。

3. 工装设备、检测器具清单

工具设备清单 3.2

4. 104 型分配阀检修工艺（见表 3-2-2）

表 3-2-2　104 型分配阀检修工艺

序号	作业项目	作业内容、标准
1	外部除锈	（1）在主阀、紧急阀安装面上安装橡胶防护套，用橡胶堵（含金属螺堵）对外露大、小排气孔，局减阀孔进行防护。 （2）抛丸除锈后，用风枪吹净阀体表面灰尘及杂物，阀体表面清洁度达到 Sa2 级
2	分解	（1）分配阀按照逐套分解、原套检修原则，各配件不得随意更换（配件报废、更新除外）。 （2）用扳手卸下止回阀盖，取下止回阀盖上的密封圈，取出止回阀弹簧、止回阀。 （3）用扳手卸下主阀上盖螺栓，拆下上盖，取出主活塞组成。 （4）依次用扳手分解主阀作用部、充气部、均衡部、局减阀、增压阀以及紧急阀等配件
3	清洗	（1）清洗前，检查各零部件表面，不允许有锈蚀。 （2）送入超声波清洗机，水温保持在 45~50℃，每套阀清洗时间不少于 20 min。 （3）清洗后，用风枪对阀体内部空腔吹尘，清除灰尘或残留物。若仍有污渍或污物时，采用手工方式清洗干净

续表

序号	作业项目	作业内容、标准
4	研磨	（1）确认各检测仪、标准样板状态良好、不过期。 （2）检查滑阀、节制阀、滑阀座清洗状态，不得有污物。 （3）对平板、油石进行校对，对研磨盘精度进行检测。 （4）将滑阀等零件分别送入研磨机进行研磨。 （5）研磨后依次进行超声波清洗、手工二次清洗，最后用干面布擦拭干净
5	检修	（1）检查弹簧、滤尘件外观状态，变形、状态不良时更新。 （2）安装面、密封部位碰伤时报废，非密封部位碰伤时修平。压装阀套松动时，更换阀体。 （3）阀体、阀盖有裂纹、缺损时更换。各阀盖螺纹损坏时更新。 （4）各活塞、活塞杆有碰伤、变形、裂纹时更新。活塞杆表面有毛刺时，须打磨清除。 （5）各橡胶件、膜板进行拉伸检查，不合格者应更新
6	组装	（1）测量阀体各部规定尺寸是否满足要求。 （2）确认缩孔、滑阀孔路是否通畅。 （3）在主阀安装面上安装 $\phi 0.8$ mm 缩孔 I。 （4）依次组装主阀增压阀、均衡部、局减阀、作用部、充气部以及紧急阀等
7	试验	（1）对705试验台进行机能校验。 （2）依次将主阀、紧急阀卡紧在安装座上，进行性能试验。 （3）主阀、紧急阀第一次试验合格后按照上述步骤进行第二次试验，连续两次试验合格后加装防尘盖板，不合格时重新检修。 （4）试验完毕后，将合格品的试验记录存档，打印试验记录单

续表

序号	作业项目	作业内容、标准
8	涂打标记	组装完毕后在阀体上刻打组装阀号，阀号牌上阀号与阀体安装面上阀号须一致

自主提升

同步练习3.2

1. 单选题

（1）充气部分为充气阀和（　　）。

A. 充气止回阀　　　　　　　　B. 紧急阀

C. 局减阀　　　　　　　　　　D. 紧急增压阀

（2）104型分配阀作用活塞下方的压力是（　　）的压力。

A. 容积室　　　　　　　　　　B. 制动管

C. 制动缸　　　　　　　　　　D. 压力风缸

（3）以下结构中不属于主活塞组件的组成部分的是（　　）。

A. 密封圈　　　　　　　　　　B. 活塞膜板

C. 滑阀　　　　　　　　　　　D. 挡圈

（4）104型分配阀充气时，工作风缸充气过慢的原因是（　　）。

A. 滑阀充气孔堵塞　　　　　　B. 主活塞漏泄

C. 滑阀充气孔过小　　　　　　D. 滑阀充气孔过大

（5）104型分配阀中间体内部有（　　）三个腔室。

A. 紧急室、增压室、容积室　　B. 滑阀室、局减室、增压室

C. 容积室、紧急室、滑阀室　　D. 容积室、局减室、紧急室

2. 判断题

（1）104型分配阀的结构特点是采用直接作用方式、二压力机构控制。（　　）

（2）104型分配阀的分部作用方式是指把紧急制动和常用制动分开控制。（　　）

（3）104型分配阀的安定性就是它的稳定性，是指制动管发生漏泄时制动机不会自然制动。（　　）

（4）104型集成式电空制动机设缓解、保压和紧急三个电磁阀。（　　）

（5）104型制动机的自动补风作用是能防止制动缸漏泄而造成的压力下降。（　　）

3. 结构图填空

（1）填写图3-2-17所示的104型分配阀组成。

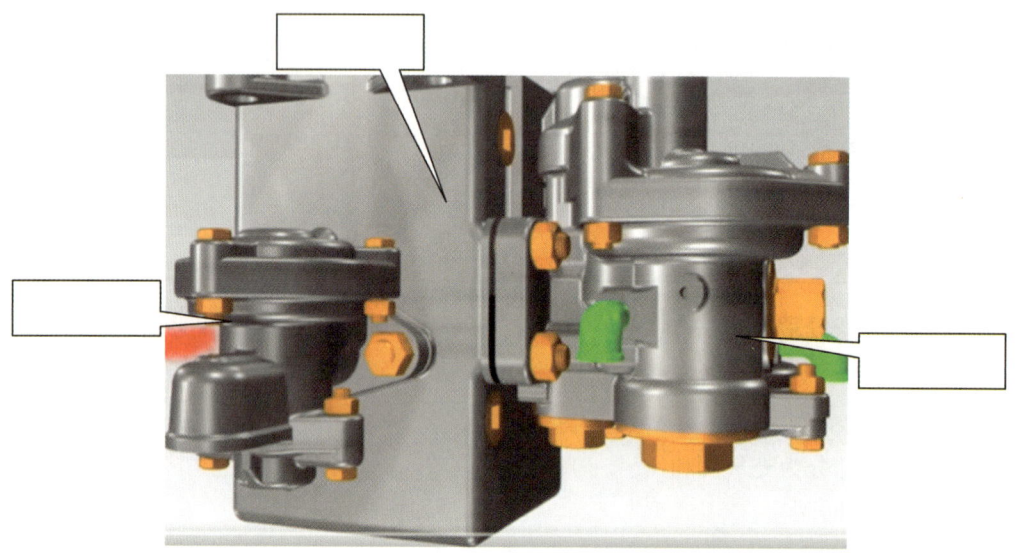

图3-2-17　104型分配阀组成

（2）填写图3-2-18所示的104型分配阀的主阀组成。

图3-2-18　104型分配阀的主阀组成

项目三　内制动

考核评价

线上考评 3.2

学生姓名		组名		班级				
出勤情况								
考评项目	具体内容		评价要点		分值	学生自评	小组互评	教师评定
课前	知识点掌握情况		能够掌握104型分配阀的结构特点		5			
	流程图掌握情况		能够简单阐述检修步骤		10			
	学习主动性		积极参与，主动接受教师指导		5			
	任务完成度		根据情况，酌情赋分		5			
课中	能够简单说出104型分配阀的作用原理		论述表达清楚，酌情赋分，内容正确，错一处扣2分		10			
	能够清晰阐述104型分配阀的基本组成		论述表达清楚，酌情赋分，内容正确，错一处扣3分		10			
	能够掌握104型分配阀检修工艺的具体内容和要求		论述表达清楚，酌情赋分，内容正确，错一处扣4分		15			
	能够明确检修工艺中需要用到的工装量具和设备		论述表达清楚，酌情赋分，内容正确，错一处扣5分		5			
	团队协作能力		根据情况，酌情赋分		5			
	课堂表现		根据情况，酌情赋分		5			
	职业素养		根据情况，酌情赋分		5			
课后	作业完成情况		根据情况，酌情赋分		10			
	交流反馈		能够进行有效互动并给出合理建议		5			
	自评反思		根据情况，酌情赋分		5			
成绩评定								
改进建议								

> 新技术

104L 型分配阀

104L 型分配阀是依托国铁集团科研课题《客车新型制动阀技术研究》而研制的，主要是为了解决铁道客车 104 阀在运用过程中存在的问题，如漏泄、自缓等。

1. 结构特点

104L 型分配阀在安装接口、功能、性能及试验设备与 104 型分配阀一致的前提下，采用了多项技术创新：

（1）二压力柱塞结构：104L 阀主要采用二压力柱塞结构代替 104 阀的滑阀结构，这一改进有效解决了 104 阀的漏泄和自缓问题。

（2）材料优化：阀体和盖类零件采用铝合金铸造，不仅减轻了质量，还提升了防腐性能。主阀膜板采用夹布工艺，从设计源头提高了客车分配阀的运用可靠性和可维修性。

2. 性能提升

104L 型分配阀在性能上相比 104 阀有了显著提升：

（1）提高制动性能：通过优化内部结构，104L 阀能够更好地协调制动缸与容积室的压力变化，从而提高制动性能。

（2）延长检修周期：由于采用了更先进的材料和结构，104L 阀的检修周期得以延长，降低了维护成本。

（3）提升运用可靠性：104L 阀在设计上考虑了更多的运用场景和故障模式，因此具有更高的运用可靠性。

3. 应用情况

104L 型分配阀已经通过国铁集团的技术评审，并有望广泛应用于铁道客车制动系统中。它的出现填补了铁道客车制动系统二压力柱塞结构制动阀的空白，为我国铁路客车制动阀技术提升提供了重要的支撑。

任务三　F8 型分配阀的检修

> 学习目标

1. 知识目标

学习客车 F8 型分配阀的基础知识。

2. 能力目标

掌握 F8 型分配阀的作用原理和检修方法。

3. 素质目标

引导学生养成细致严谨的工作作风。

学习重难点

1. 学习重点

F8 型分配阀主阀的组成。

2. 学习难点

F8 型分配阀的作用性能。

学习任务

F8 型分配阀的检修任务流程如图 3-3-1 所示。

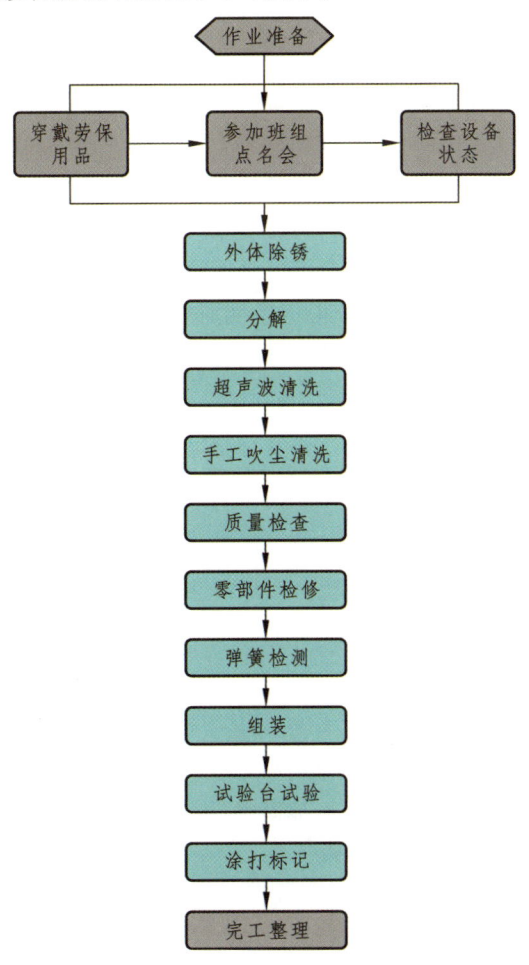

图 3-3-1　F8 型分配阀的检修任务流程

基础认知

一、F8 型分配阀简介

如图 2-1-14 所示，F8 型电空制动机是在不改变 F8 型空气分配阀的结构和性能的基础上，增设了电控制动部分，主要用于国内部分 25T 型车以及 CR200J 型动车组拖车车辆上。少数 F8 型空气分配阀还用在快捷货车、工程养路车、非干线机车以及出口客车等上（F8 型分配阀与我国 JZ-7 型机车制动机结构相近，故能够替代机车制动机的 F7 型分配阀用于非干线机车上）。

1. CR200J 型制动系统介绍

该车辆制动系统采用自动式电空制动系统，五线制电空制动控制，双管供风方式。

动力车制动系统以交流传动电力机车为基础，拖车制动系统以 25T 型客车为基础，控制车则同时集成了拖车制动系统与动力车制动控制系统，并进行优化改进。相对动力分散动车组，这种制动系统结构简单、安装方便、编组灵活、经济性好，相对于既有机车、客车的编组形式，具有站折时间短、制动响应快、制动能力强等优势。

CR200J 型动车组按车体断面形式分成直车体和鼓形车体两种，直车体制动系统以既有 25T 型客车制动系统为基础进行优化设计；鼓形车体制动系统以直车体制动系统为基础进行优化设计，采用停放制动替代手制动，取消了气路控制箱，优化了供风管路。

动力车和控制车设有微机控制的制动控制系统，具有列车管压力的控制功能，以及电空制动指令线的控制功能。当主控端司机操作自动制动手柄时，手柄指令通过网络传递到该车制动控制系统，制动控制系统根据手柄所在位置计算出所需要的列车管减压量，通过中继阀控制列车管压力变化，同时通过电空制动指令线控制车辆电空制动机中的相应电磁阀动作，加速列车管的充、排风。电空制动机根据列车管压力信号，控制制动缸的压力大小，实现制动的施加和缓解。在电空制动失效的情况下，列车仍具有空气制动能力，确保列车安全。

2. 电空制动机的优点

（1）减小了制动时列车的纵向冲动；

（2）缩短了制动空走时间；

（3）提高了可用性和安全性。

F8 型空气分配阀是以三压力为主、二压力为辅的分配阀（主阀为 L、G、Z 三压力平衡，辅助阀为 Fu、L 二压力平衡），可以与 104 型分配阀无条件混编使用。当以专列编组时，可以编组到 25 辆，而使用阶段缓解性能后，可使司机操纵更加方便、安全。相比于 104 型分配阀，它有以下两个优势：

（1）具有阶段缓解性能（通过转换盖板实现），在列车调速和进站停车时，司机操纵起来更加方便、安全，特别是在长大坡道上的优势极为明显。F8 型分配阀制动、缓解波速如表 3-3-1 所示。

表 3-3-1　F8 型分配阀制动、缓解波速

列车编组/辆	紧急制动波速/（m/s）	常用制动波速/（m/s）	缓解波速/（m/s）
20	253	253	201
25	254	254	180

（2）采用橡胶夹布膜板和柱塞止阀结构，如图 3-3-2 所示，取消传统金属滑阀结构，简化了检修工艺（滑阀、滑阀座需要研磨），提高了动作可靠性，故障率较低。

图 3-3-2　橡胶膜板及柱塞结构

二、F8 型分配阀的分类

F8 型空气分配阀的安装方式分为两种，即带有中间体的管座式空气分配阀（见图 3-3-3）和集装式电空分配阀（见图 3-3-4）。

F8 型分配阀性能特点

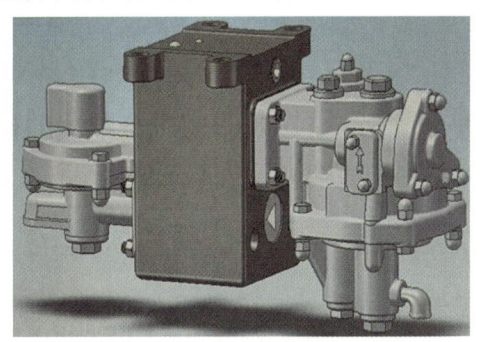

图 3-3-3　管座式

图 3-3-4　集装式

三、F8 型分配阀的组成

由于 F8 型电空制动机的核心是空气分配阀，当电空制动发生故障时，可切断电空部分，以空气制动系统继续动作。故在本任务内容中，重点介绍 F8 型空气分配阀的组成结构。

如图 3-3-5 所示，F8 型分配阀主要由主阀、辅助阀和中间体三部分组成。主阀和辅助阀分别安装在中间体的两个侧面，中间体吊装在车体底架中部。

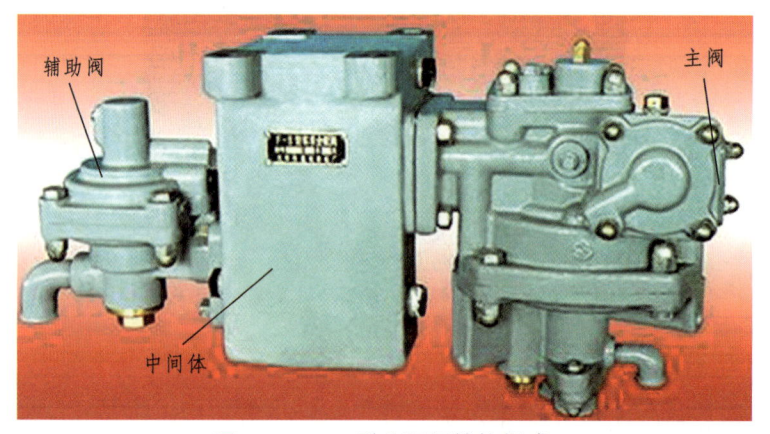

图 3-3-5　F8 型分配阀结构组成

1. 中间体

中间体与 104 阀功能类似，既为主阀、辅助阀的安装座，又连接副风缸、压力风缸、制动缸等管路，还设有 0.8 L 的局减室和 3 L 的辅助室（功能与紧急室类似），直接参与 F8 型分配阀的动作。

2. 主　阀

主阀主要由主控部（大、小活塞）、平衡阀、缓解阀、充气阀、副风缸充气止回阀、局减阀、限压阀、主阀体及各阀盖等组成，如图 3-3-6 和图 3-3-7 所示。

1）主控部

主控部主要由大、小活塞组成。主活塞套装在缓解柱塞的上部。大活塞（主活塞）上下两侧分别为制动管 L 和压力风缸 G 的压力，小活塞位于大活塞上部，小活塞上部为制动缸 Z 压力。主控部上下移动，位于不同位置，来实现分配阀的制动、保压、缓解等功能。

主阀为三压力机构（制动管、工作风缸、制动缸三者压力），根据列车管压力变化，控制分配阀的制动、缓解与保压。

当 $F_Z+F_L<F_G$ 时，分配阀发生制动作用；

当 $F_Z+F_L>F_G$ 时，分配阀发生缓解作用；

当 $F_Z+F_L=F_G$ 时，分配阀发生保压作用。

项目三　内制动

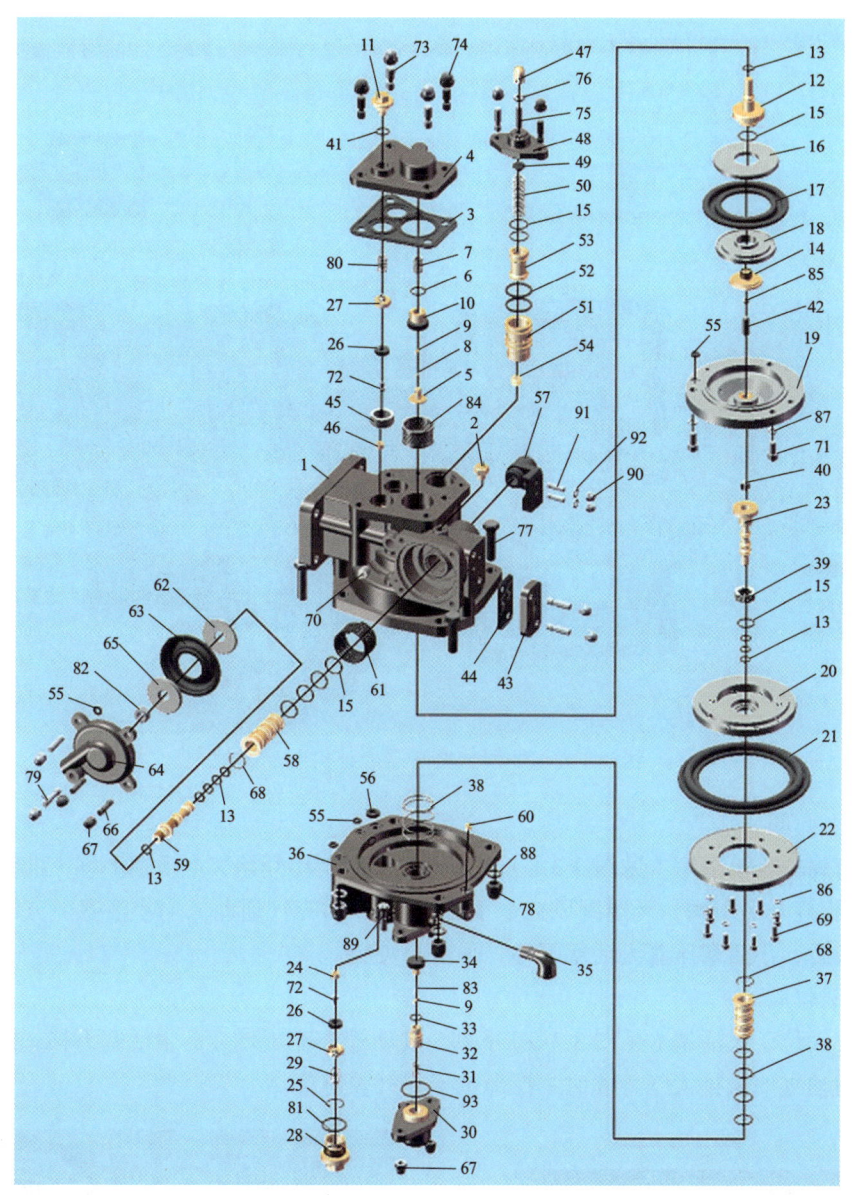

1—主阀体组成；2—排气堵；3—主阀上盖垫；4—主阀上盖组成；5—平衡阀；6、13、15、33、41、52、81、93—O形圈；7—平衡阀弹簧；8、83—销；9—固定销；10—导杆（平衡阀）；11—螺堵；12—主阀杆；14—压帽；16、22、62—压板；17—小膜板（ϕ109）；18—小活塞；19—中体组成；20—主活塞；21—大膜板（ϕ166）；23—缓解柱塞；24—缩堵（i）；25—弹簧挡圈；26—止回阀胶垫；27—止回阀；28—螺盖；29、80—止回阀弹簧；30—缓解阀盖组成；31—保压弹簧；32—导杆（缓解阀）；34—缓解阀组成；35—排风弯头；36—主阀下体组成；37—局减阀套；38—制动弹簧；39、47、67、74、76、78、82、90—螺母；40—硬芯；42—顶杆；43—转换盖板；44—转换阀垫；45—止回阀套；46—缩堵（ⅱ）；48—限压阀盖；49—弹簧托；50—限压阀弹簧；51—限压阀套；53—限压阀；54—大缩堵；55—胶垫；56—大胶垫；57—防尘排气罩组装；58—充气阀套；59—充气柱塞；60—缩孔堵M8；61—充气阀弹簧；63—充气阀膜板；64—充气阀盖；65—膜板托；66、73、79、91—螺柱；68—挡圈；69、71、72、75—螺钉；70—缩堵；77、89—螺栓；84—滤尘网；85—顶块；86、87、88—弹簧垫圈；92—平垫圈。

图 3-3-6　主阀

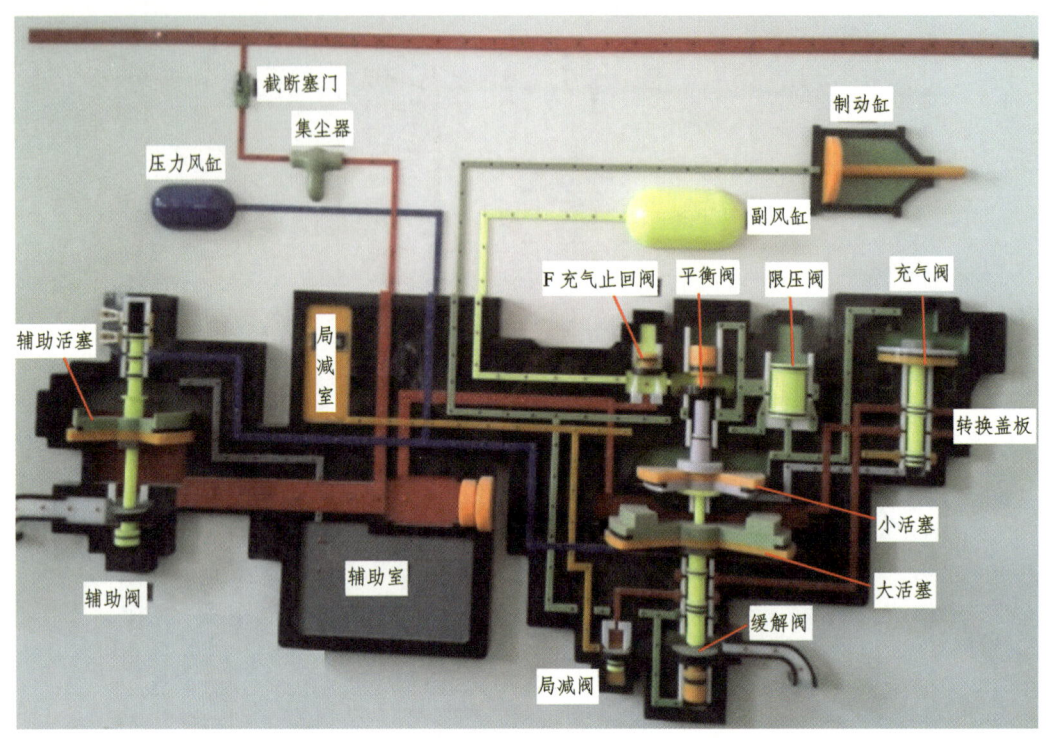

图 3-3-7　F8 型分配阀组成结构图示教板

2）平衡阀

平衡阀位于小活塞（见图 3-3-8）上部，当常用制动开始，主活塞上移（推动小活塞上移），能打开平衡阀，开通副风缸 F 到制动缸 Z 的充气通路。当小活塞上方制动缸的压力上来后，小活塞压着大活塞下移，平衡阀关闭。

3）缓解阀

缓解阀位于大活塞（见图 3-3-9）下部。制动管 L 充气增压，主活塞下移，打开缓解阀，使制动缸的风排大气，此时主控部位于充气缓解位。

图 3-3-8　小活塞 　　　　图 3-3-9　大活塞

4）充气阀

充气阀如图 3-3-10 所示，其主要作用为充气缓解位时，给压力风缸充气。同时，局

减室 Ju 的风由此阀排大气；制动位时，此两条通路关闭。

5）副风缸充气止回阀

副风缸充气止回阀主要用于在充气缓解位时，沟通制动管 L 与副风缸 F 的充气通路，并防止副风缸 F 的风向制动管 L 逆流。

6）局减阀

局减阀的主要作用是主阀产生局减作用，制动管 L 的风经局减阀向局减室 Ju 充气，并防止局减室 Ju 的风向制动管 L 逆流。

7）限压阀

限压阀如图 3-3-11 所示，其作用是在紧急制动时，限压阀上移，关闭副风缸 F 到制动缸 Z 的充气通路，从而限制制动缸的压力，防止制动缸的压力过大。

图 3-3-10　充气阀

图 3-3-11　限压阀

3. 辅助阀

与 104 型分配阀的紧急阀类似，辅助活塞为二压力机构，如图 3-3-12 和图 3-3-13 所示，活塞上方为辅助室 Fu 压力，下方为制动管 L 压力。在制动管充气增压时，制动管 L 的风进入活塞下部，推动辅助活塞上移，并经由辅助阀暗道进入活塞上方，向辅助室 Fu 充气。

在紧急制动时，辅助活塞上下两侧压差较大，活塞下移，打开紧急放风阀，使制动管 L 的风迅速排大气，达到紧急排风的目的。

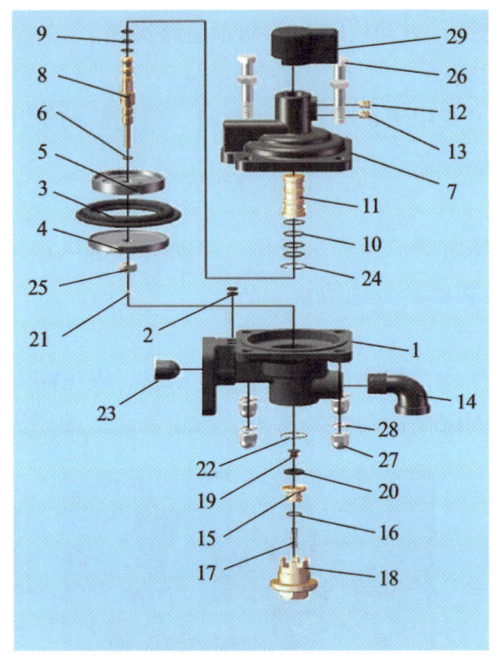

1—辅助阀体组成；2—胶垫；3—辅助阀膜板；4—活塞压板；5—辅助阀活塞；6，9，10，16—O形圈；7—辅助阀上盖；8—辅助阀杆；11—辅助阀套；12—常用排风堵；13—紧急排风堵；14—放风弯头；15—放风阀；17—放风阀弹簧；18—螺盖；19—放风阀胶垫螺帽；20—放风阀胶垫；21—触头；22—弹簧挡圈；23—滤尘网；24—挡圈；25，27—螺母；26—螺栓；28—弹簧垫圈；29—防护罩。

图 3-3-12　辅助阀

（a）辅助活塞 　　　（b）阀套 　　　（c）紧急放风阀

图 3-3-13　辅助阀组成

四、F8 型分配阀的其他作用

1. 稳定性

当制动缸缓慢减压时（漏泄），压力风缸的风经压力风缸限制堵向制动管逆流，补偿制动管的压力，压力风缸与制动管压力同步下降，保证主活塞不会上移。

2. 安定性

在常用制动时，辅助阀活塞上下两侧形成压差，活塞稍向下移动，辅助阀杆露出常用制动排风堵，辅助室的风经此孔排大气，辅助室压力下降，防止活塞继续下移，保证紧急制动不会发生。

3. 自动补风

制动保压位时，主控部三压力机构为平衡状态，当制动缸压力下降时（漏泄或者位于长大下坡道，导致制动缸活塞行程变长），小活塞上方的压力也同步下降，主活塞会上移打开平衡阀，使副风缸向制动缸充气，保持了制动缸制动力不衰减的性能。

4. 阶段缓解

F8 型分配阀具有阶段缓解和一次缓解转换的功能，在主阀体上设有转换盖板，如图 3-3-14 所示，当转换盖板上的箭头朝下时，为阶段缓解位，此位置时，主控部在缓解位，制动缸压力下降，主活塞向上移动，缓解阀关闭，制动缸仍然保留一定的空气压力，车辆具有一定的制动力；当置于一次性缓解位时（换向安装，箭头朝上），压力风缸的风可直接进入制动管，提高了制动管的再充气速度，对于长编组列车的后部车辆来说，能够加速缓解作用的发生。

图 3-3-14 转换盖板

F8 分配阀原理图
（阶段缓解保压位）

五、F8 型分配阀的作用原理

1. 充气缓解气路（见图 3-3-15）

2. 常用制动气路（见图 3-3-16）

3. 制动保压气路（见图 3-3-17）

4. 紧急制动气路（见图 3-3-18）

各作用位置的具体气路请扫码学习。

充气缓解位作用　　常用制动位作用　　制动保压位作用　　紧急制动位作用

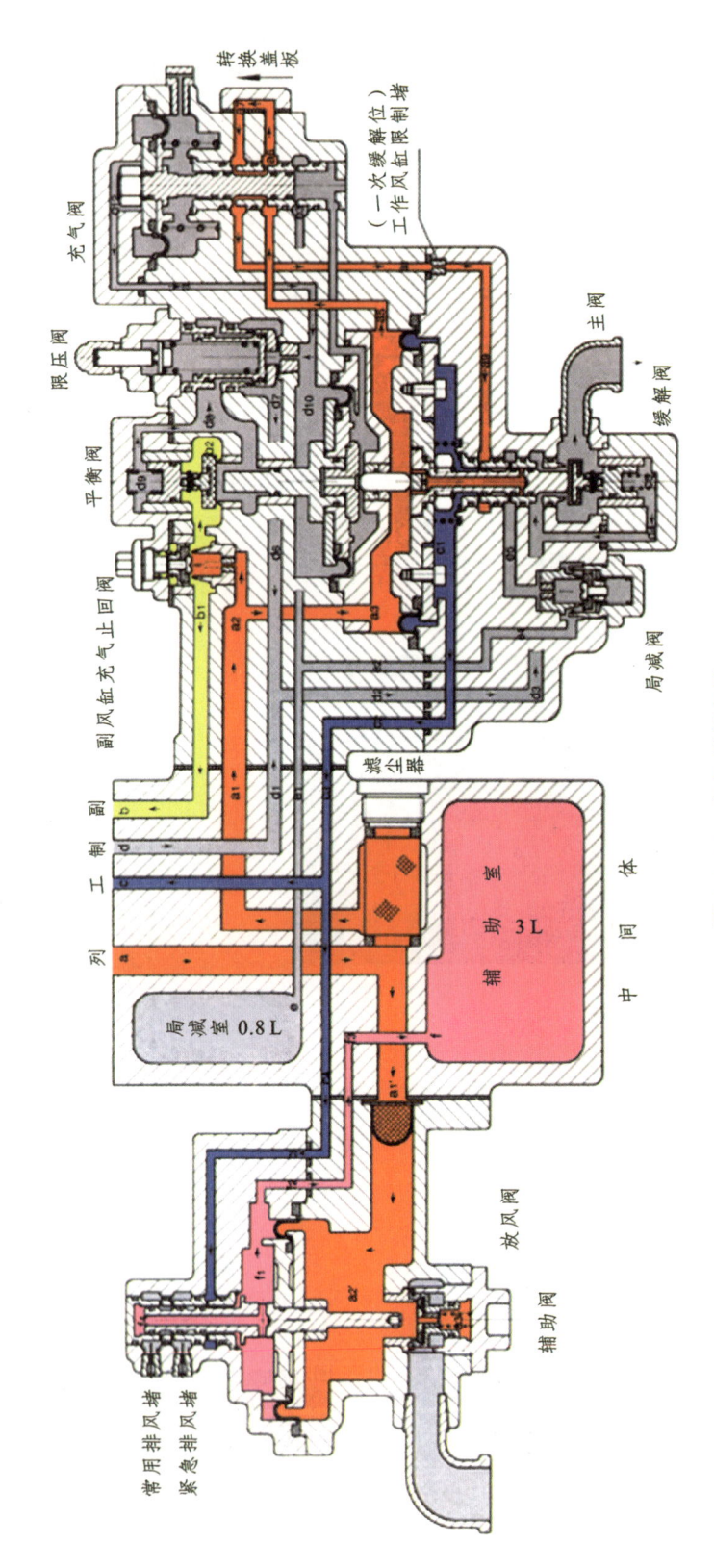

图 3-3-15 充气缓解气路

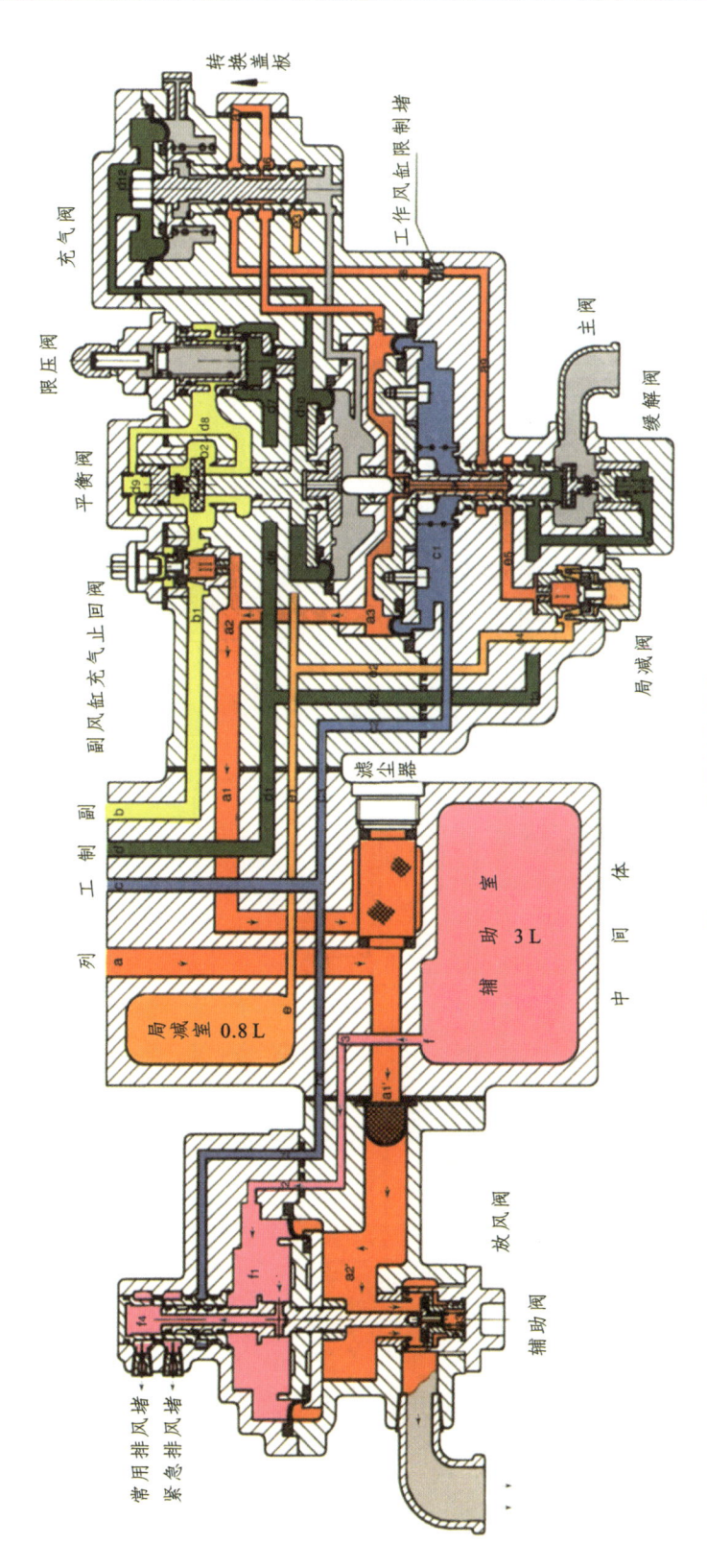

图 3-3-16 常用制动气路

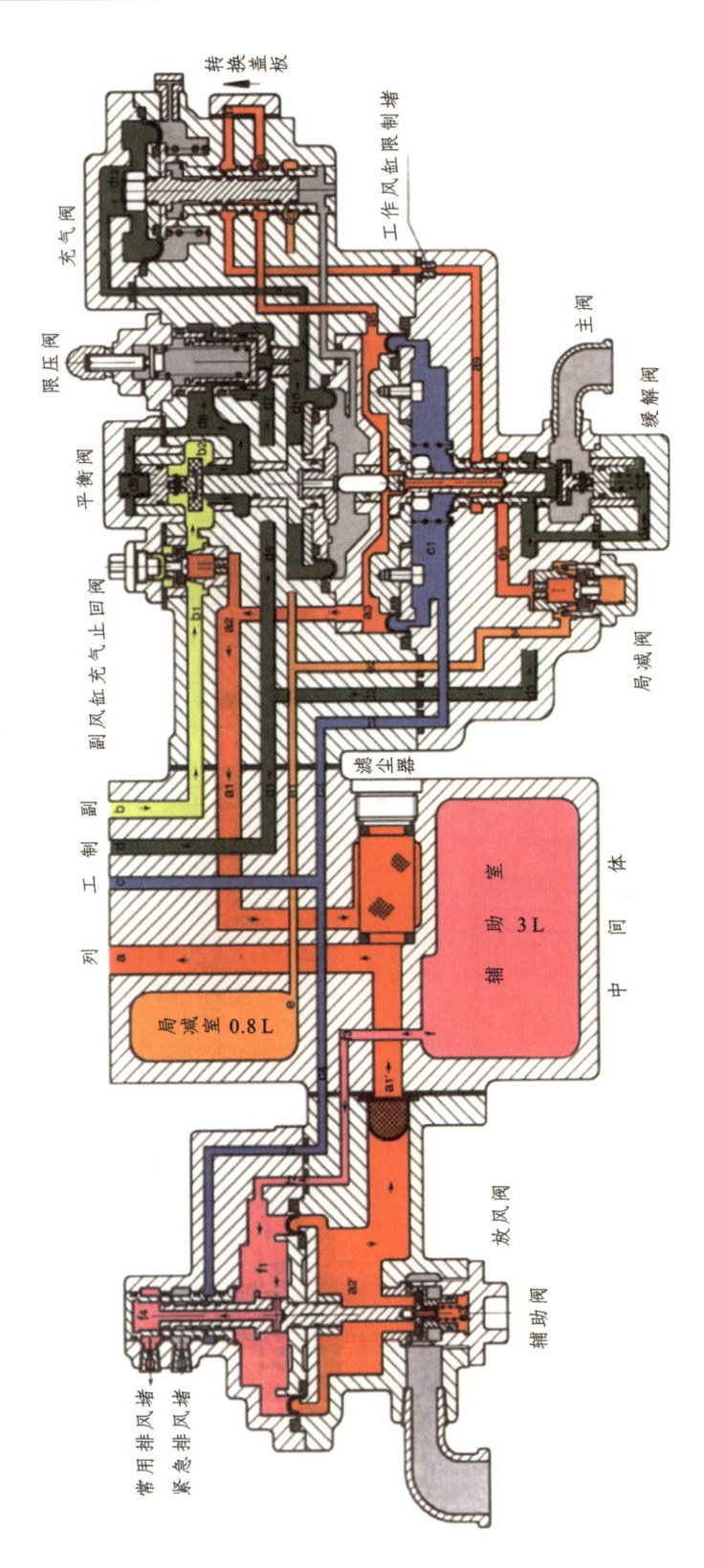

图 3-3-17 制动保压气路

项目三 内制动

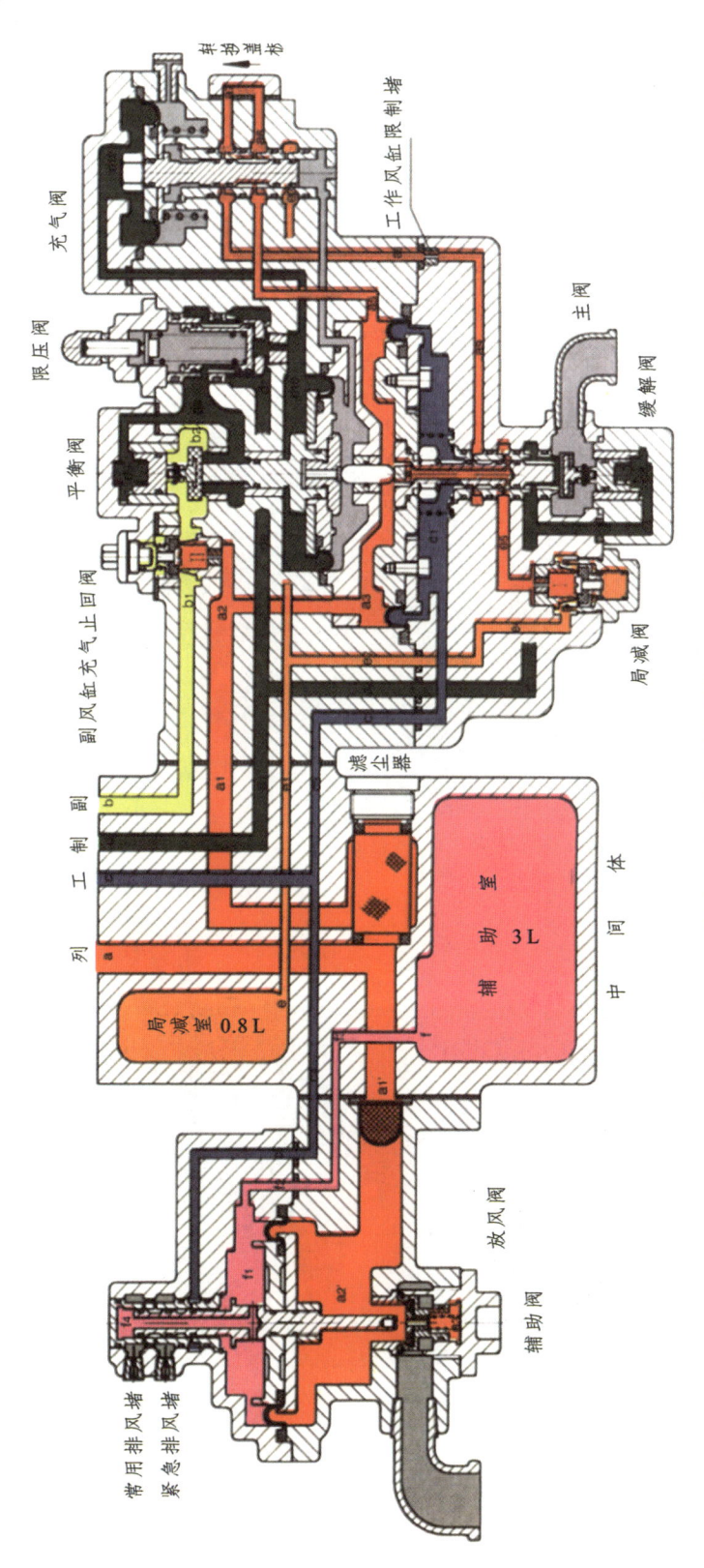

图 3-3-18 紧急制动气路

089

> **知识拓展**

1. F8 型电空制动机的结构组成

F8 型电空制动机是在空气制动机的基础上，增加了电空阀箱和截断塞门。电空阀箱通过螺栓吊装在车下，箱体背面有接线口，负责连通车下的电空制动电路。电空阀箱内设有 RS 电空阀、紧急电空阀、过渡板以及拦截电路，如图 3-3-19 和图 3-3-20 所示；仍然采用五线制，分别是常用制动线、缓解线、保压线（备用）、紧急制动线和负线。

图 3-3-19 F8 型电空制动机正面

图 3-3-20 F8 型电空制动机背面

1）RS 电空阀

RS 电空阀由 RS 电空阀阀体、两个电磁阀、常用制动限制堵以及过渡板等组成。RS

电空阀阀体和过渡板一起通过螺栓连接在电控阀箱内。两个电磁阀分别为常用制动阀和缓解电磁阀。

常用制动电磁阀的作用是当电磁阀得电，制动管 L 压缩空气经由常用制动电磁阀、常用制动限制堵 B 排向大气 D（L→D），加快了制动管的减压速度。

缓解电磁阀的作用是当电磁阀得电，初充气时，制动管 L 的压缩空气经由缓解电磁阀、限制堵 A 充向压力风缸 G（L→G）；再充气时，压力风缸 G 的压缩空气经由限制堵 A 向制动管逆流（G→L），使制动管的增压速度提高，起到加速缓解的作用。限制堵 A 控制压力风缸的充气速度和逆流速度，同时满足一次性缓解和阶段缓解的功能。

2）紧急电空阀

紧急电空阀主要由放大阀、紧急制动电磁阀和限压阀等组成。紧急制动时，常用制动电磁阀和紧急制动电磁阀同时得电，除了常用制动发生外，副风缸 F 的压缩空气经由限制堵 C 进入放大阀部，推动放大阀杆向下移动，这时，制动管 L 的压缩空气经由放大阀与阀体间隙排大气（L→D），增大制动管的减压速度。同时，放大阀杆向下打开止回阀，副风缸 F 的压缩空气经由限制堵 C 进入制动缸，也就是说，此时，副风缸的压缩空气除了通过空气分配阀通路进入制动缸，又多了一条通路，因此制动缸的充气速度加快。制动缸的增压速度可由限制堵 C 调节。

2. 工装设备、检测器具清单

工具设备清单 3.3　　　　　　　　F8 型分配阀常见故障

3. F8 型分配阀的检修工艺（见表 3-3-2）

表 3-3-2　F8 型分配阀（铸铁）的检修工艺

序号	作业项目	作业内容与标准
1	外体除锈	（1）外体除锈前在主阀、辅助阀安装面上安装橡胶防护套，用橡胶堵（含金属堵）对开放的孔洞进行防护。 （2）抛丸除锈后，用风枪吹净阀体表面灰尘及杂物，阀体表面清洁度达到 Sa2 级

续表

序号	作业项目	作业内容与标准
2	分解 具体分解步骤	（1）卸下排风弯头，将主阀体和主阀下体分开，取出制动弹簧、主活塞。 （2）分解主阀：依次取出主阀中体、小活塞、平衡阀、副风缸充气止回阀、限压阀、充气阀活塞、缓解阀、局减阀及各阀盖、橡胶垫、弹簧、缩堵等。 （3）分解辅助阀：依次分解辅助活塞、放风阀组成。 （4）分解各活塞膜板、胶垫、密封圈等。 主阀和辅助阀具体分解步骤请扫二维码
3	超声波清洗	（1）清洗前，检查已分解的 F8 阀各部件及接合部，锈蚀的接合面使用风动打磨机或钢丝刷除锈。 （2）将装有配件的篮筐送入超声波清洗机清洗，清洗温度保持在 45~50 ℃，每套阀清洗时间不少于 20 min
4	手工吹尘清洗	超声波清洗后，作业人员须立即使用手持风枪对分配阀腔体通路进行吹尘，清除腔体通路内灰尘或残留物。吹尘后腔体通路内仍有污渍或污物时，采用手工方式清洗干净
5	质量检查	（1）目视检查待组装零件表面无污垢、灰砂、水分、纤维物或其他污物。 （2）用棉白细布（不许用棉丝、毛巾、白纱布）擦拭阀内零件及阀体摩擦面、滑动工作面，无浮灰、浮砂、浮锈等污迹

续表

序号	作业项目	作业内容与标准
7	零部件检修	（1）阀体及盖有裂纹、磕碰伤时加修或更换。安装面密封部位损伤时需更换。 （2）各部件磨耗超限时更新，各阀口、各导向杆及导向套的导向面有伤痕时加修或更换。 （3）各活塞、阀杆、阀套弯曲、变形、损伤时更换。各阀套及限制缩孔堵塞时，用相应孔径的通针或钻头疏通，缩孔螺纹损坏时更新。 （4）各橡胶类部件全部使用新品，橡胶件组装使用时间距制造时间不超过 6 个月。 （5）标准件腐蚀严重、失效或螺纹损坏时须更新
8	弹簧检测	（1）检查各弹簧外观状态。弹簧有折损、锈蚀、变形、检测不合格时更换。 （2）微控弹簧检测仪每日开工前完成机能检查，合格后开工测试。 （3）各弹簧检修限度符合要求。 （4）当弹簧不符合检修限度时更新。 （5）负荷和自由高度测量合格后，对数据进行保存
9	组装	（1）安装转换盖板橡胶垫和转换盖板。 （2）依次组装充气阀、限压阀、副风缸充气止回阀、平衡阀至主阀体内，并安装上盖。 （3）组装小活塞，将中体装入阀体内，再依次组装缓解阀、大活塞。 （4）依次组装辅助活塞、放风阀，将活塞组成装入辅助阀套内，用手旋转并拉动辅助活塞杆上下动作 3 次，辅助活塞杆在阀套内动作良好、无卡滞
10	试验台试验	（1）对 F8 阀试验台进行机能校验。 （2）依次将主阀、紧急阀卡紧在安装座上，进行性能试验。 （3）主阀、辅助阀第一次试验合格后按照上述步骤进行第二次试验，连续两次试验合格后加装防尘盖板。不合格时重新检修。 （4）试验完毕后，将合格品的试验记录存档，打印试验记录单

续表

序号	作业项目	作业内容与标准
11	涂打标记	（1）试验合格的分配阀在阀体安装面用刻字机刻打阀编号。 （2）阀体表面喷涂油漆。 （3）在阀体上涂打白瓷漆检修标记。 （4）分配阀如暂时不用，存放温度保持在 −15～35℃，相对湿度不得高于 80%。当存放期超过 8 个月再使用时，须重新试验，合格后方可装车使用。存放期超过 1 年，须重新拆检组装，试验合格后方可装车使用

自主提升

同步练习 3.3

1. 单选题

（1）F8 型分配阀完全采用橡胶密封结构，彻底取消（　　），检修方便。

A. 金属滑阀　　　　　　　　B. 铅合金滑阀
C. 胶木滑阀　　　　　　　　D. 塑料滑阀

（2）F8 型分配阀的主活塞两侧分别是工作风缸和列车制动主管的压力空气，小活塞上方是（　　）的压缩空气。

A. 副风缸　　　　　　　　　B. 压力风缸
C. 制动缸　　　　　　　　　D. 容积室

（3）F8 型分配阀（　　）部分由主控部、充气阀、限压阀、副风缸充气止回阀、局减阀、转换盖板等组成。

A. 主阀　　　　　　　　　　B. 缓解阀
C. 紧急阀　　　　　　　　　D. 辅助阀

（4）当 F8 型分配阀不作为电空制动使用时，其转换盖板应放在一次缓解位，即盖板上的箭头向（　　）。

A. 下　　　　　　　　　　　B. 左
C. 上　　　　　　　　　　　D. 右

（5）紧急制动时，常用制动电磁阀和（　　）制动电磁阀同时得电。

A. 缓解　　　　　　　　　　B. 紧急
C. 限压　　　　　　　　　　D. 放大

2. 判断题

（1）F8 型电空制动装置中，电空阀和 F8 分配阀配合使用，若电空阀发生故障，F8 型分配阀无法单独工作。（　　）

（2）放大阀是 F8 型电空制动机中紧急电空阀的一部分。（　　）

（3）装有 F8 型分配阀的车辆，如果制动缸产生漏泄，可以重新向制动缸补气，直到恢复漏泄前的制动缸压力。（　　）

（4）F8 型分配阀具有阶段缓解和一次缓解转换的功能，当转换盖板上的箭头向上时，为阶段缓解位。（　　）

（5）F8 型客车分配阀的优点之一是比 104 型分配阀便于检修。（　　）

3. 填图题

指出图 3-3-21 所示制动机各部分的名称。

图 3-3-21　F8 型电空制动机

考核评价

线上考评 3.3

学生姓名		组名		班级			
出勤情况							
考评项目	具体内容	评价要点	分值	学生自评	小组互评	教师评定	
课前	知识点掌握情况	能够掌握F8型分配阀的结构特点	5				
	流程图掌握情况	能够简单阐述检修步骤	10				
	学习主动性	积极参与，主动接受教师指导	5				
	任务完成度	根据情况，酌情赋分	5				
课中	能够简单说出F8型分配阀的作用原理	论述表达清楚，酌情赋分，内容正确，错一处扣2分	10				
	能够清晰阐述F8型分配阀的基本组成	论述表达清楚，酌情赋分，内容正确，错一处扣3分	10				
	能够掌握F8型分配阀检修工艺的具体内容和要求	论述表达清楚，酌情赋分，内容正确，错一处扣4分	15				
	能够明确检修工艺中需要用到的工装量具和设备	论述表达清楚，酌情赋分，内容正确，错一处扣5分	5				
	团队协作能力	根据情况，酌情赋分	5				
	课堂表现	根据情况，酌情赋分	5				
	职业素养	根据情况，酌情赋分	5				
课后	作业完成情况	根据情况，酌情赋分	10				
	交流反馈	能够进行有效互动并给出合理建议	5				
	自评反思	根据情况，酌情赋分	5				
成绩评定							
改进建议							

> 新技术

F8 系列空气分配阀

F8 空气分配阀是目前国内最接近 UIC 标准的分配阀,已随整车出口到伊朗、缅甸等国家,天津中车机辆装备有限公司在 F8 型空气分配阀的基础上,对其结构以及易出故障的部分持续进行优化改进,先后研发了 F8G 型、F8Y 型、F8L 型以及 F8H 型等空气分配阀。

F8G 型是按照 UIC 540—2006 标准设计制造的,对不符合 UIC 540—2006 标准的部分结构进行了改进。为了适应海洋潮湿气候,F8G 型空气分配阀还需要做特殊防腐处理,包括对铸铁件进行达克罗处理、所有标准件选用不锈钢材质或者表面镀铬处理,所有橡胶件进行防霉处理,阀内弹簧均进行化学镀处理。(注:达克罗是 dacromet 的音译,国内命名为锌铬涂层,是一种以锌粉、铝粉、铬酸和去离子水为主要成分的新型的防腐涂料,达克罗涂层成功地抵抗氯离子的侵蚀,革新了传统工艺防腐寿命短的缺陷。)

F8Y 型、F8L 型分配阀在 F8G 型分配阀的基础上,进行了材料改进,将阀体、阀盖的材质由铸铁提升为铸造合金铝,质量减轻了一半以上,且外观和防腐性能好。

F8H 型则是在要求满足快捷货车制动技术条件的背景下研发的,通过进行结构优化和功能扩充设计,满足客、货(快、普)转换功能;并且随着推广使用范围的增大,在国内外客、货车车辆上的应用越来越成熟,受到用户的广泛认可和欢迎。

近年来,为了方便将现车的 104 型分配阀改造为 F8 型分配阀,新型中间体已研制出来,其吊装座安装尺寸、制动管 L、压力风缸 G、副风缸 F、制动缸 Z 等管路与中间体的安装尺寸等均与 104 型分配阀中间体完全相同。

任务四 防滑排风阀的检修

> 学习目标

1. 知识目标

认知电子防滑器的系统功能。

2. 能力目标

了解防滑排风阀的检修方法。

3. 素质目标

培养学生良好的职业道德与个人修养。

学习重难点

1. 学习重点

电子防滑器的组成结构。

2. 学习难点

防滑排风阀的检修方式。

学习任务

铁路客车电子防滑器（TFX 系列）排风阀的检修工艺如图 3-4-1 所示。

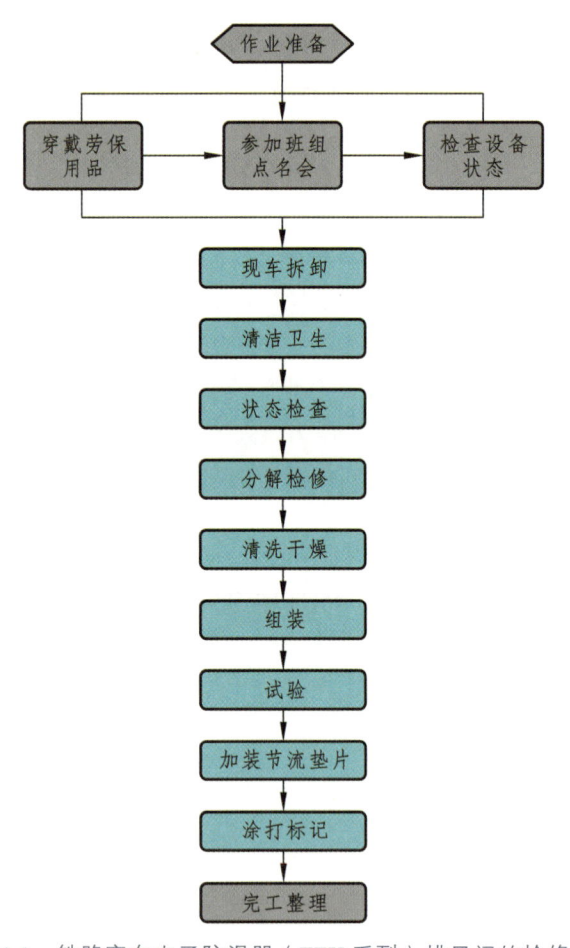

图 3-4-1　铁路客车电子防滑器（TFX 系列）排风阀的检修工艺

基础认知

一、防滑器概述

电子防滑器是高速制动系统中的重要组成部分，能够保证列车运行安全。微处理器控制的电子防滑器则是当今国际上最先进的防滑器。它主要用于装有盘型制动机或其他单元制动机的四轴客车制动系统中，也用于机车上作为防空转和防滑装置。

防滑器的种类较多，如我国铁科院研制生产的 TFX1 型、瑞典萨伯公司生产的 SWKPAS20C 型、德国 KNORR 公司生产的 MGS 型电子防滑器。

二、防滑器的功能

（1）制动时能有效防止轮对因滑行而造成的踏面擦伤。

（2）制动时能根据轮轨间黏着的变化调节制动缸压力，从而调节制动力，以充分利用轮轨间的黏着力，缩短制动距离。

三、TFX1 系列电子防滑器系统介绍

TFX1 系列防滑器系统配置如图 3-4-2 所示。它主要由四部分组成，现分述如下。

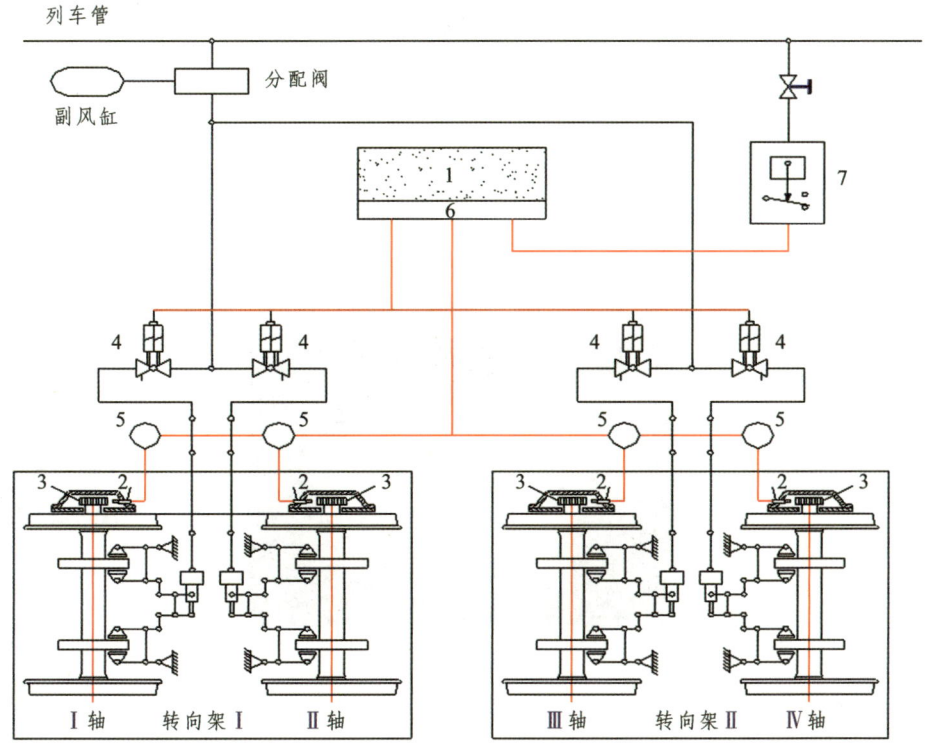

1—防滑器主机；2—速度传感器；3—测速齿轮；4—防滑排风阀；5—接线盒；6—端子排；7—压力继电器。

图 3-4-2　防滑器系统配置

1. TFX1 系列防滑器主机

国产 25T 型客车采用 TKDT 型铁路客车电气综合控制柜（以下简称综合控制柜），如图 3-4-3 所示。综合控制柜是集电源转换与控制、制动控制、空调机组与照明控制、蓄电池欠压保护等功能于一体的智能型综合控制柜。综合控制柜的控制单元由可编程序控制器（以下简称 PLC）、CPU 单元及其扩展 I/O 单元和触摸屏组成。综合控制柜具有检测、控制、诊断保护、信息提示、联网通信等功能，实现供电及控制系统的综合控制，可进行车对车通信，并逐步实现车对地、地对车的计算机联网通信。

如图 3-4-4 所示，防滑器主机（以下简称主机）是防滑器的控制中心，它接收四路速度传感器的脉冲信号，通过对该信号的调理、计算、比较做出各种决策，控制各防滑排风阀做出相应动作，使相应的制动缸排风或充风。

图 3-4-3　综合控制柜实物图　　图 3-4-4　防滑器主机位置示意图

防滑器主机安装于车内电气综合控制柜内，打开柜门后方可查看主机状态。其电源由车辆蓄电池组提供。主机具有电源自通断、故障诊断、存储及显示功能。主机外形如图 3-4-5 所示。

图 3-4-5　TFX1K 型防滑器外形

防滑器主机简介

2. 防滑排风阀

防滑排风阀也叫排风阀，是防滑器的执行机构，如图 3-4-6 所示，安装于空气分配阀与制动缸的连接管上。根据主机的指令，控制相应制动缸的排风和再充风。

(a）车上位置示意图　　　　　　　　（b）排风阀

图 3-4-6　排风阀

1）主要技术参数

电源电压　　　　　　　　DC 110 V（变化范围为 DC 77～137.5 V）
适应的速度范围　　　　　≤200 km/h
防滑排风阀功耗　　　　　56 W
主机功耗　　　　　　　　20 W
适应的环境温度　　　　　-20～+40 ℃

2）工作原理

排风阀是防滑器的执行机构。该防滑阀采用双电磁阀间接作用的结构原理，根据主机的指令，控制相应的制动缸排风和再充风。防滑阀的作用原理如图 3-4-7 所示。在该

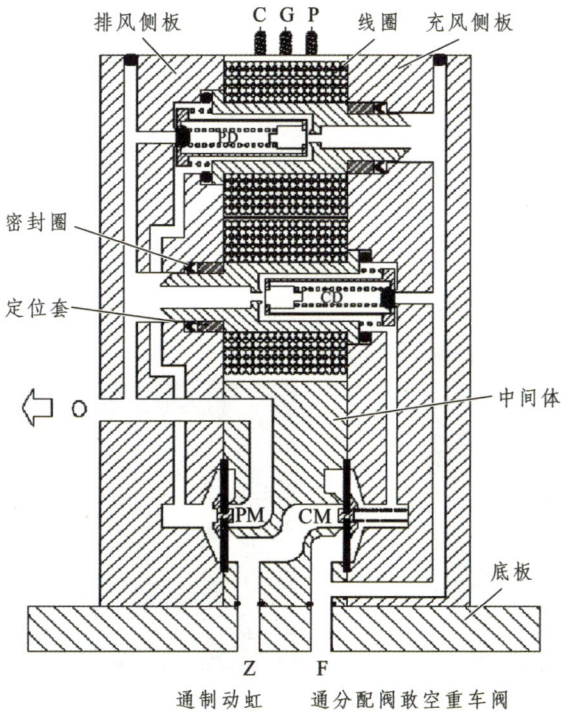

图 3-4-7　防滑阀原理图

集成阀中有两个电磁阀和两个膜板阀,工作过程中两个电磁阀进行不同组合的激磁,使两个膜板阀发生不同的作用,以实现不同的控制。该阀的空气通路有效直径不小于 ϕ9 mm,完全适应于防滑器的快速控制要求。

3. 速度传感器部分

如图 3-4-8 所示,速度传感器是一个速度脉冲发生器,是一种非接触式的传感器。它由速度传感器和感应齿轮组成。感应齿轮安装于车轴端部,传感器安装在轴箱内部。当车轮转动时,它产生频率正比于运行速度的电脉冲信号。

(a)转向架轴箱　　　　　　　(b)速度传感器接线　　　　　　(c)速度传感器

图 3-4-8　速度传感器

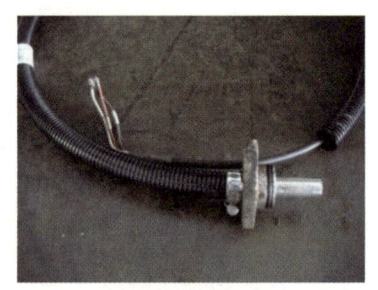

TFX1 型防滑器采用的是永磁式电磁传感器。感应齿轮共有 90 个齿,即车轮每转一圈产生 90 个脉冲信号。传感器径向安装在特制的轴箱盖上,其端部与齿轮顶部保持 1 mm 左右的间隙。当齿轮旋转时,齿顶、齿谷交替通过传感器,切割磁力线,即在传感器输出线圈上感应出相应的脉冲信号。

4. 压力继电器

压力继电器是实现防滑器电源自动通断的主要元件,安装于车辆列车制动管上,如图 3-4-9 所示。

压力继电器原理图

(a)车上位置示意图　　　　　　　　　　(b)外观

图 3-4-9　压力继电器

四、工作原理

TFX1 型防滑系统采用两种防滑判据,即减速度和速度差。速度传感器的信号经主机进行处理后,按一定的时间间隔采样,分别计算出各车轴的速度和减速度,将各轴的减速度和速度差分别与相应的判据进行比较。当某车轮出现滑行后,主机控制防滑排风阀动作,对应的制动缸排风,并根据轮轨比较黏着变化而调节制动力。当轮对恢复转动时,根据不变的加速度或速度差可实现阶段再充风或一次性充风。

知识拓展

1. 电子防滑器 A3 修标准

(1)防滑器主机、防滑阀、压力继电器进行换件修。

(2)速度传感器实行状态修。速度传感器与齿轮顶径向间隙须符合规定。

(3)防滑器主机进行内部清洁,检查各电路板无损坏、插接良好、紧固可靠。

(4)防滑阀及压力继电器进行分解,更换所有橡胶件,重新组装后的防滑阀与压力继电器应通过单车静止试验。各部件漏泄试验符合要求,试验结束后应无故障显示。

电子防滑器作业流程　　电子防滑器其他修程　　TFX1型防滑器显示代码信息表

2. 工装设备、检测器具清单

3. 电子防滑器排风阀检修工艺(见表 3-4-1)

工具设备清单 3.4

表 3-4-1　电子防滑器排风阀检修工艺

序号	作业项目	作业内容及标准
1	现车拆卸	(1)车辆架车后,使用棘轮扳手将排风阀拆卸下车,并使用纸胶带标注"车号"及"具体位数"粘贴于对应排风阀阀体上,回送检修间。 (2)检查排风阀安装底座,安装座与车体间紧固螺栓不得有腐蚀或破损,防松标记无错位,底座焊接固定的焊缝须齐整,不得有虚焊、漏焊。 (3)安装座与车体连接部位因腐蚀影响紧固时、安装座表面腐蚀面积超过 1/3 时、腐蚀部位影响排风阀安装密贴性时,更新安装底座。先在侧板安装 O 形密封圈(涂硅脂),将侧板安装在阀中间体上,安装时要仔细检查,确认进气孔对齐再安装

续表

序号	作业项目	作业内容及标准
2	清洁卫生	（1）各型排风阀在分解除锈时严禁进行表面抛丸处理。 （2）用软质材料及棉白细布清洁阀体侧板、底座、中间体、线圈外露部位的污物、锈物，露出本色（线圈接线端头处不得使用钢丝球、钢丝刷清理，避免损失接线端头）。 （3）用湿抹布对上述外露部位进行擦拭清洁，去除浮灰及杂物，擦拭完毕后使用高压风枪吹扫，并静置干燥
3	状态检修	（1）核对排风阀检修铭牌，距离新造日期不得超过一个 E5 修周期，否则整阀更新。 （2）检查阀体侧板、底座、中间体状态，存在破损、裂纹、局部凹入深度大于 2 mm 或腐蚀部位面积超过所在面的 1/3 时，按照 A3 修标准分解检修，同时更新问题部件。 （3）使用数字万用表"Ω"挡在线圈接线端头处测试排风阀 C 与 G、P 与 G 之间的电阻值，电阻值须在 180～350 Ω；使用 500 V 级兆欧表在线圈接线端头处分别测试 C、G、P 对阀体的绝缘电阻值，绝缘电阻值须>10 MΩ，测试结果不符时按 E3 修标准分解检修，同时更换线圈
4	分解检修	（1）实施 E3 修时，按 E2 修状态检修标准检修完毕后，拆卸阀体两端侧板的固定螺栓，分解排风阀。 （2）更新先导动铁心橡胶密封垫。 （3）更新充/排风膜片、先导弹簧及 O 形密封圈，所有橡胶制品距新造日期不得超过 6 个月。 （4）检查阀体侧板、底板内侧表面及风路出入口、中间体外表面及内部风路通道表面、先导静铁心内壁及外露表面、先导动铁心表面须光滑平整，不得有毛刺、划痕、凸起或目视可见的损伤，否则更新。 （4）检查尼龙孔板、滤网尼龙罩，须与中间体配合密贴，不得有变形、裂损、磨损、起毛现象，否则更新

续表

序号	作业项目	作业内容及标准
5	清洗及干燥	（1）将侧板、底板、中间体放入超声波清洗池内进行清洗，清洗温度须小于60℃，清洗介质pH值为中性，且具有防锈功能。不得使用煤油进行清洗。 （2）清洗后的配件用清水冲洗干净，然后用毛巾擦拭干净，并用湿毛巾对线圈外表面、尼龙孔板、尼龙罩及支持膜板进行擦拭，保持表面洁净。擦拭后使用高压风枪对配件逐一进行吹扫，并凉置10 min干燥，凉置干燥后再次进行吹扫，确保彻底干燥。 （3）梳理各气路连接管路和配线线缆，按照原理图正确连接后，捆扎整齐，确保无卡压、磨抗现象。 （4）检查风缸，表面无腐蚀、裂损或变形，充风后不得有漏风现象，不良时调修或更新
6	排风阀组装	（1）在中间体上安装阀口滤尘网尼龙罩。按照对角线法则依次紧固四个螺栓并涂打防松标记。 （2）在阀中间体上依次安装尼龙孔板、橡胶膜板，最后安装中间体与侧板间的O形圈。 （3）将侧板螺栓安装并依次紧固到设定扭矩值，然后涂打防松标记。 （4）组装阀线圈O形圈（涂硅脂）、阀线圈充风/排风先导弹簧和阀先导动铁心。 （5）将阀线圈安装在步骤3组装的侧板和中间体上。另一个侧板安装O形圈（涂硅脂）和充风膜片弹簧。 （6）侧板组装。确认进气孔对齐再安装，将侧板螺栓安装后，依次紧固三个螺栓并涂打防松标记。 （7）安装阀体与底板间O形圈（涂硅脂），安装阀Z口、F口滤尘网。确认进气孔对齐再安装，依次紧固螺栓并涂打防松标记

续表

序号	作业项目	作业内容及标准
7	排风阀试验	（1）开通主试验台进气口，调整调压阀使试验台的空气压力不小于650 kPa。打开试验台电源开关预热5 min，将防滑阀安装在试验台。 （2）调整调压阀，将制动缸试验压力调节到500～520 kPa（定压）。 （3）依次检测各性能试验，具体请扫二维码 电子防滑器排风阀性能试验
8	加装节流垫片	（1）每个排风阀均须加装1个$\phi 5$节流垫片。 （2）将节流垫片安装于排风阀Z口（排风口侧）。 （3）排风阀试验合格后，将排风阀Z口的滤尘网取出，放入$\phi 5$节流垫（无正反面区分）。再将Z口滤尘网安装至原位，同时在排风阀底板Z口侧涂打"G5"标识
9.	涂打标记	（1）使用纸胶带或外套式防护件对排风阀进行标注，写明车号及装车位数，配备新品阀密封垫后，整齐排放于合格品存放柜。 （2）装车前，仔细检查安装底座充、排风管口纸胶带的防护情况，使用头灯探照，确认无杂质进入管系后，将阀密封垫及排风阀安装于安装座上。安装时按照对角线紧固螺栓法则，依次紧固四个螺栓并涂打防松标记。将车辆排风阀线缆插接在线圈接线端头上，拧紧固定卡扣后涂打防松标记

自主提升

同步练习 3.4

1. 单选题

（1）电子防滑器具有自通断电作用的主要部件是（　　）。

A. 测速传感器　　　　　　　B. 压力开关

C. 测速齿轮　　　　　　　　D. 扫风阀

（2）电子防滑器通常安装在车辆的（　　）部位。

A. 发动机 B. 轮胎

C. 底盘 D. 制动系统

（3）电子防滑器在列车运行中的（　　）阶段作用最为明显。

A. 加速阶段 B. 匀速阶段

C. 减速阶段 D. 静止阶段

（4）以下哪个部件不属于电子防滑器的组成部分？（　　）

A. 速度传感器 B. 压力开关

C. 制动盘 D. 防滑阀主机

（5）电子防滑器中的控制单元主要负责（　　）。

A. 传感器信号处理 B. 制动系统控制

C. 电源管理 D. 故障诊断

2. 判断题

（1）电子防滑器是列车制动系统中的重要组成部分，用于防止车轮在制动过程中产生滑行。（　　）

（2）电子防滑器的主要功能是在车轮即将抱死时自动减小制动力，防止车轮滑行。（　　）

（3）在列车正常运行过程中，电子防滑器始终处于关闭状态，不参与制动过程。（　　）

（4）电子防滑器的故障一般可以通过观察其外观是否有破损或渗漏来判断。（　　）

（5）列车制动系统中，电子防滑器可以完全替代传统的机械式防滑装置。（　　）

考核评价

线上考评 3.4

学生姓名		组名		班级			
出勤情况							
考评项目	具体内容	评价要点	分值	学生自评	小组互评	教师评定	
课前	知识点掌握情况	能够理解防滑器的基础知识，如作用、组成等	5				
	流程图掌握情况	能够简单阐述检修步骤	10				
	学习主动性	积极参与，主动接受教师指导	5				
	任务完成度	根据情况，酌情赋分	5				
课中	能够简单说出电子防滑器的作用和组成	论述表达清楚，酌情赋分，内容正确，错一处扣2分	10				
	能够清晰阐述电子防滑器的常见故障	论述表达清楚，酌情赋分，内容正确，错一处扣3分	10				
	能够掌握电子防滑器检修工艺的具体内容和要求	论述表达清楚，酌情赋分，内容正确，错一处扣4分	15				
	能够明确检修工艺中需要用到的工装量具和设备	论述表达清楚，酌情赋分，内容正确，错一处扣5分	5				
	团队协作能力	根据情况，酌情赋分	5				
	课堂表现	根据情况，酌情赋分	5				
	职业素养	根据情况，酌情赋分	5				
课后	作业完成情况	根据情况，酌情赋分	10				
	交流反馈	能够进行有效互动并给出合理建议	5				
	自评反思	根据情况，酌情赋分	5				
成绩评定							
改进建议							

项目四 外制动

项目导入

客货车制动机是整个制动技术的关键,制动机的性能随着客货车不同的运营需求而有所不同。车辆制动技术能够保证列车安全运行,及时减速或者停车;同时,制动技术也制约着列车牵引技术的发展。因此,制动技术需要与牵引技术同步发展。现在让我们来揭开制动机的神秘面纱吧。

素养小课堂

主题:锤炼技能守初心,逐梦前行担使命

素养课堂4

任务一 手制动机的检修

学习目标

1. 知识目标

学习客车手制动机的结构与特点。

2. 能力目标

了解手制动机的工作原理。

3. 素质目标

"奋斗的青春最美丽",引导学生脚踏实地,在平凡的岗位上铸就非凡人生。

学习重难点

1. 学习重点

客车手制动机的结构组成。

2. 学习难点

客车手制动机的检修方法。

二 学习任务

我国客车常用手制动机的检修任务流程如图 4-1-1 所示。

基础认知

一、手制动机简介

手制动机是人力制动机的一种，是装在车辆的一位端，通过人力转动的手轮或手把，代替空气制动机所产生的制动缸推力，带动基础制动装置动作，产生制动或者缓解作用的一种装置。目前，25 型客车上使用的手制动机多为蜗轮蜗杆式手制动机（见图 4-1-2）。

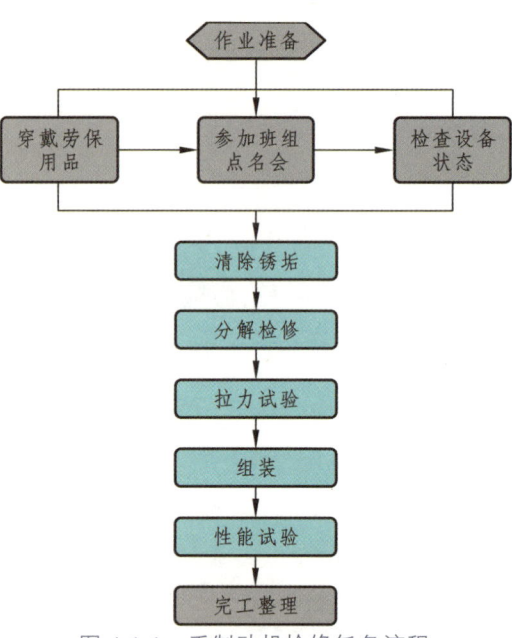

图 4-1-1　手制动机检修任务流程

图 4-1-2　蜗轮蜗杆式手制动机

二、手制动机的结构组成

手制动机主要由摇把、蜗杆、蜗轮、主轴、锥形链轮机制动链等组成。如图 4-1-3 所示，摇把 1 的转轴是蜗杆 2，顺时针转动摇把即带动蜗轮 3、主轴 4 传动，从而使锥形链轮 5 转动，将制动链 6 缠绕在锥形链轮上。主轴底下的链轮选用锥形，可使在刚开始制动时，链条绕大圈做圆周运动，可以快速拉动链条，加快制动动作，制动后期链条则绕小圈做圆周运动，可以提高制动效果。

项目四　外制动

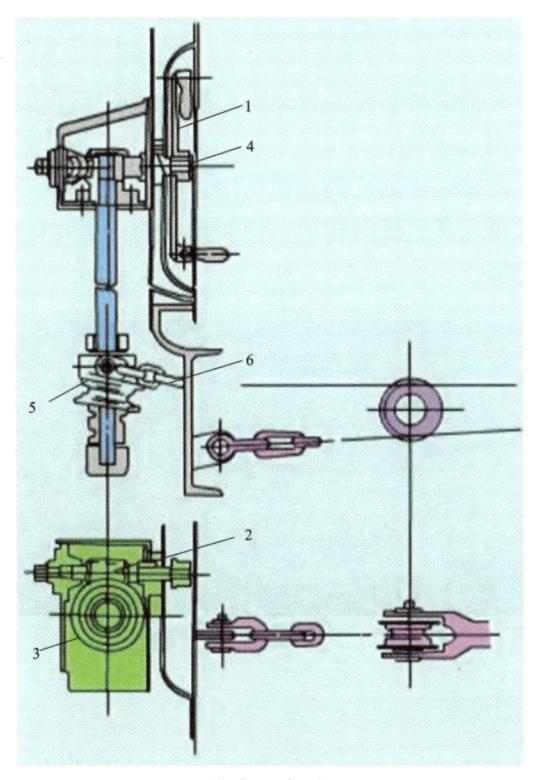

（a）示意图

1—摇把；2—蜗杆；3—蜗轮；4—主轴；5—锥形链轮；6—制动链。

（b）实拍图

图 4-1-3　蜗轮蜗杆手制动机

111

三、工作原理

如图 4-1-4 所示，摇把的转轴是一根蜗杆，顺时针旋转即带动蜗轮主轴、锥形链轮转动，把制动链卷绕在锥形链轮上，拉动手制动拉杆，带动基础制动装置动作，产生制动作用。停止转动时，依靠蜗轮蜗杆的自锁作用，制动机保持制动而不会自然缓解。反向转动摇把时，锥形链轮也开始反向转动，使制动链松开，并在转向架缓解弹簧的作用下，使基础制动装置缓解。

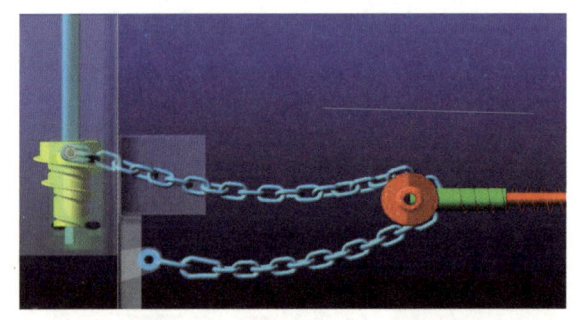

图 4-1-4 手制动机仿真模型

蜗轮蜗杆传动原理

四、伞齿丝杠式制动机

作为 25T 型车的升级产品，CR00J 动力集中型动车组直形车体中采用手制动装置，其主要由伞齿丝杠式手制动机、柔性钢缆、带手制动的制动夹钳单元组成，具有防反转功能，放大倍率更高，如图 4-1-5 所示。

伞齿轮传动原理

图 4-1-5 伞齿丝杠式制动机

CR200J 动力集中型动车组在鼓形车体中则采用停放制动技术，该技术主要用于在车辆停止时固定车辆，确保车辆在停车、下坡或在滑行时保持稳定，防止意外滑动或移动，确保动车组列车在无电、无风等极端情况下仍能保持可靠制动。自此所有鼓形车上取消了手制动机。

知识拓展

1. 手制动机修程修制

手制动机在 A2、A3 修时，仅对外观状态进行检查，并完成功能试验。在 A4、A5 修时对手制动机进行分解检修。手制动机在焊修后，需进行拉力试验，不许出现裂损或永久变形。组装完毕后，必须在车辆落成后进行性能试验，要求各装置动作灵活，拉杆、链、绳等拉动无卡滞。

2. 检修要求

（1）蜗轮蜗杆组成、蜗轮座、轴限位装置、钩键、防转板、手制动摇把、链轮、滑轮、转臂组成、拉杆托裂损时更换，腐蚀、磨耗超过 30% 时更换。

（2）轴限位装置外环腐蚀深度超过 30%、现车作用不良时更新，轴限位装置内使用与手制动机相同的润滑脂。组装时外环竖向凸台朝向车体端墙面，内环竖向凸台朝向车体端墙面，键槽朝向风挡。

（3）摇把方孔与轴间隙过大影响作用时，加修或更换轴上防脱螺钉孔，滑扣时攻丝。

（4）手制动拉杆支点转动须灵活，紧固件齐全良好。

（5）手制动轴弯曲时调直，裂纹折损时焊修，其他传动机构部件裂纹时更换。

（6）蜗轮蜗杆箱须分解清扫干净，磨耗严重、作用不良时更换。掣轮盒开盖检查，加润滑脂，锈蚀或作用不良时分解，啮合部分须涂适量润滑油脂，箱盖须加垫，螺母须紧固。

（7）手制动链环、链蹄应为标准件，裂纹时焊修或更换，焊后须进行拉力试验，无裂纹和永久变形。闸瓦制动客车须检查配重型大环手制动链，拉链焊接链焊缝突出不得超过 1.5 mm，焊缝保持在同一侧，链环与弧形固定环交接处点焊，在（25±1）mm 及装配接触侧范围内不得有焊肉，允许焊后打磨，无防反转功能须更换。

（8）配件须齐全良好，各紧固件松动时紧固。

（9）手制动机钢丝绳及链须作用良好，手制动钢丝绳断丝超过总数的 10%、断股、松股、套环松动等状态不良时更新；手制动链链环腐蚀或磨耗深度大于 2 mm 或裂纹时更换。

（10）各圆销、衬套磨耗大于 1 mm、裂纹或松动时须更新。

（11）手制动机拉杆不得有裂纹。

（12）手制动机曲拐须作用良好，无裂纹。

（13）209P 型手制动机曲拐座与曲拐配合间隙超过 3 mm 或裂纹时更换，螺纹损伤时修复或更换。

（14）滑杆、尼龙滚子裂损或直径方向磨损大于 2 mm 时须更新。

3. 工装设备、检测器具、工具清单

工具设备清单 4.1

4. 客车手制动机检修工艺（见表 4-1-1）

表 4-1-1　客车手制动机检修工艺

序号	作业项目	作业内容及标准
1	清除锈垢	使用钢丝刷清除手制动拉杆、支点、托架、螺杆、齿轮箱、链环及链轮等零部件上的锈蚀、油垢
2	分解检修	（1）手制动机轴向孔间隙检查：摇把方孔与轴向间隙过大时，加修或更换轴上防脱螺钉孔，滑扣时重新攻丝处理。 （2）手制动轴弯曲时须进行调直，裂纹、折损时更新。其他部件，裂纹时更换。 （3）蜗轮蜗杆箱检查：锈蚀或作用不良时更换，箱盖垫破损时更换。 （4）钢丝绳检修：检查手制动机钢丝绳及链须作用良好
3	拉力试验	（1）经焊修的手制动链环须进行持续 180 s、拉力为 14.7 kN 的拉力试验，不许裂损或产生永久变形。 （2）经焊修的手制动拉杆须进行持续 180 s、拉力为 11.76 kN/cm² 的拉力试验，不许裂损或产生永久变形。拉力试验完毕做好拉力试验记录
4	组装	（1）安装平垫、开口销、圆销各部须涂抹润滑脂，转动须灵活，开口销须更新。 （2）安装掣轮箱盖。螺母安装须牢固。 （3）各磨耗部位须涂润滑脂，各运动部件转动灵活。 （4）轴限位手制动链安装前，对手制动装置进行转动试验，从完全缓解位顺时针可转动约 1.8 圈，复位后不能继续转动。 （5）各配件组装后须齐全良好，各紧固件紧固状态良好

续表

序号	作业项目	作业内容及标准
5	性能试验	（1）试验准备：各磨耗部位须涂润滑脂，各运动部件转动灵活；手制动机拧紧后，逆时针转动，不得产生制动作用。 （2）制动试验：顺时针转动手制动机摇把，立轴转动约1.8圈，车辆制动，与之相连的闸片须抱紧制动盘。 （3）缓解试验：缓解到位时，闸片须离开制动盘或闸片无压力，闸片完全复位后，摇把不能继续逆时针转动。手制动钢缆安装时手制动机及手制动夹钳应处于缓解位置
6	完工整理	（1）关闭设备电源、风源，擦拭保养工装量具及设备。 （2）收好工具材料，放置在规定的地方并摆放整齐。 （3）清扫作业场地，保持清洁干净，做到工完料净场地清

自主提升

1. 单选题

（1）以人力作为动力来源，用人来操纵制动和缓解的制动机叫（　　）。

　　A. 真空制动机　　　　　　　　B. 空气制动机
　　C. 人力制动机　　　　　　　　D. 电空制动机

同步练习4.1

（2）拧紧手制动机摇把制动时，全车闸瓦须（　　）车轮或装有手制动装置的闸片须抱紧摩擦盘。

　　A. 保护　　　　　　　　　　　B. 离开
　　C. 密贴　　　　　　　　　　　D. 抱紧

（3）蜗轮蜗杆式手制动机主轴底下的链轮做成锥形，在开始制动时链条绕（　　）转动，可以缩短制动时间。

　　A. 较小的圆周　　　　　　　　B. 较大的圆周
　　C. 均匀的圆周　　　　　　　　D. 无圆周

（4）手制动装置一般安装在（　　）车端。

115

A. 1 位　　　　　　　　　　B. 2 位
C. 3 位　　　　　　　　　　D. 4 位

（5）客车人力制动机一般多用（　　）。

A. 空气制动机　　　　　　　B. 脚踏式制动机
C. 手制动机　　　　　　　　D. 真空制动机

2. 判断题

（1）人力制动机产生的制动力比空气制动时的制动力要小很多，制动过程也很缓慢。
（　　）

（2）人力制动机是列车制动系统的重要组成部分，其主要依靠人力操作实现列车的制动。
（　　）

（3）人力制动机只有在紧急情况下才需要使用，正常情况下不会使用。　（　　）

（4）使用人力制动机时，操作人员应该站在列车的安全位置，避免被列车拖动或撞击。
（　　）

（5）链条式手制动机，分为固定式和折叠式两种，大多数客车采用这种手制动机。
（　　）

考核评价

线上考评 4.1

学生姓名		组名		班级			
出勤情况							
考评项目	具体内容	评价要点	分值	学生自评	小组互评	教师评定	
课前	知识点掌握情况	能够理解人力制动机的基础知识，如作用、组成等	5				
	流程图掌握情况	能够简单阐述检修步骤	10				
	学习主动性	积极参与，主动接受教师指导	5				
	任务完成度	根据情况，酌情赋分	5				
课中	能够简单说出人力制动机的作用和组成	论述表达清楚，酌情赋分，内容正确，错一处扣2分	10				
	能够清晰阐述客车手制动机的常见故障	论述表达清楚，酌情赋分，内容正确，错一处扣3分	10				
	能够掌握客车手制动机检修工艺的具体内容和要求	论述表达清楚，酌情赋分，内容正确，错一处扣4分	15				
	能够明确检修工艺中需要用到的工装量具和设备	论述表达清楚，酌情赋分，内容正确，错一处扣5分	5				
	团队协作能力	根据情况，酌情赋分	5				
	课堂表现	根据情况，酌情赋分	5				
	职业素养	根据情况，酌情赋分	5				
课后	作业完成情况	根据情况，酌情赋分	10				
	交流反馈	能够进行有效互动并给出合理建议	5				
	自评反思	根据情况，酌情赋分	5				
成绩评定							
改进建议							

任务二　基础制动装置的检修

学习目标

1. 知识目标

学习客车基础制动装置的作用与组成。

2. 能力目标

了解基础制动装置的结构特点。

3. 素质目标

引导学生养成爱岗敬业、精益求精的工作精神。

学习重难点

1. 学习重点

盘型制动单元的结构组成。

2. 学习难点

单元制动缸的检修方法。

学习任务

客车单元制动缸的检修流程如图 4-2-1 所示。

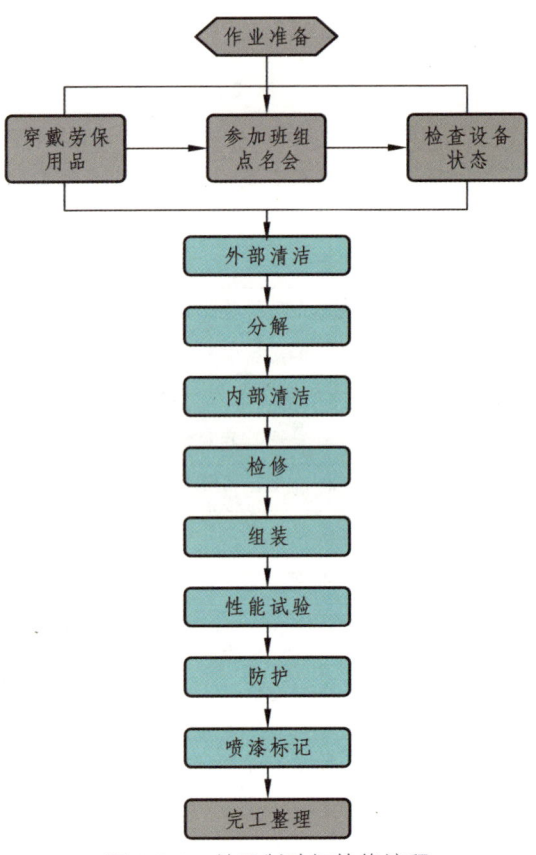

图 4-2-1　单元制动缸检修流程

基础认知

一、基础制动装置简介

1. 定　义

基础制动装置是指从制动缸之后到闸片（闸瓦）之间的所有零部件所组成的机械传动装置。它的作用是把制动缸产生的制动力放大后，均匀传递给闸片（闸瓦），闸片（闸瓦）压紧制动盘（车轮），防止车轮继续转动，从而产生制动作用。

2. 分　类

基础制动装置按照作用原理可以分为盘型制动和踏面制动。踏面制动按照闸瓦的数量分为双侧闸瓦制动和单侧闸瓦制动两种（即一个车轮配有几块闸瓦）。客车常用的是盘型制动单元（见图4-2-2）。少量车型用到双侧闸瓦制动。货车多用单侧闸瓦制动（见图4-2-3）。盘型制动单元较踏面制动而言，结构相对简单，车轮无损伤（延长寿命），使用的高磨合成闸片，摩擦制动力大，制动距离短，故多用在客车上。

图4-2-2 客车盘型制动

图4-2-3 货车踏面制动

二、盘型制动单元

如图4-2-4（a）所示，客车转向架每根车轴上装有两个制动盘，一个制动盘配有一套盘型制动单元。每套盘型制动单元由单元制动缸、夹钳组成、闸片、制动盘等组成。以三点式挂悬在客车转向架构架横梁的制动缸吊座上。每个制动缸通过管系与客车制动阀相连，并在二位侧轮对轴端设防滑传感器装置（速度传感器）。每车一位转向架一位盘型制动单元具有手制动作用。

如图4-2-4（b）所示，制动时，单元制动缸4产生的制动力使活塞杆伸出，带动夹钳组成3的内、外侧杠杆移动，使左右两侧的闸片2压紧制动盘1，产生制动作用。缓解时，由于复原弹簧的作用，各杠杆、连杆恢复原位，闸片离开制动盘。

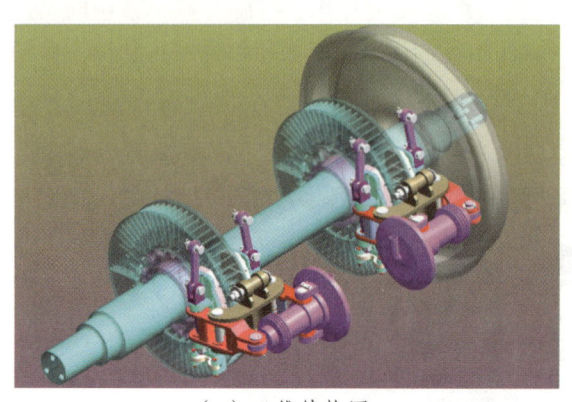

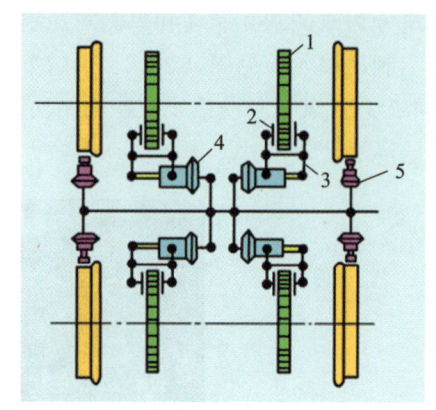

(a) 三维结构图　　　　　　　　　　(b) 作用力示意图

1—制动盘；2—闸片；3—夹钳组成；4—单元制动缸；5—踏面清扫器。

图 4-2-4　客车基础制动装置

注：踏面清扫器 5 实际上是一块闸瓦，起着清除车轮踏面污物的作用，随着我国客车转向架电子防滑器的普及，踏面清扫器已取消。

1. 夹钳组成

如图 4-2-5 所示，夹钳组成主要由内/外侧杠杆（制动杠杆）、杠杆吊座、连杆、连接件等组成。杠杆吊座通过杠杆吊座销轴、垫圈、螺母等固定在构架横梁的制动吊座上。内/外侧杠杆通过制动圆销固定在杠杆吊座上（制动圆销均为 Q275 材质光圆销，衬套采用氟塑料金属套，在运用中不需另加润滑油）。

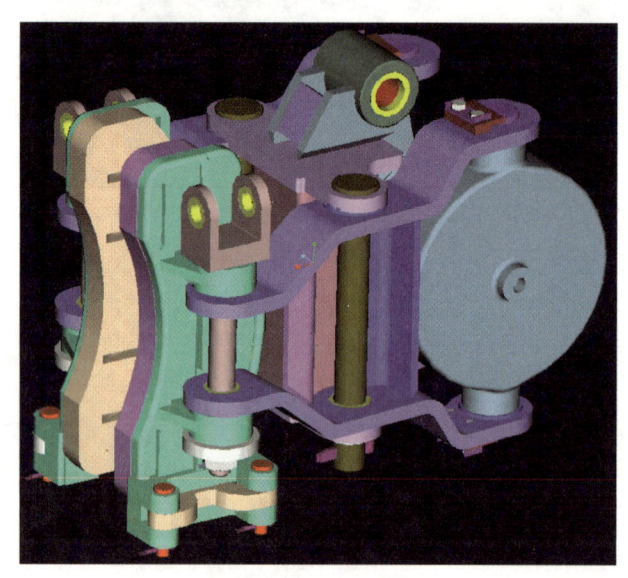

(a) 夹钳组成三维图

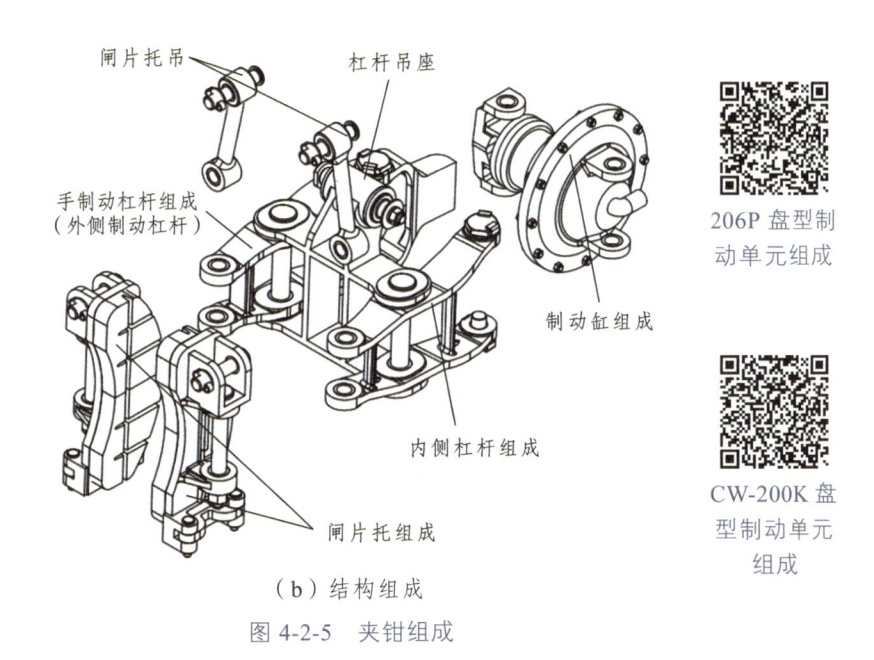

（b）结构组成

图 4-2-5　夹钳组成

闸片托通过闸片托吊及销轴固定在内/外侧杠杆上。闸片托为铸钢件，分左右（见图 4-2-6），安装上闸片后，将锁铁锁住，即可防止闸片脱落。

（a）闸片托　　　（b）合成闸片闸片　　　（c）粉末冶金闸片

图 4-2-6　闸片与闸片托

2. 制动盘与闸片

1）制动盘

客车制动盘多采用轴盘式。制动盘由摩擦环、盘毂和连接装置组成。摩擦环是由特种合金铸铁制成的，由两个半环组成，组装时用两个螺栓紧固在一起。盘毂用铸铁制成。摩擦环与盘毂之间通过 8 个径向排列的弹性销套相连接。摩擦环制成对半分开式，是为了方便更换，而不需要退轮。

2）闸片

目前，我国客车闸片是一种高摩擦系数的有机合成闸片。为便于闸片组装，闸片为两个半块制造，后部镶有钢背（用来增加合成闸片的强度）。闸片的摩擦面上有若干条凹槽，能使磨耗下来的粉末排出，防止热膨胀变形，使闸片与摩擦环保持良好的接触。新造闸片厚度为 28 mm，允许磨耗到 5 mm，左右闸片需同时更换。

CR200J 动力集中动车组闸片的材质是粉末冶金材料（广泛用于高速列车上）。这种材料的选择有助于提升制动系统的性能和可靠性，从而确保动车组的安全运行。同时，CR200J 动车组的安装接口符合 UIC541-3 标准，这也进一步保证了其制动系统的兼容性和标准化。

闸片材料类型　　　　　　　　　更换客车闸片

3. 单元制动缸

1）简介

客车用的制动缸多为带有闸片间隙自动调整器的膜板式制动缸，直径 254 mm，如图 4-2-7 所示。随着闸片的磨耗，制动活塞自动伸长，保证制动缸工作行程在合理范围内（6~8 mm）。辅修时不需分解检查。当通风抱闸几次后，闸片、闸片间隙将被自动调整到一定的间隙。

单元制动缸爆炸图

图 4-2-7　单元制动缸

2）单元制动缸的特点

（1）采用整体旋压缸体，大大提高了缸体内壁粗糙度，同时又减轻了质量。

（2）设计新型橡胶密封圈结构，使得密封性能更好，更可靠。
（3）缸体缸盖采用钢丝连接，减小了制动缸径向尺寸。
（4）采用端齿弹簧复位机构，使得更换闸片时丝杠复位更加方便。
（5）全新设计的橡胶波纹管，采用喉箍与缸盖、丝杆连接，将内部机构与外界隔开，完全杜绝了灰尘的进入，增加了闸调器工作的可靠性，也延长了制动缸的使用寿命。

4. 停放制动缸

停放制动（Parking Brake）是车辆制动系统中的一种重要功能，是能够防止车辆长时间停放时发生溜逸事故而设置的一种重要安全措施。此技术是通过在转向架上装用弹簧停放制动缸实现的，早期多用于动车组列车上。现阶段，作为既有普速客运的迭代产品，CR200J动力集中型动车组（鼓形）也运用了此项技术，确保动车组列车在无电、无风等极端情况下仍能保持可靠制动。该系统采用一体化设计，取消了车辆的手制动装置，实现了停放制动的全列同步控制管理，提升了动车组停放制动的自动化、安全性与可用性。拖车控制装置布局如图4-2-8所示。

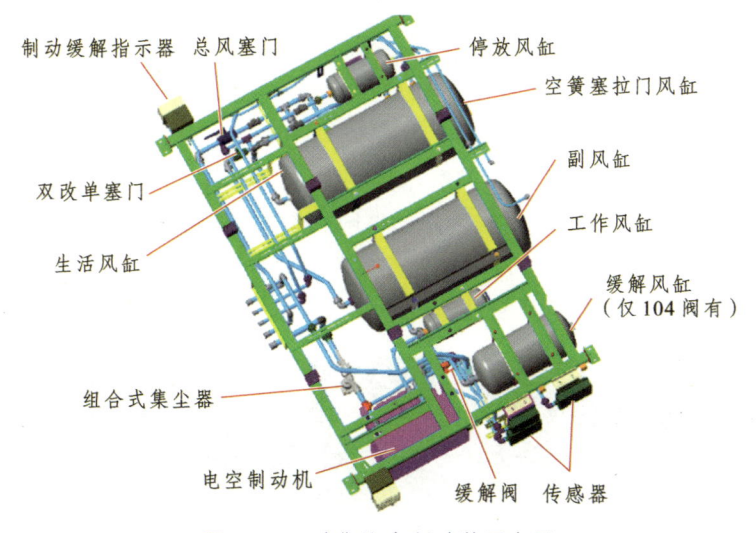

图 4-2-8　动集拖车制动装置布局

1）结构组成

动集车弹簧停放制动缸通常由弹簧储能缸（风缸）、制动缸、手动缓解装置等部分组成。其中，弹簧储能缸是核心部件，用于储存和释放制动能量。动集车配置为动力车每辆车设置4个停放制动缸，拖车及控制车每辆车设置1个停放制动缸（见图4-2-9，位于转向架的 2 位夹钳处），对应构架设置停放制动管路及手制动拉绳，在全列的共同作用下，能够满足动车组定员载荷在20‰坡道的停放要求。它的优点是采用机械储能方式，不依赖于外部电源或气源，因此在紧急情况下仍能可靠工作。

图 4-2-9　停放制动夹钳

2）工作原理

CR200J 动力集中型动车组的停放制动控制属于制动辅助控制系统，主要基于电空控制方式和弹簧储能的共同作用。其工作原理是停放制动缸充风缓解、排气制动。当司机通过驾驶台按钮施加停放制动指令时（见图 4-2-10），控制电路输出控制指令，使停放制动电磁阀动作，控制停放管压力变化，使停放制动缸排气，内部主弹簧推动活塞伸出，带动夹钳动作，闸片压紧制动盘，产生制动作用。当需要缓解停放制动时，司机通过"停放缓解"按钮输出缓解指令，控制电路使停放制动电磁阀反向动作，控制停放管压力变化，停放制动缸增压，压缩主弹簧带动活塞缩回，全列车缓解。

图 4-2-10　停放制动按钮

3）手动缓解功能

在某些情况下，可能需要手动缓解停放制动。此时，可以通过操作手动缓解装置来释放弹簧的储能，使制动缸内的压力降低，从而解除制动作用。但需要注意的是，手动缓解通常只能使用一次，必须等待下次储能后才能再次使用。

4）状态监测与反馈

（1）工作状态监测：停放制动的工作状态通过压力传感器进行检测，检测到的信息通过"MVB"和"WTB"等通信协议报告给司机。

（2）紧急制动触发：如果在施加停放制动时动车组发生移动，或者在运行过程中意外施加了停放制动，停放制动监视环路将触发紧急制动并封锁牵引，确保动车组在停放制动异常时的安全。

知识拓展

1. 部分零部件检修要求

1）闸片及闸片托检修

（1）闸片托燕尾槽磨耗量大于 1 mm 时焊修；闸片托锁铁销孔直径大于 13.5 mm 时焊修或报废。

（2）各圆销、衬套磨耗超过 1 mm、配合间隙超过 2 mm、裂纹或衬套松动时更换。

（3）锁铁腐蚀、磨耗深度超过原设计尺寸的 10%、锁舌端面至销孔中心距离小于 44 mm 或销孔直径磨耗量大于 1 mm 时焊修或更新。自锁弹簧更新。

（4）闸片厚度不小于 20 mm，同一单元制动缸两侧闸片厚度差不大于 5 mm，同侧上下闸片厚度差不大于 1 mm，同一闸片托的闸片更换时同时更新。

2）闸片托吊检修

（1）客车闸片托吊须探伤，裂纹时更换。

（2）圆销须探伤检查，各圆销、衬套磨耗超过 1 mm、配合间隙超过 2 mm、裂纹或衬套松动时更换。

（3）闸片托吊腐蚀、磨耗深度大于 1 mm 时更换。

3）夹钳吊及杠杆检修

（1）须分解检修，开口销全部更新。

（2）夹钳吊及杠杆各部磨耗超过 2 mm 时焊修或更换，腐蚀深度大于 2 mm 时报废。

（3）各衬套松动、裂纹或磨耗超过 1 mm 时更换。

（4）衬套磨穿至基孔或基孔变形时，堵焊后重新钻孔镶套。

（5）夹钳吊及杠杆弯曲变形时，加热调修。

（6）夹钳吊及杆系有裂纹、折损时更换。

（7）杠杆吊座及夹钳吊横穿螺栓须探伤检查，直径磨耗大于 1 mm 或螺纹作用不良时更换。

4）单元制动缸检修

（1）缸盖组装部位须采用 8.8 级高强度螺栓，并配套使用 8 级螺母，各橡胶件、皮碗装用时间距制造时间不超过 6 个月。

（2）零部件裂损时更新。

（3）各弹簧折损、严重锈蚀或衰弱时更新。

（4）各离合器齿形磨耗超过 1/3 齿高、丝杠和螺母的梯形螺纹磨耗大于 0.3 mm、衬套（或缸体销轴安装孔）磨耗大于 1 mm 时更新。其他相互运动金属件磨耗大于 0.5 mm 时更新。吊耳/丝杠与紧固环组焊件大端设计齿高 1.8～2.0 mm，限度≥1.2 mm；螺母/挡铁/齿环大端设计齿高 1.3～1.5 mm，限度≥1.0 mm。

（5）后缸盖、内侧缸盖、前体变形不能密封时更新，后缸盖通风管焊缝裂纹时焊修或更新，螺纹孔损伤或滑扣累计不得超过 3 扣，超过或状态不良时更新通风管。

（6）清除内部各零件毛刺，用砂纸磨去内部零件表面锈层，除丝杠接合面及齿轮啮合处不允许有锈斑外，其余零件允许有局部锈斑。

（7）排气堵清除锈垢后在专用清洗槽内浸泡清洗，用压力空气吹净，确保通风作用良好；组装时须加装防尘套（罩），防尘套（罩）段修时更新。

（8）缸体、后缸盖、内侧缸盖腐蚀深度超过原设计厚度的 20% 时更新。

（9）前套筒/活塞杆、调整挡铁开槽处磨耗深度超过 3 mm 时更新；前套筒/活塞杆存在锈蚀时可打磨处理，打磨深度不超过 0.5 mm；其他相互运动金属件磨耗大于 0.5 mm 时更新。

2. 工装设备、检测器具、工具清单

工具设备清单 4.2　　基础制动装置检修工艺流程　　单元制动缸组装工艺

3. 客用单元制动缸的检修工艺（见表 4-2-1）

表 4-2-1　客用单元制动缸的检修工艺

序号	作业项目	作业内容、标准
1	外部清洁	（1）将防护好的单元缸放入抛丸除锈机转盘上，清除表面锈垢、污垢。 （2）抛丸后缸体仍存有锈皮、污垢时，使用钢丝刷清除，直至表面露出金属本色。 （3）吹扫单元缸表面，清除尘垢及钢砂残留

项目四　外制动

续表

序号	作业项目	作业内容、标准
2	分解	（1）按照装配关系分解：分解过程中须采取保护措施，防止磕碰损伤。 （2）依次分解防尘套、丝杠。 （3）依次拆下螺栓、排风堵、螺栓等。 （4）分解缸盖、缸体、活塞组成
3	内部清洁	（1）零部件须采用非腐蚀性介质清洗，清洗后表面需吹干。 （2）单元缸配件清洗后，按套将单元制动缸各配件整齐摆放至配件存放盘内。 （3）对超声波清洗完毕的零部件逐件进行外观检查，如仍有锈垢、污垢等残留，须人工将零部件放入超声波清洗机进行清洗，水温不超过50℃
4	检修	（1）皮碗、防松垫片、螺栓、螺母、垫圈、挡圈等标准件全部更新。 （2）膜片、防尘套（罩）状态良好者可不更新（A2修），A3修及厂修时须更新。 （3）检修各零部件，发生裂纹、磨耗超限时更换，丝杠、螺母的螺纹部分不得有锈蚀、缺损
5	组装	（1）组装前目视各零件表面，不得有污垢、灰砂、水分、纤维物和其他污物，允许用棉布擦拭内部零件。 （2）各相对运动件须涂抹适量润滑脂，注意膜片不得接触油脂。 （3）各离合器啮合良好。前、后调整螺母需在丝杠上转动灵活，均匀稳定。 （4）保持排水口、呼吸口和风管相对位置与检修前一致，以保证排水口在装车后向下。 （5）螺栓须在对角位置用力矩扳手均匀紧固，制动缸后盖也需要打力矩

续表

序号	作业项目	作业内容、标准
6	性能试验	在单元缸试验台上进行灵敏度试验，高、低压漏泄试验和调整量试验。间隙调整动作，进行（行程）性能试验，要求各运动件平稳、灵活运动，无卡滞
7	防护	试验合格后，在单元制动缸进风口处加装防护件，单元缸丝杆部位加装波纹管。呼吸孔为直通式且无防护罩的应加装防尘罩，做好防尘措施
8	喷漆标记	（1）检修合格后在呼吸器安装孔处或连接螺栓处安装检修标牌，内容包括检修单位、检修时间和顺序号。 （2）整体喷涂油漆。在单元制动缸外部涂防锈漆及面漆，喷漆时做好丝杠外露部位、呼吸器安装口等防护工作。 （3）单元制动缸表面漆膜应完整光滑，无裂纹、气泡、鼓包等

注：客车单元制动缸的检修是在内制动班组进行，考虑到基础制动装置的夹钳组成是由车辆段外制动班组检修，故将此章节归为外制动项目。

自主提升

1. 单选题

（1）车辆制动的基础制动装置采用（　　）。
　　A. 拉杆传动　　　B. 杠杆及拉杆传动　　C. 杠杆传动　　　D. 风动传动

（2）一般来说，我国现有车辆的基础制动装置，客车多用的是（　　）。
　　A. 单闸瓦式　　　B. 双闸瓦式　　　　　C. 多闸瓦式　　　D. 盘型制动

（3）车辆空气制动装置的执行机构是（　　）。
　　A. 分配阀　　　　B. 制动缸　　　　　　C. 副风缸　　　　D. 缓解阀

同步练习 4.2

（4）基础制动装置的作用为（　　）制动力。
A. 传递和放大　　　B. 传递　　　　　　　　C. 放大　　　　　　D. 减小

2. 判断题

（1）基础制动装置的作用是将制动缸的空气压力直接传递到闸瓦上去。（　　）
（2）制动缸活塞杆属于基础制动装置的一部分。（　　）
（3）在客车制动系统中，制动盘的安装位置为轴盘式。（　　）
（4）新造闸片厚度为 28 mm，允许磨耗到 15 mm，左右闸片需同时更换。（　　）
（5）客车用的制动缸多为带有闸片间隙自动调整器的膜板式制动缸。（　　）

3. 填图题

（1）指出图 4-2-11 所示客车盘型制动单元各组成部分的名称。

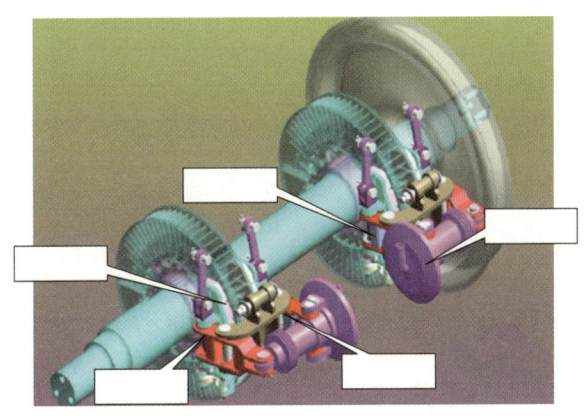

图 4-2-11　客车盘型制动单元组成

（2）指出图 4-2-12 所示夹钳装置各组成部分的名称。

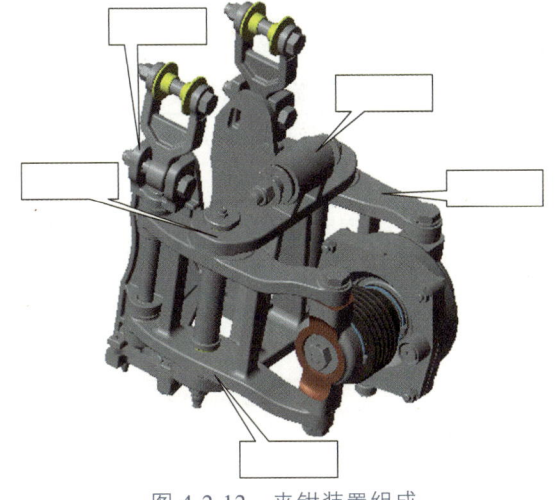

图 4-2-12　夹钳装置组成

考核评价

线上考评 4.2

学生姓名		组名		班级			
出勤情况							
考评项目	具体内容	评价要点	分值	学生自评	小组互评	教师评定
课前	知识点掌握情况	能够理解基础制动装置的基础知识，如作用、组成等	5			
	流程图掌握情况	能够简单阐述检修步骤	10			
	学习主动性	积极参与，主动接受教师指导	5			
	任务完成度	根据情况，酌情赋分	5			
课中	能够简单说出基础制动装置的作用和组成	论述表达清楚，酌情赋分，内容正确，错一处扣2分	10			
	能够清晰阐述基础制动装置的常见故障	论述表达清楚，酌情赋分，内容正确，错一处扣3分	10			
	能够掌握基础制动装置检修工艺的具体内容和要求	论述表达清楚，酌情赋分，内容正确，错一处扣4分	15			
	能够明确检修工艺中需要用到的工装量具和设备	论述表达清楚，酌情赋分，内容正确，错一处扣5分	5			
	团队协作能力	根据情况，酌情赋分	5			
	课堂表现	根据情况，酌情赋分	5			
	职业素养	根据情况，酌情赋分	5			
课后	作业完成情况	根据情况，酌情赋分	10			
	交流反馈	能够进行有效互动并给出合理建议	5			
	自评反思	根据情况，酌情赋分	5			
成绩评定						
改进建议						

新工艺

喷丸强化技术

喷丸加工工艺广泛应用于多种材料及产品的表面处理，尤其在金属、旋光仪、电镀等领域，旨在实现高光亮度以满足审美和功能需求。该技术在车辆零部件清理除锈方面运用成熟（见图 4-2-13）。

随着高铁技术的发展，制动盘性能要求提升，如图 4-2-14 所示，喷丸强化技术被引入其制造过程中，用以满足耐磨性、热稳定性、强度、刚度、轻量化及节能等需求。喷丸强化不同于抛丸清理，它通过高速喷丸设备将硬质颗粒射向金属表面，以改善材料性能。其效果包括提高耐磨性、延长使用寿命、增强热稳定性、提升强度和刚度以及实现轻量化和节能化，符合现代交通工具的环保要求。

图 4-2-13　抛丸打磨　　　　图 4-2-14　高铁制动盘

然而，喷丸强化也面临着挑战，如冲击产生的热量可能导致局部过热和热应力问题，颗粒选择、尺寸和速度等参数需精细优化，且存在颗粒损耗和环境污染等问题。因此，在保证效果的同时，需注重环境保护和资源利用的平衡。

展望未来，随着高铁技术的进步和环保要求的提高，喷丸强化技术在高铁制动盘上的应用前景广阔。期待更多创新性技术和工艺被开发，以提升制动盘的性能和可靠性，降低能耗和环境污染。同时，该技术有望拓展至更多铁道车辆零部件应用，为铁路行业发展贡献力量。

03 模块三
货车制动装置检修

★★★★

  本篇主要介绍货车制动机重要组成部分的检修任务，共两个项目。项目五介绍货车内制动班组的检修任务，包括 120 型控制阀的检修、空重车自动调整装置的检修、货车脱轨自动制动装置的检修以及试验台试验等。项目六介绍货车外制动班组的检修任务，包括手制动机的检修、基础制动装置的检修以及单车性能试验。

  作为新时代的铁路接班人，我们应秉持爱岗敬业、艰苦奋斗的职业精神，向全世界展示中国标准。让我们合力绘制时代画卷，开创绿色铁路建设新纪元。

项目五 内制动

项目导入

在之前的内容中我们已经学习了客车内制动室的检修工作，货车内制动检修与客车有所区别，除了制动阀、制动软管检修外，由于货车的重载特性，还需要检修货车空重车自动制动调整装置和货车脱轨自动制动装置零部件，现在让我们来一起学习货车内制动检修对应的具体任务吧。

素养小课堂

主题："绿色化"铁路建设

素养课堂 5

任务一 120 型控制阀的检修

学习目标

1. 知识目标

学习 120 型控制阀的组成与基本作用。

2. 能力目标

掌握 120 型控制阀的检修工艺流程。

3. 素质目标

引导学生养成"讲原则、守规矩"的良好品德。

学习重难点

1. 学习重点

120 型控制阀的结构组成。

2. 学习难点

120 型控制阀的作用原理。

学习任务

120 型控制阀的检修流程如图 5-1-1 所示。

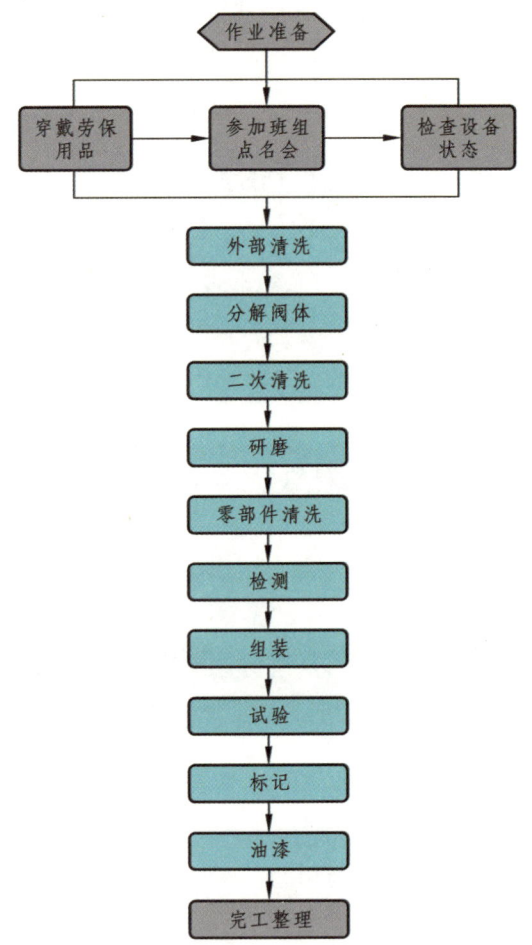

图 5-1-1　120 控制阀检修流程

基础认知

一、120 型空气制动机简介

我国货物列车较常见的为 70 t 级货物列车（少量 60 t 级、80 t 级和 100 t 级），采用 120 型空气制动机系统。为适应货物列车重载需求，120 型空气制动机设有加速缓解风缸（11 L），配合主阀作用部的加速缓解阀，能够在列车缓解时，产生制动管的局部增压作用，提高列车的缓解波速；同时还设有半自动缓解阀，能够使制动缸或制动系统快速排风。

二、120 型控制阀概述

120 型控制阀是货车 120 型空气制动机的重要组成部分，如图 5-1-2 所示。120 型控制阀于 20 世纪 90 年代中期开始推广使用，适用于 70 t/80 t 级货车制动机。后续产品还有 120-1、120-H、120-K 等。120 型控制阀的成熟技术使我国重载列车制动技术取得了成功与突破。

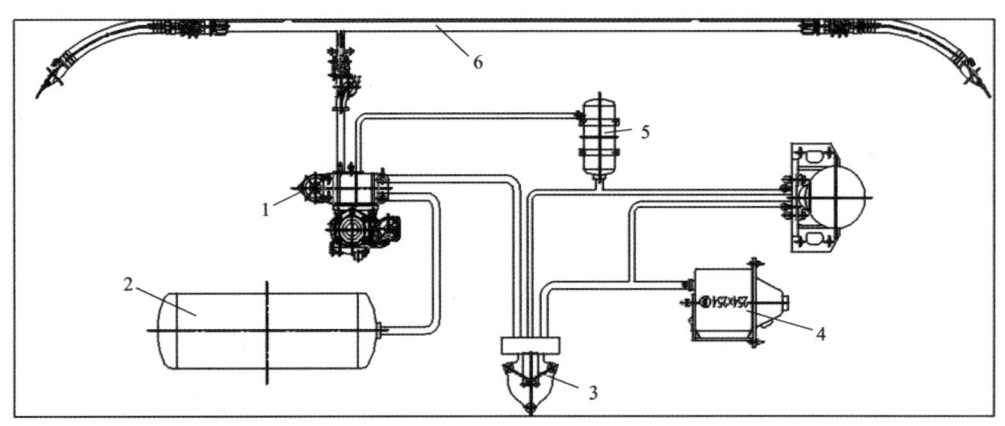

1—制动阀；2—副风缸；3—空重车调整阀；4—制动缸；5—加速缓解风缸；6—制动管。

图 5-1-2　120 型空气制动机布局

120 型控制阀是一种直接作用方式的制动阀，它是利用制动管的压力变化，使阀体内各部产生不同的动作，实现制动机的充气缓解、局减、制动以及保压等作用。

1. 结构特点

（1）仍采用二压力机构。二压力机构是指通过两种压力的变化控制部件的动作。对于 120 型控制阀来说，主阀和紧急阀均为二压力机构，主阀的动作取决于制动主管与副风缸的压力变化。紧急阀的动作为紧急室与制动主管的压力变化。

（2）采用直接作用方式。不同于客车 104 型分配阀的间接作用，120 型控制阀的主阀的二压力机构为制动主管和副风缸，主活塞上部的制动主管气压变化时，能直接控制副风缸的充排气作用。

（3）分部作用式。分部作用式是指常用制动与紧急制动分开控制，二者是独立的，不会互相混淆。专设有紧急阀控制紧急制动作用，常用制动时不会引发紧急制动，但常用制动可以转换为紧急制动。

（4）采用橡胶膜板和金属滑阀结构，密封性好，灵敏度高，检修方便。

（5）设有加速缓解阀。加速缓解阀在车辆欲开动时，与加速缓解风缸配合，能够让缓解波速迅速向后推进，实现制动主管的局部增压作用，加快车辆的缓解。

（6）在紧急阀中设有先导阀，使紧急阀的紧急排气作用更迅速地产生，提高了紧急制动波速，从而确保列车的运行安全。

（7）在作用部上设有 0.2 mm 的眼泪孔（呼吸孔），适应于列车的压力保持操纵。即呼吸孔可连通制动管和副风缸之间的空气通路，防止二者发生轻微漏泄时，制动机发生自然制动或者缓解。

（8）设置了半自动缓解阀，设有手柄部，通过人工拉动，能够实现制动缸以及整个制动机的缓解，便于制动装置的检修。

2. 组成及作用

120型控制阀由主阀、紧急阀、半自动缓解阀、中间体四部分组成，如图5-1-3所示。整个阀体通过中间体吊挂在货车底架一侧，部分货车在阀的外部还设有防盗罩，如平车。

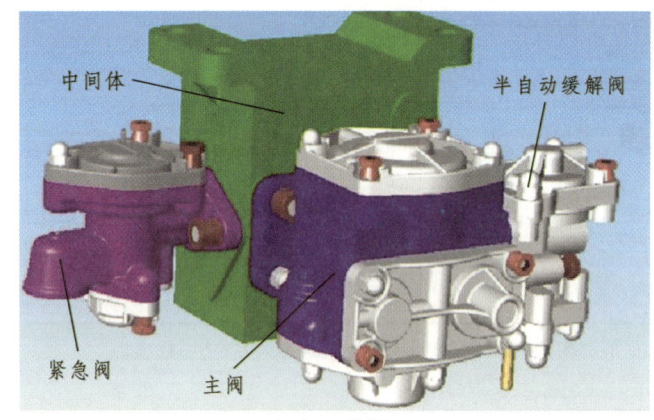

（a）三维图　　　　　　　　　　（b）中间体

图 5-1-3　120型控制阀的基本结构组成

1）中间体

中间体为一铸铁长方体，两侧面分别安装主阀与半自动缓解阀（主阀与半自动缓解阀组装在一起，见图5-1-4）、紧急阀（主阀与紧急阀相邻），并通过其上部的四个吊耳，将整个阀体吊装在车体底架上。另外，两侧面设有制动主管（L）、加速缓解风缸（H）、副风缸（F）以及制动缸（Z）的气路连接孔，实现阀体与整个制动机的气路连通，如图 5-1-5 所示。各孔均装有滤尘装置来过滤空气中的杂质。中间体仅在厂修和必须更换时才卸下。

图 5-1-4　主阀（120-1）和半自动缓解阀位置示意图

此外，中间体内部设有两个独立的空腔，上部为容积 1.5 L 的紧急室（J），下部为容积 0.6 L 的局减室（Ju），能参与主阀的动作，配合实现紧急制动作用以及一阶段局部减压（L→Ju）作用。

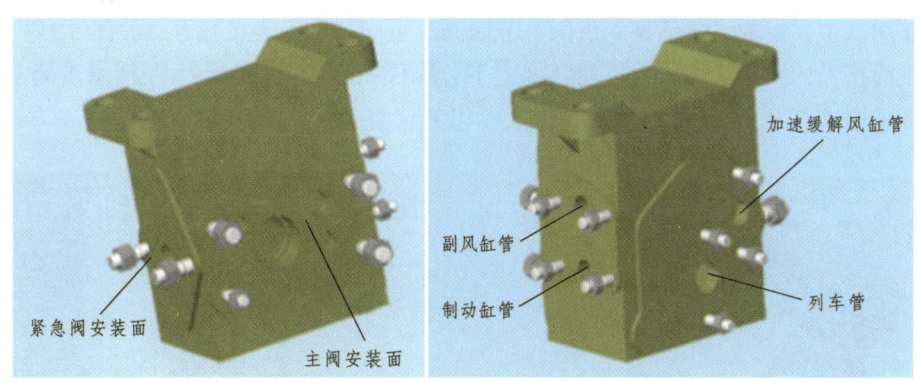

图 5-1-5　中间体

2）主阀

主阀和半自动阀组装在一起。主阀是控制阀的核心，它根据制动管不同的压力变化，控制制动机实现充气、缓解、制动、保压等作用。

主阀由作用部、减速部、局减阀、加速缓解阀、紧急二段阀五部分组成，如图 5-1-6 所示。

1—主阀上盖；2—主阀下盖；3—主阀前盖；4—作用部；5—减速部；6—紧急二段阀；7—主阀体；8—局减阀；9—加速缓解阀；10—止回阀。

图 5-1-6　主阀结构分解示意图

（1）作用部。

作用部是根据制动管与副风缸之间产生的不同的压力差，推动主活塞上下移动，使控制阀产生充气缓解、减速充气缓解、制动、保压等作用。

作用部主要组成：主活塞、滑阀、节制阀、主阀体、稳定装置等，如图 5-1-7 所示。

主活塞上的膜板为橡胶件，将活塞上下分隔成两个独立的腔室。主活塞上侧空腔通制动管（用 L 代替），下侧空腔通副风缸（用 F 代替）。

（a）三维图 　　　　　　　　（b）分解图

图 5-1-7　作用部

滑阀、节制阀都是气路开关，如图 5-1-8 所示，滑阀嵌在主活塞杆的上下肩之间，节制阀嵌在滑阀与主活塞杆之间。主活塞上下运动时，带动滑阀和节制阀移动，二者互相配合，开通或者遮断相关气路，从而实现控制阀的不同作用。

稳定装置装在主活塞杆尾部，主要由稳定杆和稳定弹簧组成，它的作用是使作用部具有一定的稳定性，在一定程度上能阻碍主活塞上移，防止列车在运行中因为制动管轻微漏泄或压力波动引发自然制动。

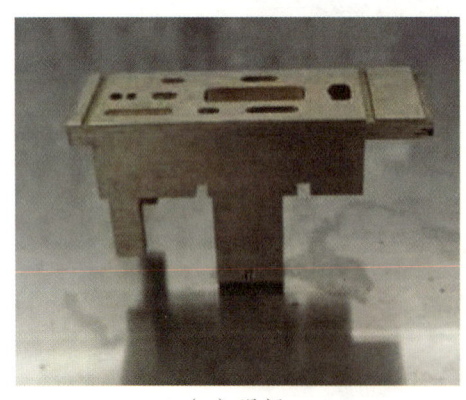

（a）滑阀 　　　　（b）节制阀 　　　　（c）稳定杆

图 5-1-8　主活塞附件

充气缓解作用原理：当制动管 L 充气增压时，制动管压力明显大于副风缸 F 压力，主活塞下移至极限位，带动滑阀、节制阀下移。此位为充气缓解位，滑阀连通了副风缸 F、加速缓解风缸 H 的充气通路，也连通了制动缸 Z 的排气通路。

制动作用原理：当制动管减压时，制动管 L 压力小于副风缸 F 压力，主活塞下移至极限位，带动滑阀、节制阀下移，此位为制动位，此时，滑阀连通了副风缸 F 与制动缸 Z 的充气通路，制动缸随即产生制动作用。

制动保压作用原理：当制动管停止减压时，主活塞、滑阀不动，作用部仍然处于制动位，但节制阀稍下移，遮断副风缸 F 到制动缸 Z 的充气通路，即制动缸的气体不进不出，实现制动缸的保压。

充气缓解位　　　　　减压制动位　　　　　制动保压位

（2）减速部。

减速部在作用部下方，主要由减速弹簧及减速弹簧座组成，如图 5-1-9 所示。

减速部的作用是加快长大列车后部车辆的副风缸的充气速度，使前后车辆副风缸的充气速度趋于一致。

（a）三维图　　　　（b）实体图　　　　（c）位置

图 5-1-9　减速部

减速部作用原理：制动管增压时，前部车辆和后部车辆的主活塞压差不一样，即前部车辆主活塞会克服减速弹簧继续下移，至减速充气缓解位，此时滑阀连通的副风缸充气孔孔径比较小（L3 孔直径为 1.9 mm），副风缸充气速度较慢；后部车辆的主活塞压差小，到达正常的充气缓解位，滑阀连通的副风缸充气孔孔径比较大（L4 孔直径为 2.0 mm），副风缸的充气速度加快。这样一来，前后车辆的副风缸充气速度会趋于一致。

（3）局减阀。

局减阀位于主阀体内，由局减活塞、局减阀弹簧、局减阀套等组成，如图 5-1-10 所示。其作用是在第二阶段局减时,将制动管的部分压缩空气送入制动缸,加快制动管的减压速度,同时制动缸获得一定的初压力。

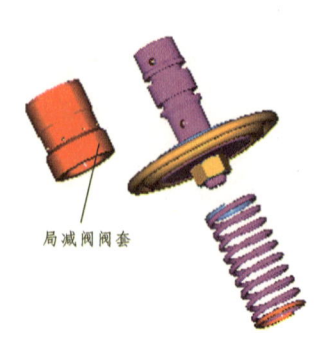

(a)三维图 　　(b)实体图

图 5-1-10　局减阀

局部减压作用原理:局减阀下部的杆为中空结构,内通制动缸。当制动作用刚开始时,制动管压缩空气经由滑阀与局减阀连通(局减阀阀套上的 8 个径向孔),向制动缸完成增压过程,实现第二阶段局减(L→Z)。当制动缸压力达到 50~70 kPa 时,制动缸的压力大于局减阀弹簧的工作压力,使局减阀移动,关闭制动管与制动缸的通路,保证制动缸获得一定的初压力。

(4)加速缓解阀。

加速缓解阀由加速缓解阀套、加缓阀弹簧及座、加缓活塞等组成。加速缓解阀套左侧套筒内装有夹芯阀(止回阀),与套筒内的阀座密贴,加缓阀夹芯阀右侧空腔,经阀套中部的两个径向孔及主阀体内部通路与制动管 L 连通。加速缓解阀和阀体内的止回阀(连通加缓风缸 H)一起配合,完成 H→L 的过程,实现制动管的"局部增压"作用,以加快制动管的增压速度,提高缓解波速,减小列车低速时充气缓解引起的纵向冲动,如图 5-1-11 所示。

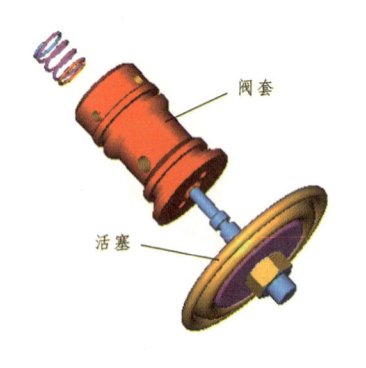

(a)三维图 　　(b)实体图 　　(c)阀套

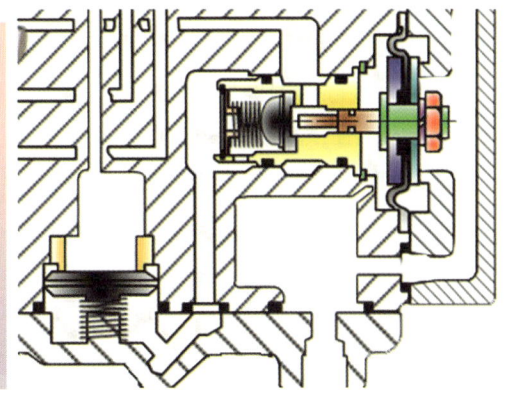

（d）结构爆炸图　　　　　　　　　（e）装配剖视图

图 5-1-11　加速缓解阀

加速缓解作用原理：主活塞到达充气缓解位时，加速缓解风缸充气，制动缸排气。当加速缓解风缸的压力大于制动管时，打开止回阀，加速缓解风缸的风（压缩空气）充满加速缓解活塞左侧；此时，制动缸的风被引至加速缓解活塞右侧，后经缩孔排大气。加速缓解活塞受力后左移，顶杆顶开夹芯阀，加速缓解风缸的风顺利进入制动管，实现制动管的增压过程。

（5）紧急二段阀。

紧急二段阀（见图 5-1-12）位于减速部附近，由紧急二段阀杆、紧急二段阀弹簧、紧急二段阀套等零部件组成。其作用：当紧急制动作用发生时，控制制动缸的充气速度，前期较快，使制动缸快速动作，列车发生制动作用；后期缓慢，使紧急制动作用力度减慢，减小列车停车时的纵向冲动。

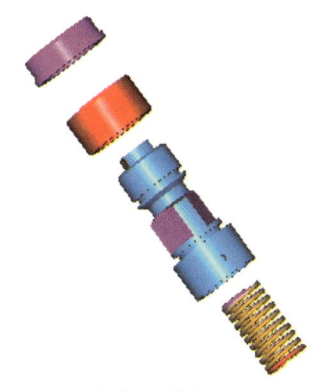

分解 120 阀主阀　　　组装 120 阀主阀

（a）三维图　　　（b）剖视图　　　（c）实体图

图 5-1-12　紧急二段阀

紧急二段阀作用原理：此阀上部通制动管，下部通制动缸。副风缸经由此阀向制动缸充气。气路有两条：一条为阀杆与阀套之间的间隙（被称为大通路）；另一条为经由阀体下部的径向孔、中部轴向孔以及上部径向孔进入制动缸（小通路）。

紧急制动时，制动缸压力快速上升，当跃升到 120～160 kPa 时，制动缸的压力大于阀体上部压力（制动管加上部弹簧的压力），所以推动阀体上移，导致间隙消失，大通路关闭。制动缸仅靠小通路供风，压力缓慢上升。此为二阶段——先快后慢。

3）半自动缓解阀（也称缓解阀）

半自动缓解阀由手柄部和活塞部两部分组成，如图 5-1-13 所示。两套顶杆、止回阀及弹簧分别安装在两个止回阀弹簧室（经暗道通副风缸和加速缓解风缸），顶杆座下部连接手柄弹簧，手柄弹簧室与活塞部下腔连通。顶杆座与手柄通过销钉连接在一起。

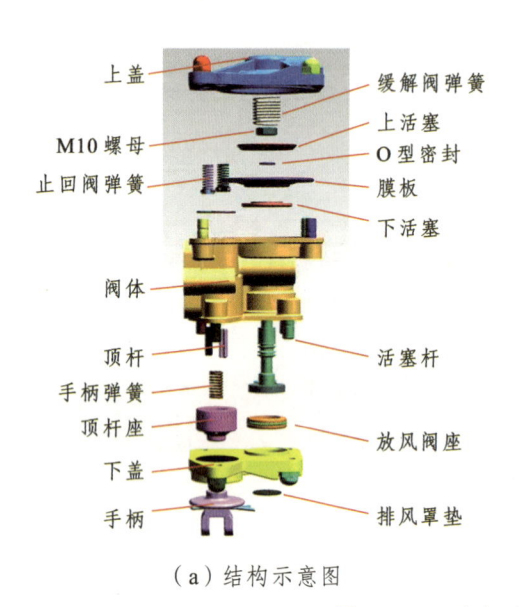

图 5-1-13 半自动缓解阀

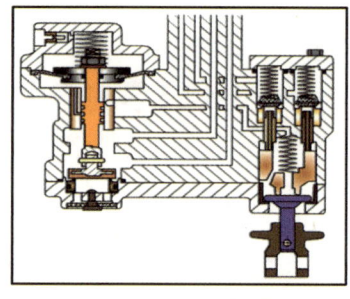

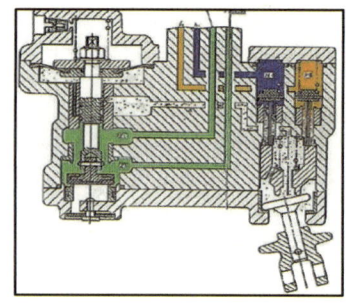

其作用：排尽制动缸或者制动系统的压力空气（促使制动缸排风。当长时间拉动手柄，F、H 的风持续进入手柄下部，通过手柄座的间隙排气，当 F 压力小于 L 时，主活塞上移，L 与 F 连通，L 的风也随 F 排大气，所以整个制动机系统缓解。拉动手柄 3~5 s 后放手，制动缸自动排风；持续拉动手柄，整个制动系统排风）。

半自动缓解阀作用原理：手柄上部的顶杆分别连通 F（副风缸）和 H（加速缓解风缸）的两个排气止回阀。副风缸止回阀略低。当拉动手柄，止回阀被顶开，随即关闭，H 和 F 的风（一部分）经由手柄部下方进入活塞部的活塞下腔，推动缓解活塞压缩缓解阀弹簧上移，活塞下部连接的是放风阀座（该零部件平时连通滑阀与制动缸，上移后连通制动缸与大气），制动缸压缩空气经放风阀座排大气。

3. 紧急阀

120 型阀的紧急阀主要由紧急活塞组成、安定弹簧、放风阀部和先导阀部等组成，如图 5-1-14 和图 5-1-15 所示。其作用：紧急制动时加快列车管的排气速度（L 紧急局减），提高紧急制动波速。

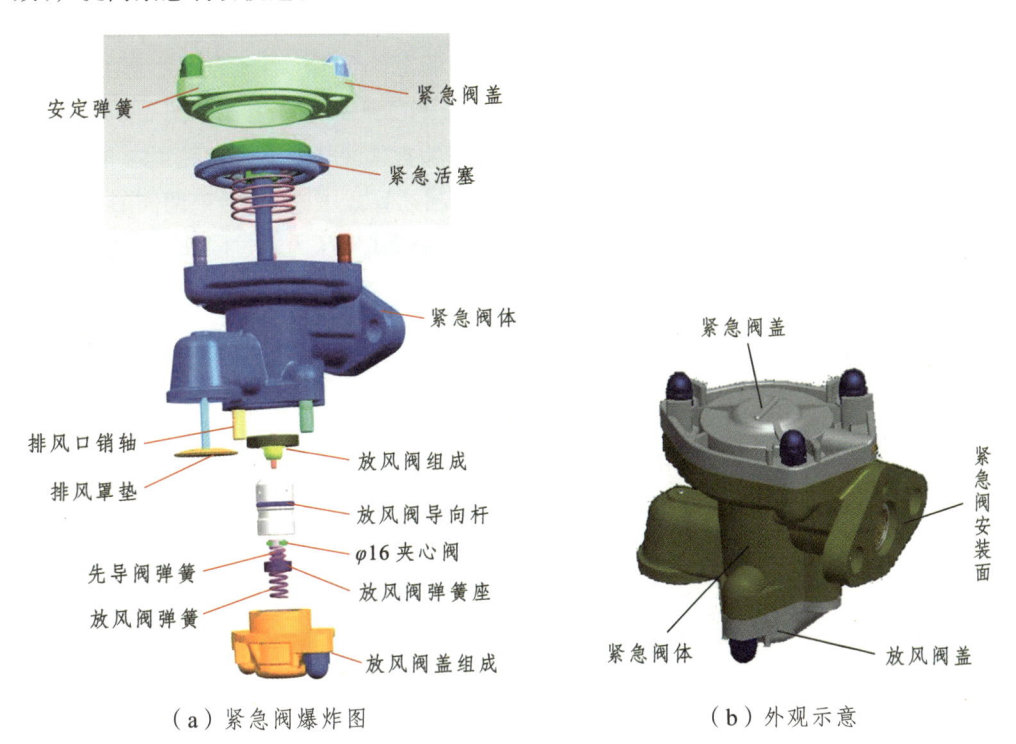

（a）紧急阀爆炸图　　（b）外观示意

图 5-1-14　120 紧急阀结构

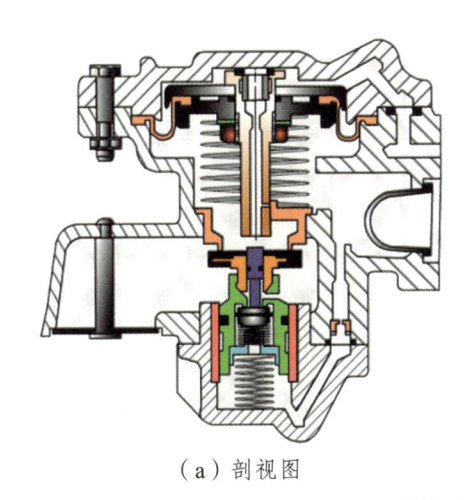

（a）剖视图　　（b）紧急活塞

图 5-1-15　紧急阀

紧急活塞上部通紧急室 J，下腔通制动管 L。空心的紧急活塞杆上有三个限孔（孔径很小）：上部为 J 的充气孔Ⅳ（L→J）；下部为局减室 J 的排气孔Ⅴ；中部为 J 与 L 的逆流孔Ⅲ（J→L），也叫安定孔。紧急活塞在安定弹簧的弹力作用下处于上部极端位置，密封圈与紧急阀盖密贴，紧急活塞杆轴向孔与上腔通路被切断，能够防止 J 过充。活塞下部为先导阀部，先导阀下部为放风阀部。

注：120 型制动机的安定性原理同 104 型阀。

紧急制动作用：在充气缓解位时，L 的风进入紧急阀下部，推动紧急活塞上移，并通过Ⅳ给 J 充气，J 的压力上来后，会使活塞稍微下移至平衡状态。当紧急制动发生时，L 减压，J 的压力大于 L，紧急活塞下移，紧急室压缩空气经活塞杆轴向孔顶端孔口以及安定孔向活塞下方的 L 逆流，又因逆流速度远小于制动管减压速度，活塞两侧形成压差，导致活塞下移 3 mm，活塞杆下端面与先导阀顶杆基础，J 室压力通过限孔Ⅲ、Ⅴ向 L 逆流，继续增大压差，导致活塞下移顶开先导阀，放风阀导向杆下腔的风排大气，放风阀的背压消除，活塞继续下移 1 mm 后，压缩放风阀弹簧打开放风阀，L 的风迅速排向大气，实现 L 的局部减压作用，L 与 F 的压差增大，使主阀制动作用更加快速发生，提高紧急制动波速。

注意：放风阀打开后，J 中的气经由Ⅴ排大气，大约需 15 s 才能排完，以确保紧急制动后必须在列车停车以后方可进行充气缓解。

紧急阀介绍　　　　　组装紧急阀

三、120 控制阀作用原理

（1）充气缓解位（见图 5-1-16）。

（2）减速充气缓解位（见图 5-1-17）。

（3）常用制动位（见图 5-1-18）。

（4）制动保压位（见图 5-1-19）。

（5）紧急制动位（见图 5-1-20）。

各作用位置的具体气路请扫码学习。

120 阀气路详细介绍

项目五 内制动

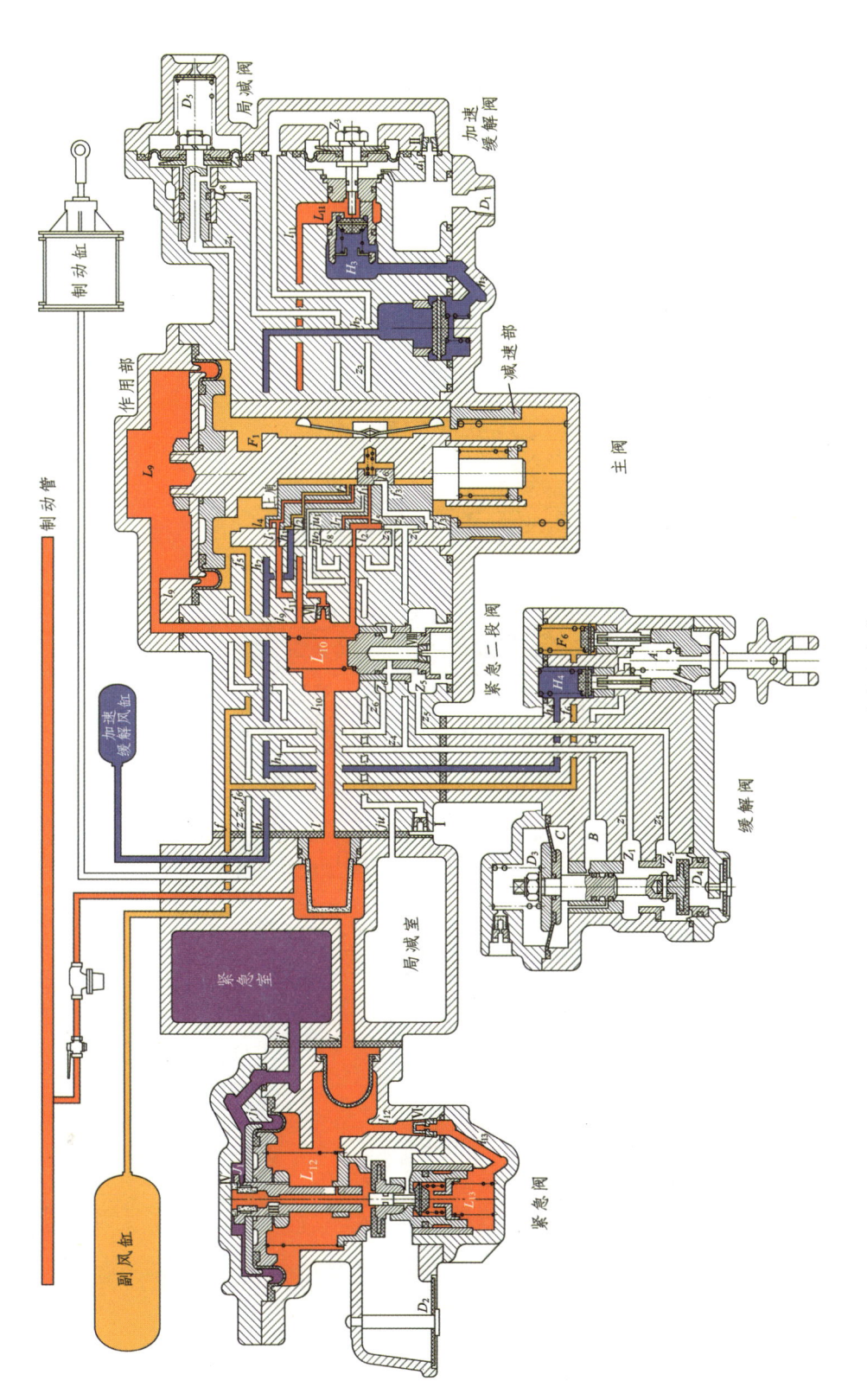

图 5-1-16 充气缓解位

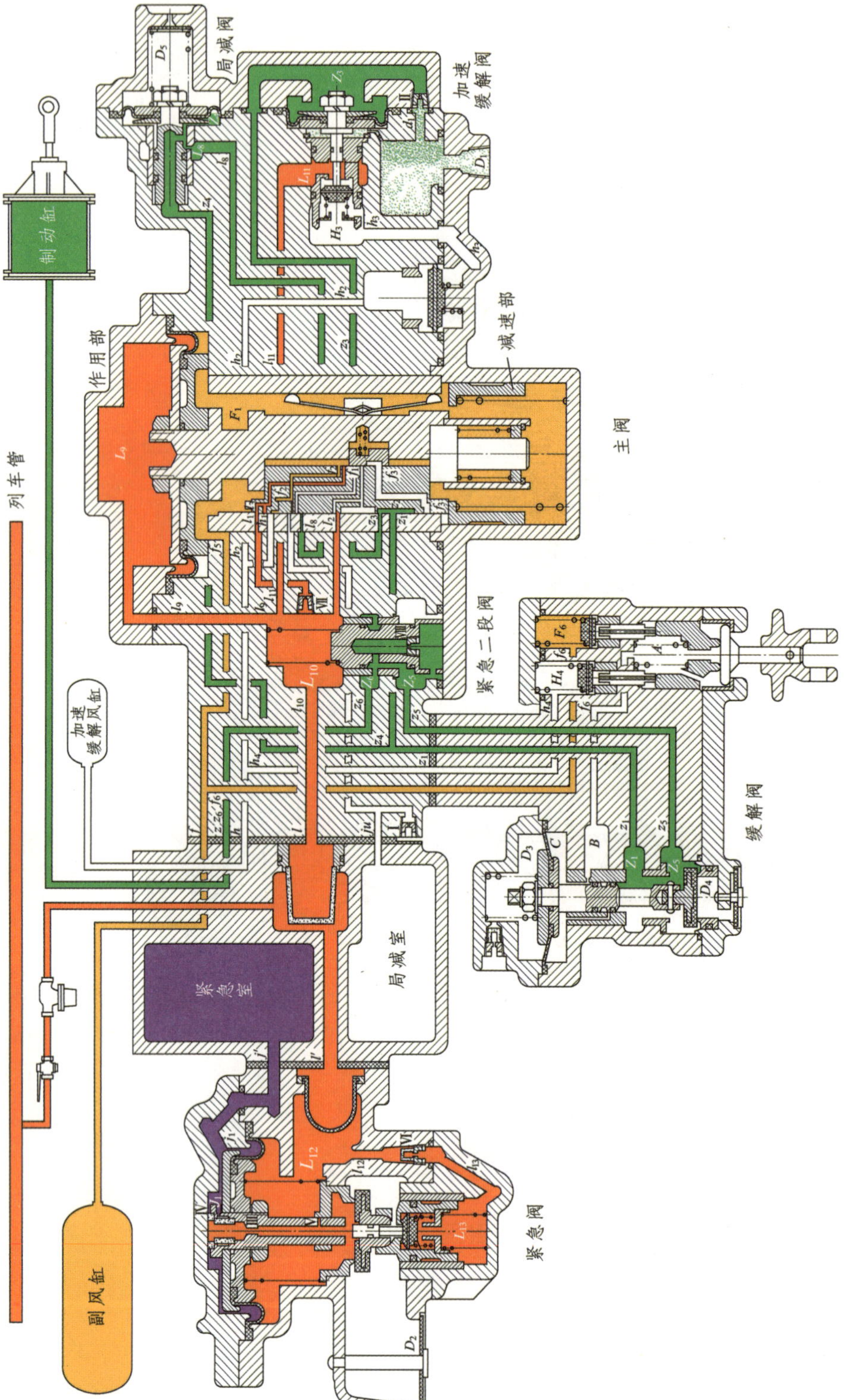

图 5-1-17 减速充气缓解位

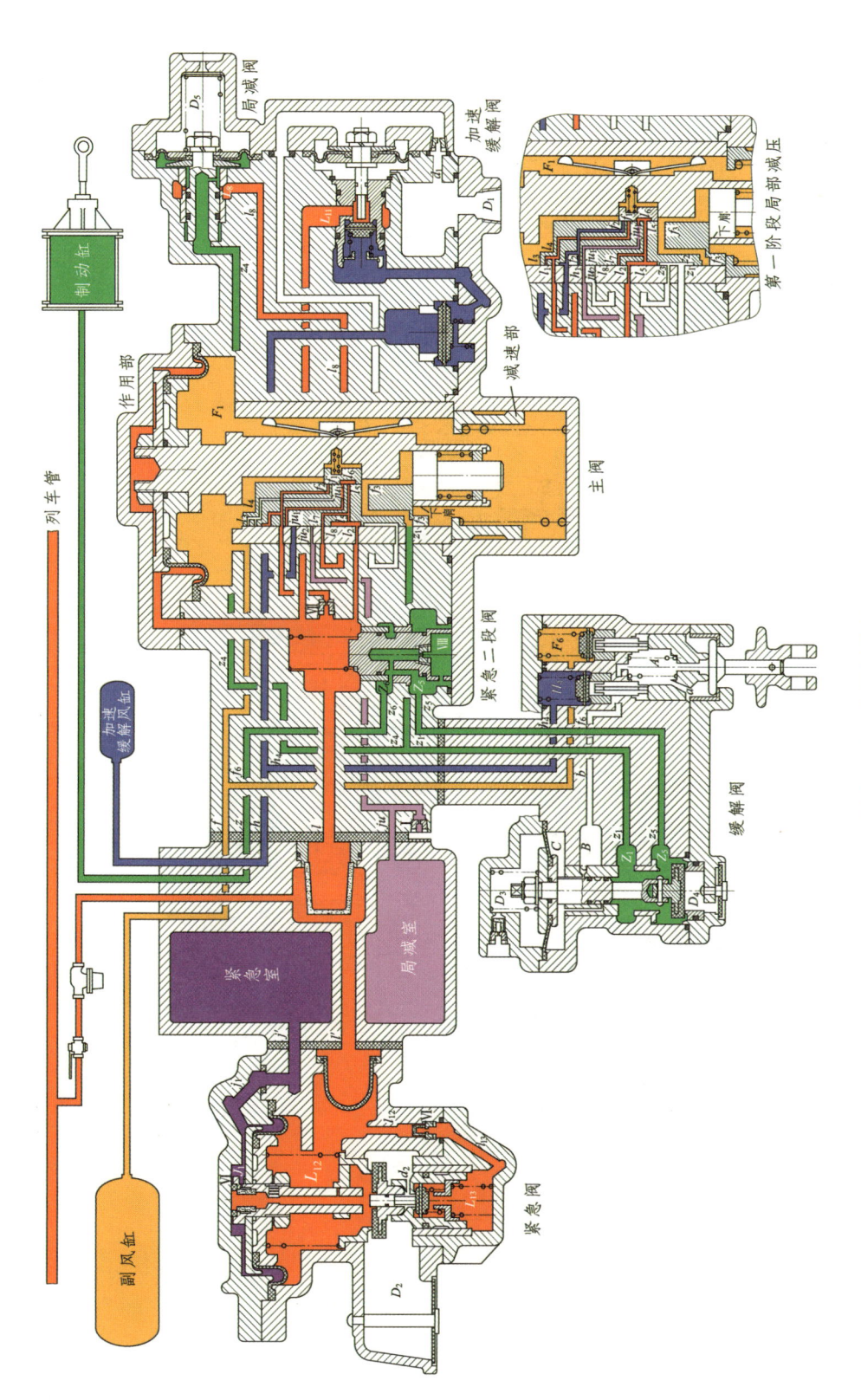

图 5-1-18 常用制动位

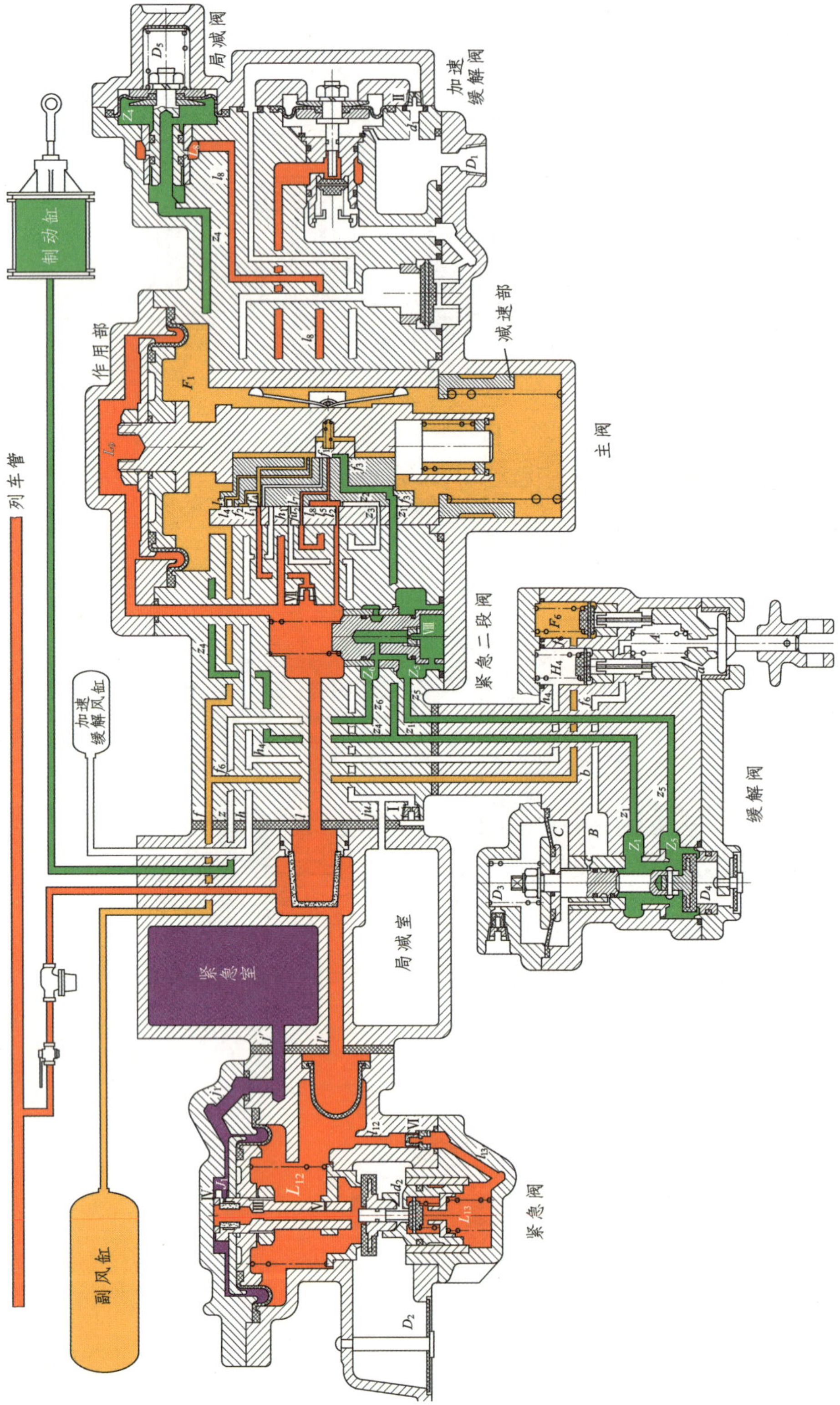

图 5-1-19 制动保压位

项目五 内制动

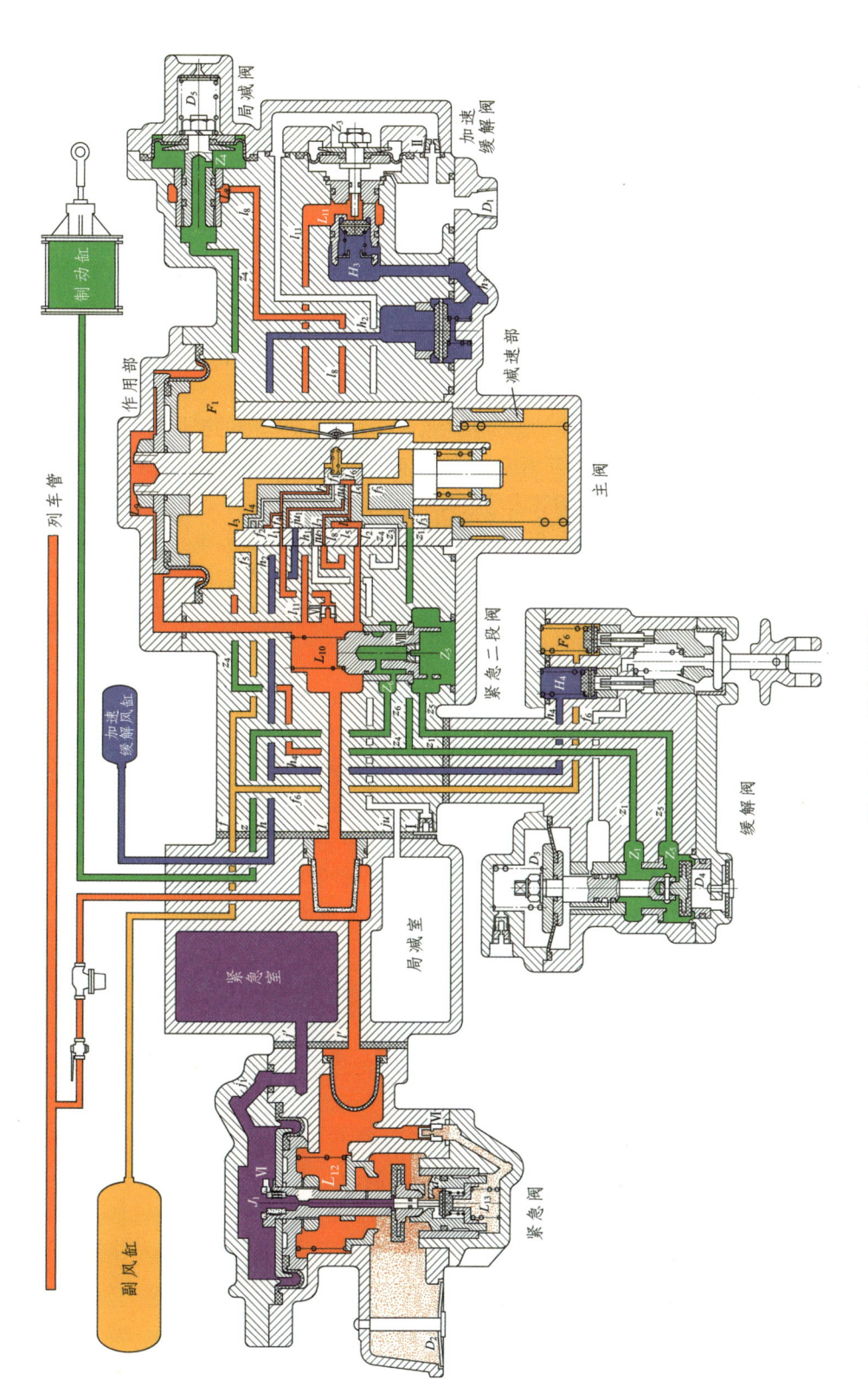

图 5-1-20 紧急制动位

> **拓展知识**

1. 常见故障

1）主阀常见故障分析

（1）充气故障现象及分析。

副风缸初充气偏快，要检查主阀体内是否漏装 $\phi 1.8$ 的充气缩堵。

（2）主阀上盖、下盖及前盖在充气缓解位时接合部漏泄。

作用部排气口在初充气位及充气缓解位，当制动缸没有压力空气及制动缸排完风压，若排气口漏泄量超过要求时，则属于有故障。

（3）不制动或制动灵敏度差。

① 主活塞系统漏泄严重，如主活塞膜板严重破损或上下活塞间的密封圈漏装或破损，因主活塞上下的列车管与副风缸相互窜风，不能及时形成压差，故不制动或制动灵敏度差。

② 加速缓解阀套内侧密封圈漏装或严重破损及加速缓解阀的夹芯阀漏装或严重破损，使列车管减压速度降低，主活塞上下压差形成较晚，故制动灵敏度差。

③ 主活塞组成在滑阀套内的阻力过大，如滑阀在滑阀座的引槽内移动的阻力偏大；滑阀弹簧角度不当，与滑阀座间的阻力偏大；滑阀或节制阀面严重缺油等结果会造成制动灵敏度差。

2）缓解阀故障现象及分析

（1）缓解阀漏泄现象及分析。

缓解阀的副风缸和加速缓解风缸的两个夹芯阀有缺陷或止回阀座阀口有碰伤现象，会造成两风缸的压力空气经缺陷处流向手柄排气口，并且无论主阀处于哪个作用位都有漏泄。

（2）缓解阀作用不良（指制动位）。

拉动手柄时，手柄排气口排气微弱，原因是缓解阀的两个止回阀座没有压到位，位置偏上限，或顶杆尺寸偏短，因此顶杆不能将止回阀完全顶开。

3）紧急阀故障及分析

（1）紧急制动灵敏度差或不起紧急制动。

紧急活塞杆组成漏泄严重，如紧急膜板穿孔、上下活塞间的密封圈漏装或破损，造成活塞上下互相补风，同时也难以形成足够起紧急制动的压差，从而降低紧急制动灵敏度。

（2）安定性不良（即常用制动时起紧急制动）。

紧急活塞杆安定孔被异物堵塞，紧急室的压力空气不能随列车管压力空气逆流出去，当列车管一减压，活塞两侧便形成压差起紧急制动。

2. 工装设备、检测器具、工具清单

工具设备清单 5.1　　　　　　　　货车紧急阀故障案例

3. 120 型阀检修工艺（见表 5-1-1）

表 5-1-1　120 型阀检修工艺

序号	作业项目	作业内容、标准
1	核对阀体型号	确认并核对该阀体型号等基本信息，保证无误
2	外部除锈	将 120 型阀整体送入外部清洗机，进行外部除锈，清洗后须烘干或采用压缩空气吹干
3	分解阀体	（1）首先将半自动缓解阀从主阀上拆下。 （2）依次分解主阀、半自动缓解阀、紧急阀体内全部零部件；注意橡胶件类全部报废处理。 （3）分解后应将各零件放置在专用存放盒内，避免磕碰损伤。 （4）拆卸防丢失螺母时，须使用专用拆卸工具。 （5）注意不得在阀体内分解主活塞；不得损伤活塞等零件
4	超声波清洗	（1）除必换件之外（如橡胶类垫片、膜板等），其他部件均须采用超声波清洗机清洗(加防锈清洗剂)。 （2）注意水温要满足要求

续表

序号	作业项目	作业内容、标准
5	研磨	（1）目视检查零部件表面，确保无污垢、灰砂、水分、纤维物和其他污物。 （2）根据油石状态，在平台上进行油石粗校对和精校对。 （3）依次对滑阀座、滑阀、节制阀研磨至规定要求
6	二次清洗	（1）将全部零部件放入超声波清机进行清洗。 （2）注意加入防锈清洗剂并控制水温。 （3）清洗完毕后用风枪吹扫干净，然后用白棉布擦拭
7	检测	（1）检测滑阀、节制阀、滑阀座、缓解阀顶杆座及手柄等相关尺寸是否符合要求。 （2）检查弹簧、橡胶件等零部件状态是否良好。 （3）用通针疏通滑阀、节制阀的各孔、槽、限制孔及缩孔堵等，保证通畅、无油垢。疏通时不得损伤孔边缘和内壁，清洗后吹干净
8	组装	（1）组装主阀：将作用部、紧急二段阀、局减阀、加速缓解阀、减速部等装入主阀体。 （2）组装半自动缓解阀：依次将缓解活塞、夹芯阀、顶杆、手柄等组装在阀体内。 （3）组装紧急阀：依次将紧急活塞、先导阀、放风阀、紧急阀弹簧等装入阀体内。 （4）在组装过程中，给需要润滑的零部件均匀涂抹润滑脂

续表

序号	作业项目	作业内容、标准
9	试验	（1）在120型阀试验台上进行试验台试验。 （2）试验之前目视检查总风源压力表，确认总风源压力在650 kPa以上，调压阀调到590~610 kPa。 （3）对主阀、半自动缓解阀、紧急阀做性能试验
10	油漆	用毛刷在阀体外部均匀涂抹黑色油漆
11	标记	用白色油漆在阀体外部涂打检修标记，包括检修单位（简称）、检修时间等

自主提升

1. 选择题

（1）下列哪项不属于120型控制阀的组成？（   ）

A. 中间体　　　　　B. 主阀　　　　　C. 半自动缓解阀　　　　　D. 辅助阀

（2）在第二阶段局减时，局减阀能将制动管的部分压缩空气送到（   ），加快制动管的减压速度，提高列车制动波速。

A. 局减室　　　　　B. 制动缸　　　　　C. 紧急室　　　　　D. 副风缸

（3）紧急制动时，120型阀的紧急阀发生了下列选项中的哪些动作？（   ）

A. 制动缸增压　　　B. 副风缸排风　　　C. 制动管减压　　　D. 紧急室充气

（4）半自动缓解阀的目的是排出（   ）内的压缩空气。

同步练习5.1

A. 制动缸　　　　　　B. 制动管　　　　　　C. 副风缸　　　　　　D. 加缓风缸

（5）120型控制阀的减速部由减速弹簧和（　　）组成。

A. 安装座　　　　　　B. 减速弹簧座　　　　C. 弹簧座　　　　　　D. 调整弹簧座

2. 判断题

（1）120型控制阀采用的是二压力机构直接作用方式。　　　　　　　　（　　）

（2）半自动缓解阀不能将整个制动系统的压力空气全部排出。　　　　（　　）

（3）加速缓解阀的作用是将加速缓解风缸压缩空气送入制动管，实现制动管的"局部增压"作用。　　　　　　　　　　　　　　　　　　　　　　　　　（　　）

（4）120型控制阀产生充气缓解作用时，主活塞杆压缩减速弹簧及弹簧套。（　　）

（5）120型控制阀产生制动作用时，加速缓解风缸的压缩空气压力也跟随副风缸的空气压力的下降而下降。　　　　　　　　　　　　　　　　　　　　（　　）

3. 结构图填空

（1）填写图5-1-21所示的120型分配阀组成。

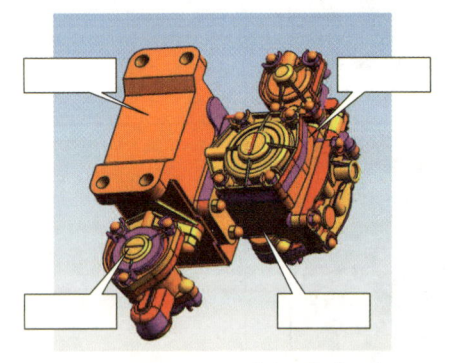

图5-1-21　120型分配阀组成

（2）填写图5-1-22所示的紧急阀组成。

图5-1-22　紧急阀组成

1—＿＿＿＿＿；2—＿＿＿＿＿；3—＿＿＿＿＿；4—＿＿＿＿＿；5—＿＿＿＿＿；

6—＿＿＿＿＿；7—＿＿＿＿＿；8—＿＿＿＿＿；9—＿＿＿＿＿；10—＿＿＿＿＿；

11—＿＿＿＿＿；12—＿＿＿＿＿；13—＿＿＿＿＿；14—＿＿＿＿＿；15—＿＿＿＿＿。

考核评价

线上考评 5.1

学生姓名		组名		班级			
出勤情况							
考评项目	具体内容	评价要点	分值	学生自评	小组互评	教师评定
课前	知识点掌握情况	能够理解 120 型控制阀的基础知识，如作用、组成等	5			
	流程图掌握情况	能够简单阐述检修步骤	10			
	学习主动性	积极参与，主动接受教师指导	5			
	任务完成度	根据情况，酌情赋分	5			
课中	能够简单说出 120 型控制阀的作用和组成	论述表达清楚，酌情赋分，内容正确，错一处扣 2 分	10			
	能够清晰阐述 120 型控制阀的常见故障	论述表达清楚，酌情赋分，内容正确，错一处扣 3 分	10			
	能够掌握 120 型控制阀检修工艺的具体内容和要求	论述表达清楚，酌情赋分，内容正确，错一处扣 4 分	15			
	能够明确检修工艺中需要用到的工装量具和设备	论述表达清楚，酌情赋分，内容正确，错一处扣 5 分	5			
	团队协作能力	根据情况，酌情赋分	5			
	课堂表现	根据情况，酌情赋分	5			
	职业素养	根据情况，酌情赋分	5			
课后	作业完成情况	根据情况，酌情赋分	10			
	交流反馈	能够进行有效互动并给出合理建议	5			
	自评反思	根据情况，酌情赋分	5			
成绩评定						
改进建议						

150 型控制阀

货车 150 型控制阀是在 120 阀的基础上研发的，其主要性能指标与现有 120 阀一致，能够很好地混编运行。部分零件接口尺寸及形式与 120 阀完全一致，方便与 120 主阀互换。该阀采用柱塞结构，常用制动波速大于 220 m/s，紧急制动波速不低于 250 m/s。主要特点如下：

（1）无滑阀结构设计。

如图 5-1-23 所示，150 主阀主控机构（作用部）采用全新的膜板止回阀结构，充气（减速充气）、一局减、制动、缓解等通路变为相应的止回阀，通过主活塞上下动作带动各止回阀的开关，实现原来滑阀副上下移动所产生的各作用。活塞动作阻力由局减弹簧（制动）和平衡弹簧（缓解）来模拟，作用性能完全由加工手段和精度控制，彻底摒弃技艺型生产和滑阀副密封不良造成的漏泄问题，降低了检修人员的技能要求和劳动强度。150 型空气制动机整体组成如图 5-1-24 所示。

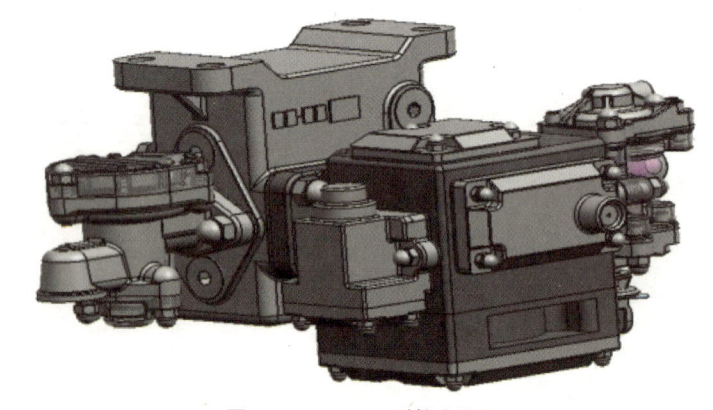

图 5-1-23　150 型控制阀

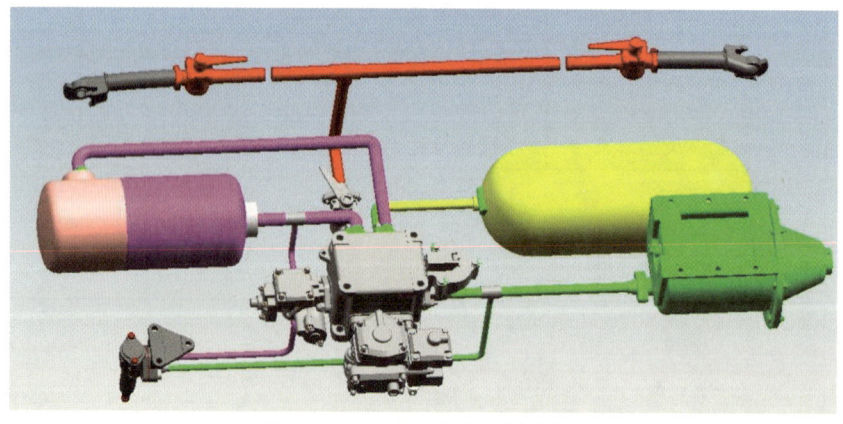

图 5-1-24　150 型空气制动机

（2）新材料运用。

150 阀采用夹布合成橡胶膜板，延长了使用寿命。主膜板采用浅梯形结构，夹布工艺简单，有利于质量控制，且与阀体不接触，可解决变形与破损问题；采用铝合金铸件，阀体质量轻（主阀体仅重 6.47 kg，相对于 120 阀主阀体减轻了 45.6%）；重力铸造，阀盖取消工艺堵，能够减少漏泄。

（3）集成化设计与多种安装方式。

风缸采用集成式安装座，将控制阀、空重车限压阀、CHP 型组合式集尘器、11 L 加速缓解风缸、17 L 降压气室全部集成在一起，最大的特点是简化了管路，由原来的 11 根减少到 5 根，其次漏泄点集中，便于查找。

（4）预留紧急增压阀接口。

预留了紧急增压阀接口（与紧急二段阀同一接口），亦即预留了增压风缸孔；必要时安装紧急增压阀，紧急制动时使增压风缸压力空气进入制动缸，即具有紧急制动增压功能。紧急制动时制动力更高，满足制动距离的要求；常用制动时制动力较小，降低了常用制动功率。

（5）150 阀紧急二段阀单独设置。

150 阀紧急二段阀可装在主阀体侧面；除阀体、盖外，全部借用 120 紧急二段阀结构，性能与其一致。

（6）预留电空制动接口。

为适应专用长大列车电空制动技术需求，150 阀设计了电空制动接口，可安装车辆电空单元（CCD）。电空单元安装在分配阀与中间体之间，安装时只需要把原有 4 根双头螺柱更换为更长的螺柱即可。接线盒在车体上预留 4 个安装螺栓孔即可安装。电空单元装车后不通电时不影响分配阀原有气路连通，不影响原有气路；通电后自动切换内部气路，可以实施电空制动。

任务二　KZW-A 型空重车自动调整装置的检修

学习目标

1. 知识目标

学习空重车自动调整装置的组成与基本作用。

2. 能力目标

掌握货车空重车自动调整装置的检修工艺流程。

3. 素质目标

培养学生具备勇于钻研、锐意创新的科研能力。

学习重难点

1. 学习重点

KZW-A 型空重车自动调整装置的结构组成。

2. 学习难点

KZW-A 型空重车自动调整装置的作用原理。

学习任务

货车 KZW-A 型空重阀检修流程如图 5-2-1 所示。

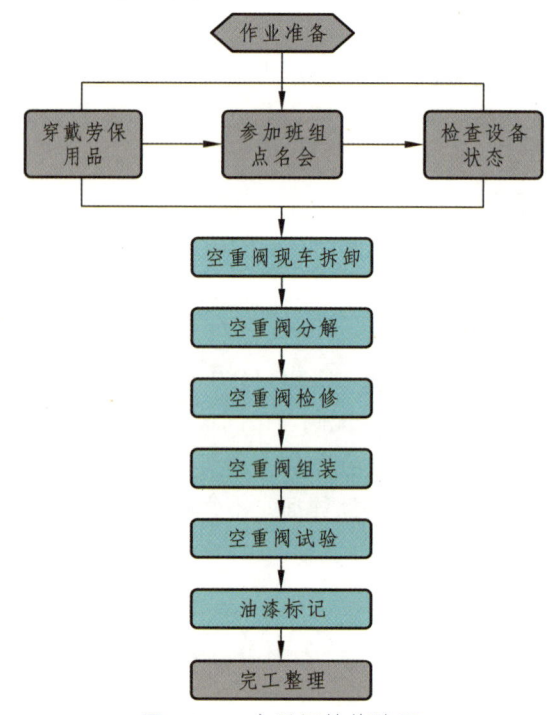

```
作业准备
 ├── 穿戴劳保用品
 ├── 参加班组点名会
 └── 检查设备状态
        ↓
    空重阀现车拆卸
        ↓
    空重阀分解
        ↓
    空重阀检修
        ↓
    空重阀组装
        ↓
    空重阀试验
        ↓
    油漆标记
        ↓
    完工整理
```

图 5-2-1 空重阀检修流程

基础认知

一、背景简介

随着我国货车载重技术的发展，货车自重系数逐渐下降，车辆在空车和重车状态下的总重量差别也越来越大。货车的制动力如果按照空车设计，则重车时制动力不足，将导致不能安全停车；如果按照重车设计，则空车时制动力过大，将导致车轮抱死滑行。

为了提高车辆制动率的一致性，减少列车的纵向冲动，在早期的 GK 型制动机和 103 型制动机上，安装有手动二级空重车调整装置，拨动手柄即可选择车辆的空重车状态，使车辆输出不同的制动力。但该装置不能自动根据车辆的载重状态成比例地输出相应的制动力（无级调整），逐渐不能满足铁路重载货运的需求。1993年，120型空气制动机开始在全国推广应用，配有TWG-1型以及KZW-4G系列空重车自动制动调整装置（见图5-2-2），均能根据车辆载重自动调整制动缸的压力值，既不会因为制动力过大引起车轮擦伤（空车时），也不会因为制动力不足而导致制动距离增大（重车时），从而确保行车安全，提高运输效率，降低运输成本。

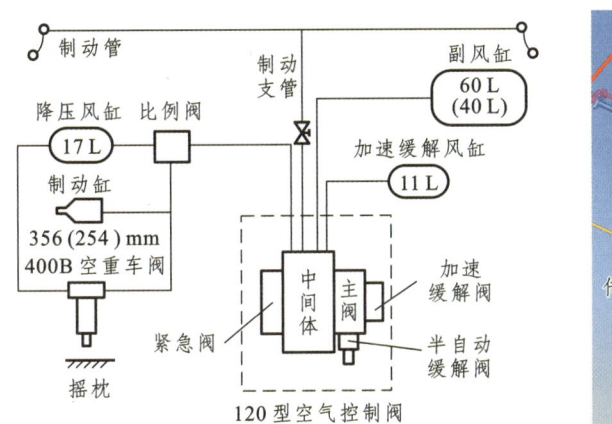

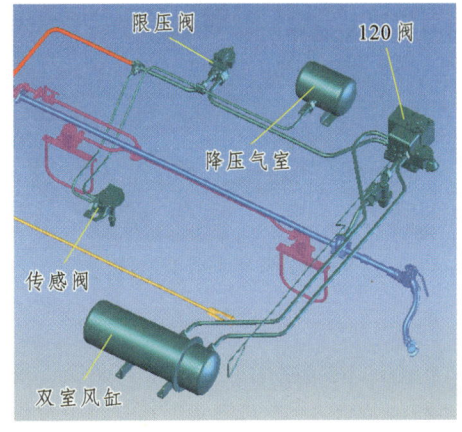

图 5-2-2　120 货车制动机布局

KZW-A 型空重车自动调整装置是 KZW-4G 系列的改进版，可装用在轴重 21 t、23 t、25 t 采用转 K2 型、转 K4 型、转 K5 型、转 K6 型转向架的货车上，并可适用于总重 130 t 以下的货车。

二、KZW-A 型货车空重车自动调整装置构造

该装置适用于目前我国 70 t 级货车，主要由横跨梁、测重机构、限压阀、17 L 的降压气室以及相应管路组成。KZW-A 空重车自动调整装置制动系统组成可参考图 5-2-2。

空重车自动调整装置的传感阀属于测重机构的一部分，位于转向架上部，可以感知车辆的载重状态。传感阀和限压阀的气路是连通的，限压阀受传感阀的作用影响，可以调整制动缸的压力，使制动缸的压力随车辆载重状态的增加而增加，如图5-2-3所示。

（a）限压阀 　　　　　　　　　（b）测重机构

图 5-2-3　KZW-A 型空重车自动调整装置

1. 横跨梁

如图 5-2-4 所示，横跨梁位于每节车二位转向架的侧架上，其高度不会随着车辆的承载状态发生变化。其作用是载重时作为 C-A 型传感阀称重的基准。

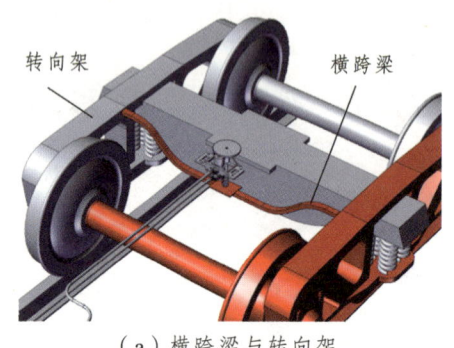

（a）横跨梁与转向架　　　　（b）横跨梁与测重机构

图 5-2-4　横跨梁安装位置示意图

注：横跨梁用方形钢压制而成，安装在转向架侧架内侧制动梁上方靠近摇枕并与其平行的位置。

2. 测重机构

1）抑制盘

如图 5-2-5 所示，抑制盘的上部为圆盘，中部为圆柱，下部表面为螺纹杆，可以连接触头。复位弹簧安装在触头上方，用于抑制盘在支架导管移动时缓解车辆运行振动带来的影响。车辆落成后，抑制盘触头与横跨梁会保持一定的间隙。

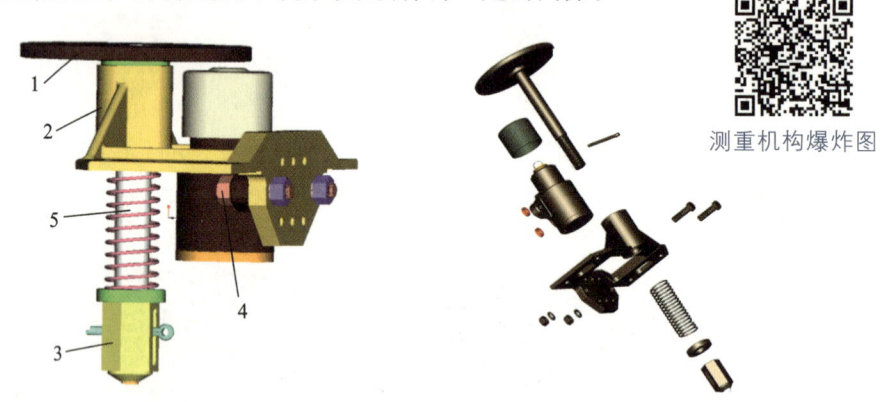

测重机构爆炸图

1—抑制盘；2—支架；3—触头；4—传感阀；5—复位弹簧。

图 5-2-5　测重机构

2）支架

支架位于抑制盘下方，材料为精密铸钢，其上设有安装座，通过螺栓安装在车体底架的中梁内，支架空腔用来放传感阀。支架的下部为弹簧，支架受力后可以压缩弹簧，带动传感阀上下移动。

3）C-A 型传感阀

传感阀安装在支架上，触杆向上，正对抑制盘的下盘面。传感阀的气管经支架的安装座接入，管路通过法兰连接。

传感阀结构如图 5-2-6 所示，活塞在阀体内，阀体与活塞触杆的接触部分镶有铜套，Y 型密封圈将阀体分为上下两部分，下部与制动缸相通，上部与降压气室相通。复原弹簧和调压弹簧套在触杆上。卡簧用来防止触杆缩回。触杆外露部分设有防尘套。

传感阀活塞组成爆炸图

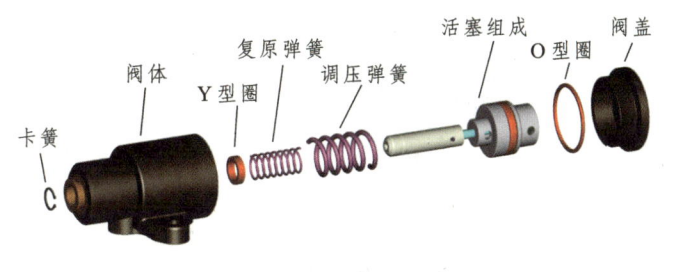

（a）爆炸图　　　（b）总体图

图 5-2-6　传感阀

4）X-A 型限压阀总成

如图 5-2-7 所示，X-A 型限压阀组成由阀体、阀盖、中间体、推杆组成、橡胶膜板、活塞、夹芯阀、夹芯阀弹簧、压力弹簧、显示牌、活塞杆、显示弹簧、后盖及密封圈等组成，安装在管座上。

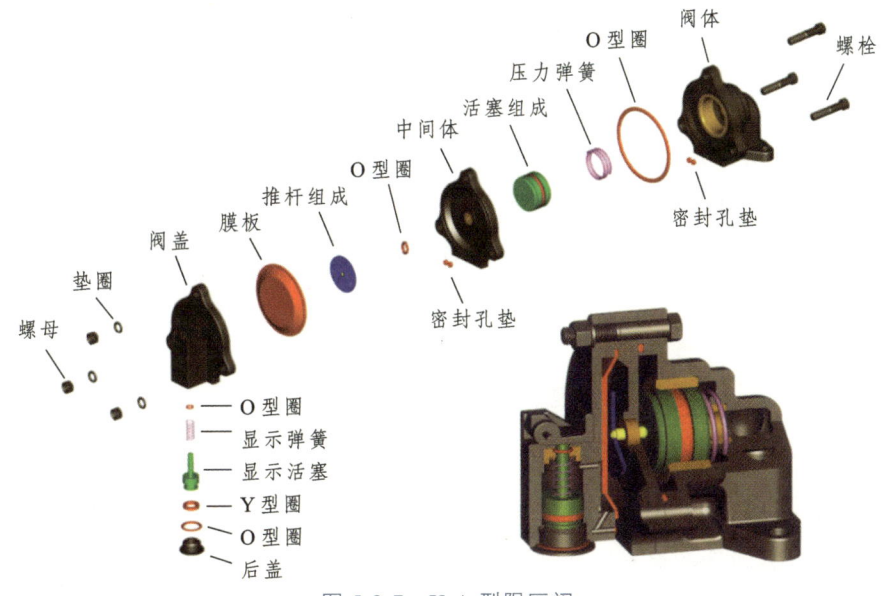

图 5-2-7　X-A 型限压阀

限压阀的气管经由管座接入，中间设有垫片，如图 5-2-8 所示。管座吊装在车体中部边上侧梁底架上，用来安装 X-A 型限压阀并与管路法兰连接。限压阀分别与 120 型阀、制动缸和降压气室连通。限压阀内有活塞，活塞上侧通制动缸，下方通大气。活塞上部有橡胶膜板，膜板上方通降压气室，下方通大气。

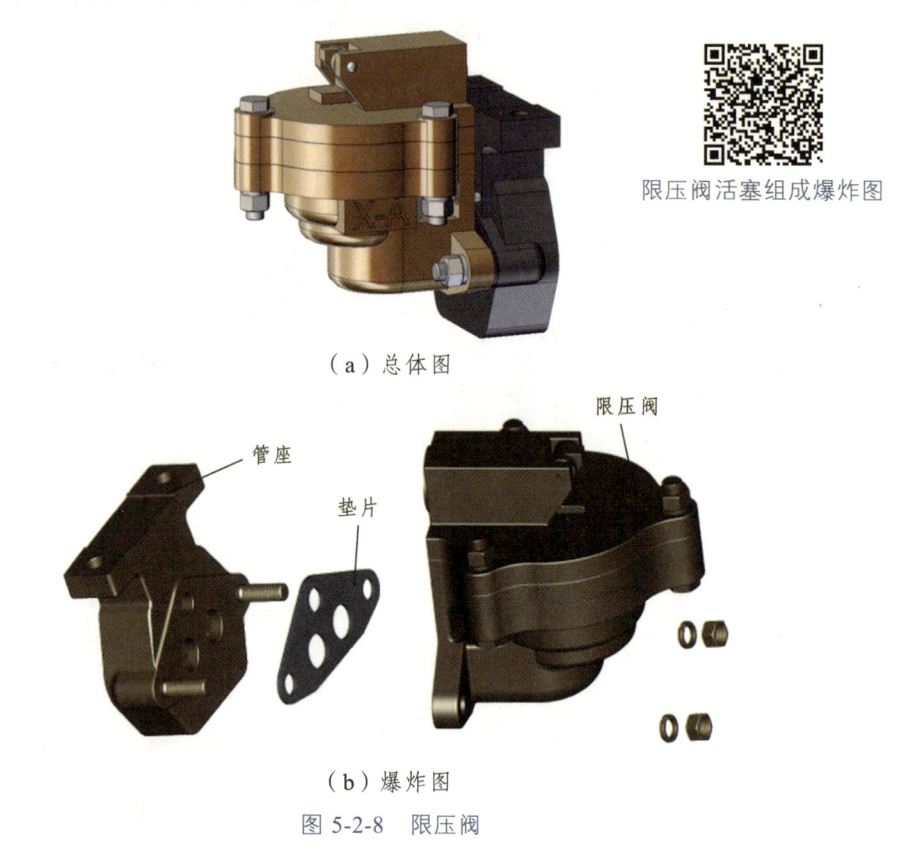

限压阀活塞组成爆炸图

（a）总体图

（b）爆炸图

图 5-2-8　限压阀

制动时限压阀受来自 120 型阀制动孔的压力空气和来自传感阀连通降压风缸的压力空气及进入制动缸的压力空气共同作用来控制制动缸的空气压力，最终由降压风缸的压力空气和制动缸的压力空气叠加共同与 120 型阀制动孔空气压力相平衡。因而在规定调整范围内，当 120 型阀制动孔压力一定时，制动缸的空气压力能随车辆载重的增加而增加。

三、KZW-A 型空重车调整装置的工作原理

1. 全缓解位

如图 5-2-9 所示，车辆空车时，传感阀触杆与抑制盘的距离为 h_0（6 mm±1 mm）；车辆载重后，枕簧受压变形，支架和装在上面的 C-A 型传感阀将随车体下移，当抑制盘触头与基准板（横跨梁）接触之后，抑制盘的高度位置不再改变，C-A 型传感阀触杆与抑制盘的距离将随载重的增加而增加。

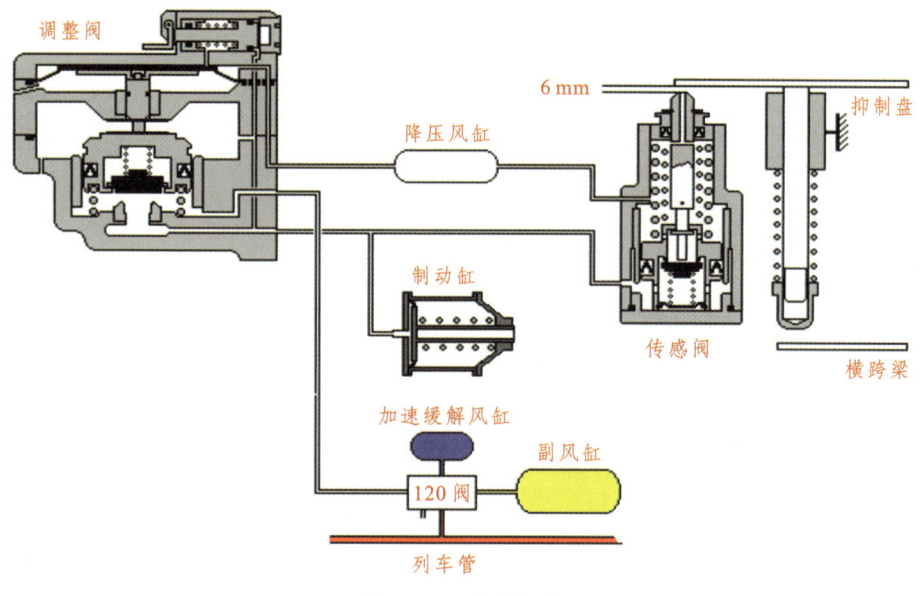

图 5-2-9 全缓解位

2. 制动位

如图 5-2-10 所示,当制动管减压制动时,副风缸的压力空气经 120 型阀向制动缸和限压阀活塞上部充气,制动缸与传感阀活塞下部连通,增压后会推动活塞上移,直到触杆碰到抑制盘停止,活塞随着制动缸空气压力的增加继续上移,这时活塞内的夹芯阀被触杆顶开,活塞下腔的压力空气立即向上腔及降压风缸充气。

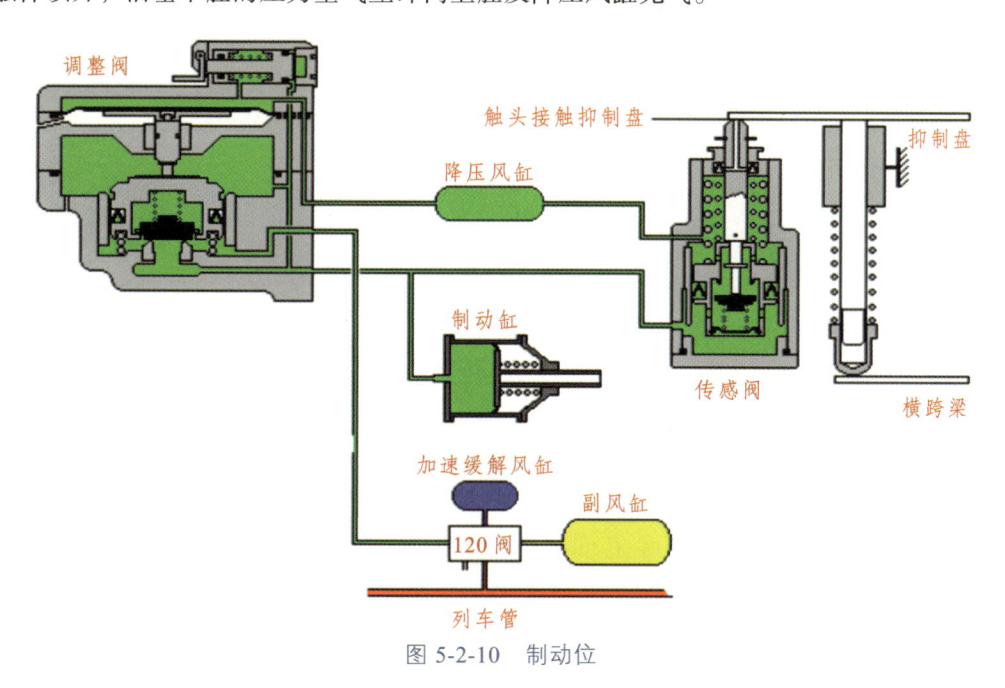

图 5-2-10 制动位

3. 保压位

如图 5-2-11 所示，当降压风缸及限压阀橡胶膜板上方的压力空气上升到一定时，与限压阀活塞上方通制动缸压力空气共同作用，使限压阀内的活塞下移关闭阀口，副风缸停止向制动缸充气。传感阀活塞上下作用力达到平衡后，活塞内的夹芯阀自动重新关闭，维持制动缸和降压风缸的空气压力不变。

初制动位原理图

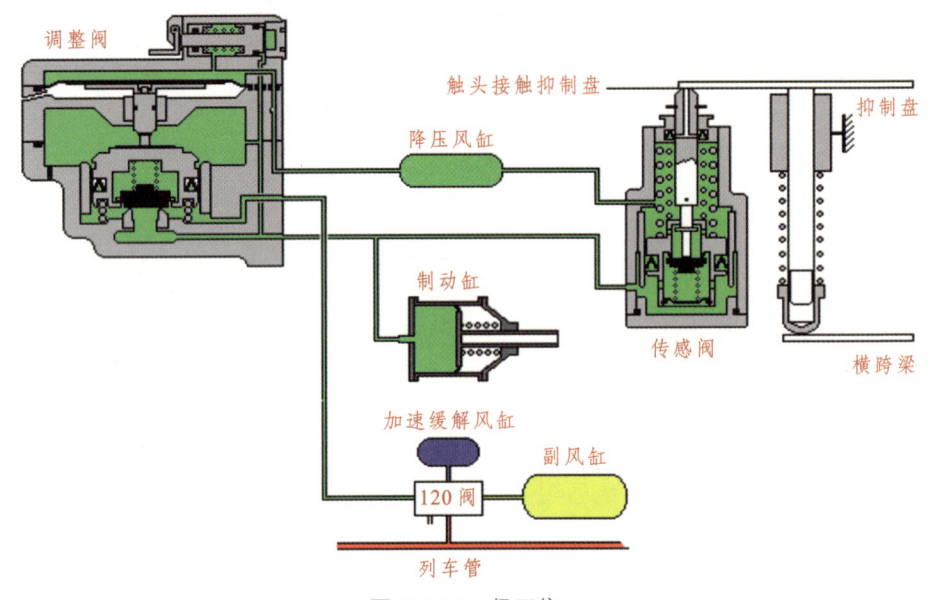

图 5-2-11　保压位

当车辆载重越大，车体下沉越多，传感阀触杆就会离抑制盘越远，传感阀的夹芯阀就很难被打开，限压阀不动作，制动缸的压力不会被限制，完成重载下的制动作用。

充气缓解位介绍

知识拓展

1. 常见故障

（1）空车时制动缸压力过高。原因：与降压风缸相连接的控制管路漏气。处理方法：排除漏泄。

（2）空车时制动缸压力过低。原因：制动缸行程过大。处理方法：按规定调整制动缸行程。

（3）制动时传感阀触杆中心孔间歇排气。原因：制动管路漏气。处理方法：排除漏泄。

（4）制动时传感阀触杆未伸出中心孔排气。原因：传感阀内部配合阻力增大。处理方法：传感阀分解清洁。

2. 运用中的注意事项

（1）抑制盘触头裂损时更换。空车状态下，触头与横跨梁触板的间隙为 $h_0 = (6\pm1)$ mm，不符时调修。触头开口销丢失时补装。

（2）传感阀防尘罩丢失时补装。空车状态下，防尘罩与抑制盘下平面间隙为 (6 ± 1) mm，不符时调修。

（3）支架、抑制盘裂纹时更换。支架螺栓松动时紧固，丢失时补装并安装弹簧垫圈。空车状态下，抑制盘在支架内上下动作卡滞时更换。

（4）横跨梁裂纹、破损时更换，纵向裂纹允许焊修。横跨梁下平面与转向架部件在任何状态下小于 20 mm 时调修。在空车状态下，横跨梁基准板平面与车体枕梁下盖板的距离小于 100 mm 时调修。为满足上述两项要求，可增减横跨梁垫板厚度或在车钩高度允许范围内调整心盘垫厚度。

（5）横跨梁垫板与横跨梁托调整垫板的间隙大于 1 mm 时调整。

（6）横跨梁两端连接螺栓的垂直移动量为 3~5 mm，不符时调修；开口销丢失时补装。

（7）限压阀防盗装置损坏或丢失时修补。

3. 工装设备、检测器具、工具清单

工具设备清单 5.2

4. KZW-A 型空重车自动调整装置的检修工艺（见表 5-2-1）

表 5-2-1　KZW-A 型空重车自动调整装置的检修工艺

序号	作业项目	作业内容、标准
1	空重车现车拆卸	（1）用扳手分解螺母，取下调整阀并加装防尘装置。 （2）用剪刀对调整阀安装面橡胶垫板进行破坏处理。 （3）用扳手松开调整阀管座螺母，并加装防尘装置。 （4）用扳手分解螺母，取下传感阀并加装防尘装置。取出传感阀内橡胶密封圈及滤尘网。 （5）将空重阀运送到内制动室检修作业待检区内进行集中检修

续表

序号	作业项目	作业内容、标准
2	空重阀分解	（1）空重阀检修前需进行外部清洗，表面要洁净无污泥。 （2）分解传感阀：使用专用工具取下各类橡胶垫圈。 （3）分解活塞组成：当触杆与活塞需要分解修理、更换时，用冲头冲出触杆与活塞间的圆销，取下触杆、连接杆。 （4）分解调整阀：打开阀盖，依次取出膜板、推杆组成、各类橡胶垫圈以及弹簧；分解活塞组成的密封圈、弹簧及夹芯阀等
3	二次清洗	（1）将全部零部件放入超声波清机进行清洗。 （2）注意加入防锈清洗剂并控制水温。 （3）清洗完毕后用风枪吹扫干净，然后用白棉布擦拭
4	空重阀检修	（1）传感阀：触杆$\phi 18\,mm$柱面直径小于$\phi 17.6\,mm$时更换，划伤时可用细砂纸或油石打磨修理；各柱塞及铜套表面光滑，各孔阻塞时可用通针疏通。防尘罩磨耗深度超过1 mm或者老化、破损需更换。 （2）调整阀：显示活塞$\phi 8\,mm$柱面划伤要打磨或者更换。中间体铜套内孔划伤要更换。 （3）所有橡胶件更换新品
5	空重阀组装	（1）组装前各零部件要保持清洁。 （2）各导向杆、密封圈以及滑动部需均匀涂抹少量硅脂。 （3）各导向杆装入阀体内拉动时，动作要灵活，各活塞膜板边缘要完全入槽。 （4）注意各弹簧不得错装，不得损伤密封圈。 （5）各组装螺栓均匀紧固，无偏压

序号	作业项目	作业内容、标准
6	空重阀试验	（1）风源压力需满足要求，不得低于 600 kPa。 （2）检修后的空重阀必须要经微控空重车试验台进行试验，试验不合格者退回重新分解组装。 （3）试验方法和质量要求须符合规定。 （4）试验后打印实验记录
7	油漆标记	在传感器下部外圆面和调整阀边缘顶部用白油漆涂打检修单位简称和检修年月

自主提升

1. 单选题

（1）空车时制动缸压力过高的原因是与（　　）相连接的控制管路漏气。

　　A. 副风缸　　　　B. 制动缸　　　　C. 制动管　　　　D. 降压气室

（2）制动时（　　）触杆中心孔间歇排气的原因是制动管路漏气。

　　A. 紧急阀　　　　B. 传感阀　　　　C. 调整阀　　　　D. 控制阀

（3）KZW-A 型空重车调整装置的横跨梁装在（　　）。

　　A. 车体底架上　　B. 侧架上　　　　C. 侧梁上　　　　D. 摇枕上

（4）空车时需要的制动力比重车时需要的制动力（　　）。

　　A. 大　　　　　　B. 小　　　　　　C. 相等　　　　　D. 毫无关系

（5）空重车制动力分配不均匀时易对列车行驶造成（　　）影响。

　　A. 车轮擦伤　　　B. 滑行　　　　　C. 纵向冲动　　　D. 以上都是

2. 判断题

（1）KZW-4、KZW-4G型空重车自动调整装置支架、抑制盘裂纹、破损时更换，抑制盘螺纹损坏时重新套扣。（　　）

（2）104型空气制动机设有空重车调整装置。（　　）

（3）横跨梁用方形钢压制而成，安装在转向架侧架内侧制动梁上方靠近摇枕并与其平行的位置。（　　）

（4）传感阀不是KZW-4G测重机构的配件。（　　）

（5）KZW-A型空重车自动调整装置支架、抑制盘须进行外观检查，不符合规定或作用不良时分解检修。（　　）

3. 填图题

（1）请完成图5-2-12所示KZW-A空重车自动调整装置制动系统填空。

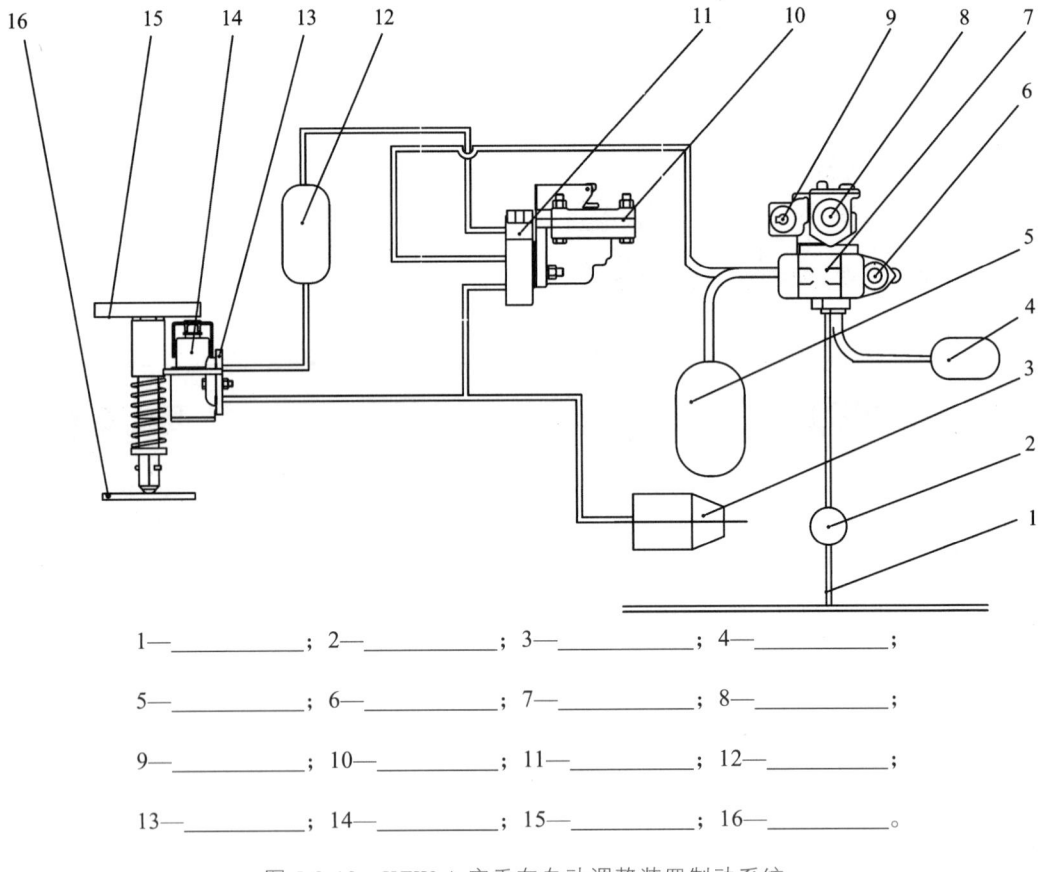

1—_____；2—_____；3—_____；4—_____；
5—_____；6—_____；7—_____；8—_____；
9—_____；10—_____；11—_____；12—_____；
13—_____；14—_____；15—_____；16—_____。

图5-2-12　KZW-A空重车自动调整装置制动系统

（2）请完成图5-2-13所示传感阀各组成部分的名称。

项目五　内制动

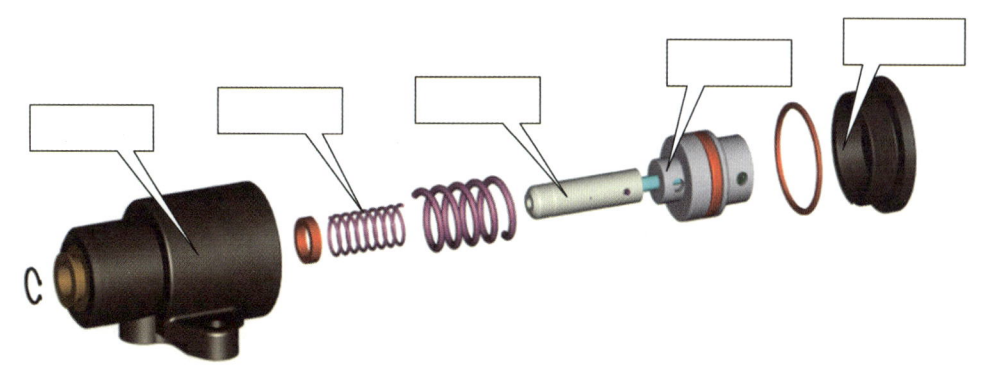

图 5-2-13　传感阀

考核评价

线上考评 5.2

学生姓名		组名		班级			
出勤情况							
考评项目	具体内容	评价要点	分值	学生自评	小组互评	教师评定	
课前	知识点掌握情况	能够理解空重车自动调整装置的基础知识，如作用、组成等	5				
	流程图掌握情况	能够简单阐述检修步骤	10				
	学习主动性	积极参与，主动接受教师指导	5				
	任务完成度	根据情况，酌情赋分	5				
课中	能够简单说出空重车自动调整装置的作用和组成	论述表达清楚，酌情赋分，内容正确，错一处扣2分	10				
	能够清晰阐述传感阀的常见故障	论述表达清楚，酌情赋分，内容正确，错一处扣3分	10				
	能够掌握空重阀检修工艺的具体内容和要求	论述表达清楚，酌情赋分，内容正确，错一处扣4分	15				
	能够明确检修工艺中需要用到的工装量具和设备	论述表达清楚，酌情赋分，内容正确，错一处扣5分	5				
	团队协作能力	根据情况，酌情赋分	5				
	课堂表现	根据情况，酌情赋分	5				
	职业素养	根据情况，酌情赋分	5				
课后	作业完成情况	根据情况，酌情赋分	10				
	交流反馈	能够进行有效互动并给出合理建议	5				
	自评反思	根据情况，酌情赋分	5				
成绩评定							
改进建议							

项目五　内制动

任务三　货车脱轨自动制动装置的检修

学习目标

1. 知识目标

学习货车脱轨自动制动装置的组成与基本作用。

2. 能力目标

掌握货车脱轨自动制动装置的检修工艺流程。

3. 素质目标

培养学生具备一定的安全防范能力，在实际操作中按标作业、穿戴好防护用品。

学习重难点

1. 学习重点

货车脱轨自动制动装置的结构组成。

2. 学习难点

货车脱轨自动制动装置的作用原理。

学习任务

（1）学习货车脱轨自动制动装置。
（2）学习货车现车制动装置检修工艺流程（见图5-3-1）。

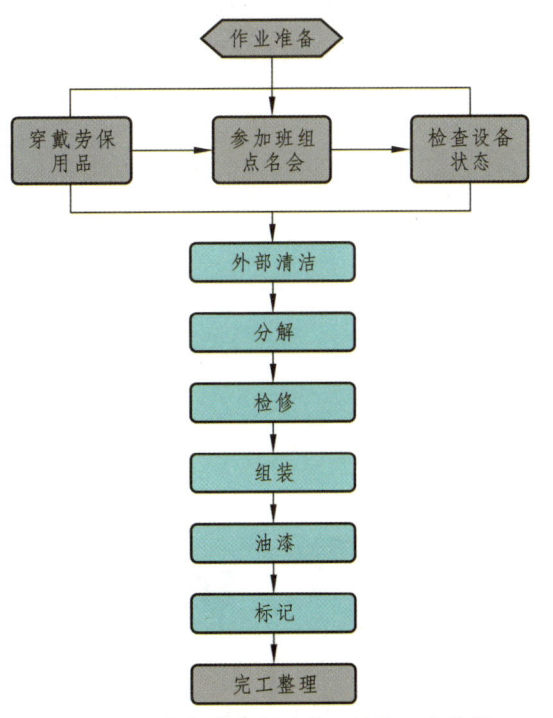

图 5-3-1　货车现车制动装置检修工艺流程

基础认知

为了防止货物列车脱轨（见图 5-3-2）后事故扩大，我国现有货车都装用脱轨自动制动装置，如图 5-3-3 所示。该装置是在车辆原有的空气制动系统主风管上增加两个支路，它不影响原空气制动系统的性能，如图 5-3-4 所示。在车辆脱轨时，脱轨自动制动装置能及时使制动管连通大气，使列车产生紧急制动作用。

一、脱轨自动制动装置的组成

该装置由脱轨自动制动阀（以下简称脱轨制动阀）、球阀、管路以及三通（连接件）

171

组成，如图 5-3-5 所示。脱轨制动阀是核心部件，每根车轴处安装一套（车轴位于拉环中间，并上下留有一定的空间），脱轨自动制动装置通过制动支管与制动主管连通，中间加装不锈钢球阀，关闭时可以切断脱轨制动装置的气路。图中 ΔX 为安装时车轴与拉环两侧横向距离、ΔY_1 为安装时车轴与拉环下侧垂向距离，ΔY_2 为安装时车轴与顶梁垂向距离。以 K6 转向架为例，$\Delta X=（75\pm10）$ mm，$\Delta Y_1=40^{+3}_{-5}$ mm，$\Delta Y_2=（100\pm2）$ mm。

图 5-3-2 脱轨列车

图 5-3-3 脱轨自动制动装置

图 5-3-4 脱轨制动装置车下布局示意

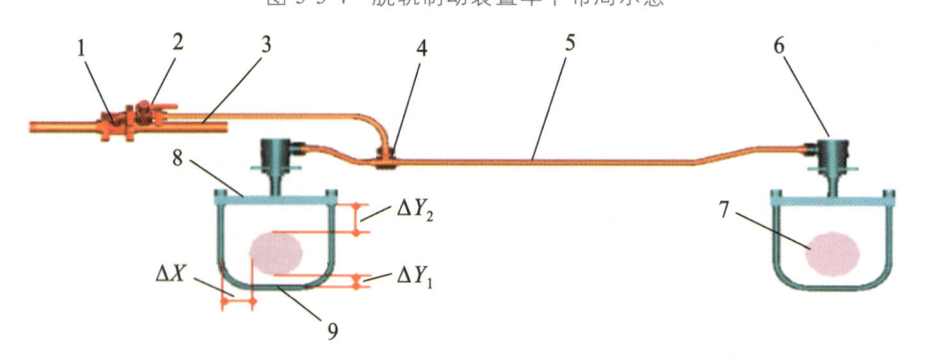

1，4—三通；2—球阀；3—制动管；5—制动支管；6—脱轨制动阀；7—车轴；8—顶梁；9—拉环。

图 5-3-5 脱轨制动装置配置示意图

二、脱轨制动阀的结构

脱轨制动阀由拉环、顶梁、调节杆、作用杆、锁紧螺母、弹片、制动阀杆和阀体组成。拉环与顶梁通过圆销连接，顶梁和调节杆采用焊接结构，调节杆与作用杆通过圆销连接。

项目五　内制动

引过来的制动支管与制动阀杆连接，制动阀杆是脱轨制动阀的关键，制动阀杆为中空结构，制动阀杆端头连接到脱轨阀阀体的作用杆孔中，作用杆由上下两个弹片支撑在阀体上，并用螺母锁紧。顶梁组成通过顶梁的调节杆与拉环连接，拉环套在转向架的每根车轴上，如图5-3-6和图5-3-7所示。

脱轨制动阀结构爆炸图

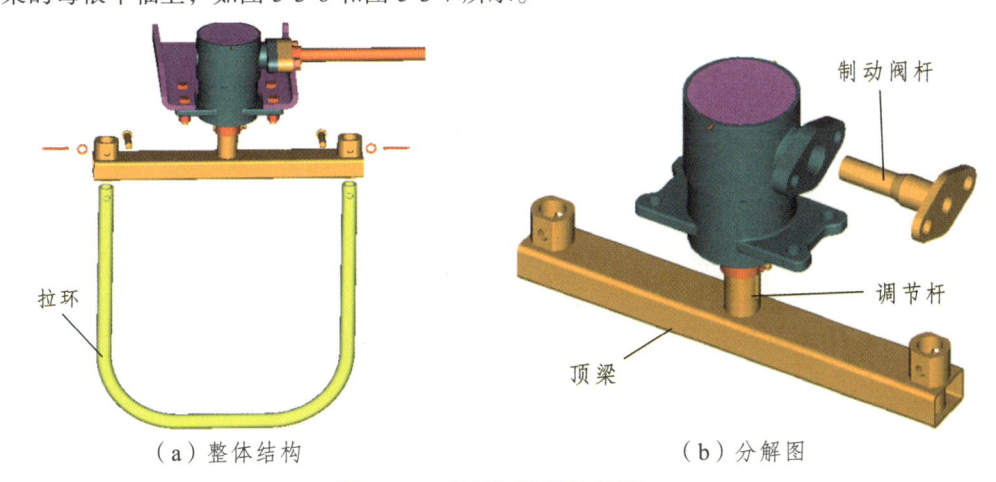

（a）整体结构　　　　　（b）分解图

图 5-3-6　脱轨制动阀结构图

（a）半剖图　　　（b）俯视图　　　（c）实体图

图 5-3-7　脱轨制动阀装配示意图

三、脱轨制动阀作用原理

列车脱轨后，车轴突然下降，撞击拉环，导致脱轨制动阀体内的作用杆下移，拉断制动阀杆，制动管迅速排风，列车产生紧急制动作用。若为另一侧的车轮脱轨，车轴则上移撞击拉环，使制动阀杆被顶断，同样能产生紧急制动。

💡 **知识拓展**

脱轨制动装置微课

1. 常见故障及处理方法

（1）清除拉环、顶梁及阀体内外锈垢。顶梁和调节杆变形大于 2 mm 时调修或更换，

173

裂损时更换。限位筒损伤时焊修或更换，焊修部位打磨平整。拉环变形时调修或更换。调节杆、护套及锁紧螺母螺纹损伤影响组装时更换。拉环、顶梁腐蚀深度大于 1.5 mm 时更换。阀体裂纹时更换。

（2）制动阀杆裂损或变形量超过 1 mm 时更换，防腐涂层脱落时表面重新达克罗处理或更换，腐蚀深度超过 0.2 mm 时更换。制动阀杆须经试验台气密性试验，内部通以压力为 650~700 kPa 的压缩空气，检查制动阀杆外表面和接合部，不得漏泄。

（3）弹片裂损或平面度超过 1 mm 时更换。防腐涂层脱落的弹片表面重新达克罗处理或更换，需重新达克罗处理的弹片剩余厚度应不小于 1.6 mm。

（4）内套与作用杆损伤时磨修或更换，裂纹或腐蚀深度超过 0.5 mm 时更换，螺纹损伤影响组装时更换，防腐涂层脱落时表面应重新达克罗处理或更换。

（5）作用杆上的键变形、磕碰损伤影响组装时更换。扁销单边磨耗大于 0.5 mm、圆销直径磨耗大于 1 mm 时更换。

（6）弹性挡圈更换新品，隔套损伤或裂纹时更换新品。

2. 安装使用要求

（1）车辆落车前，将脱轨阀除拉环之外的部分用螺栓紧固在安装座上，同时将顶梁组成向上旋紧，以防落车时撞坏制动阀杆。

（2）落车后（空车状态）调整好旁承间隙及车钩中心距轨面高度。

（3）调节车轴上边缘与顶梁下平面的距离至规定值（见图 5-3-8），然后用圆销锁定。

（4）将拉环两端插入顶梁限位孔中，并用圆销固定。如图 5-3-9 所示，装用 K4、K5、K6 转向架的通用货车，脱轨阀和拉环油漆颜色为黄色，装用 K2 转向架的为黑色。

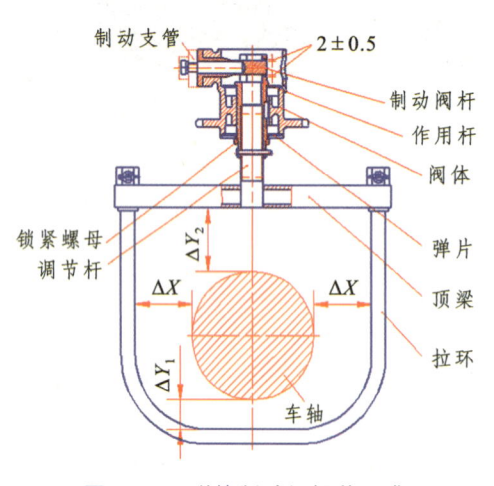

图 5-3-8　脱轨制动阀组装要求

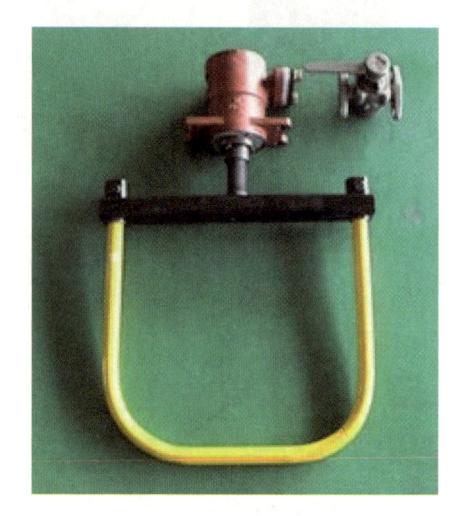

图 5-3-9　K6 装用

3. 组装注意事项

（1）作用杆外表面（包括键槽）、内套外表面、与作用杆接触的阀体内表面、调节杆外表面均应涂以适量润滑油。

（2）将一弹片套装于作用杆上，贴靠作用杆凸肩。将键嵌入作用杆上的键槽后，再将作用杆从阀体上方放入，使弹片贴靠阀体上承台。作用杆应能在阀体内垂向自由移动，无卡滞。组装 TZD-1 型脱轨自动制动装置时，作用杆内先装入内套并卡入弹性挡圈。

（3）将制动阀杆放入阀体内，贴靠阀体凸台面，并用 2 个 M12 螺栓和两个弹性垫圈紧固。

（4）将另一弹片套装于作用杆上，贴靠阀体下承台。将锁紧螺母套到作用杆上并拧紧，紧固力矩应为 5_{-1}^{+2} N·m，制动阀杆端头与作用杆孔上、下间隙应为（2±0.5）mm。

（5）阀盖更换新品时采用帽形阀盖，将阀盖装入阀体并贴靠阀体止口，阀盖圆周上 3 个 ϕ3 mm 孔与阀体上的 3 个 ϕ3 mm 孔对准，用抽芯铆钉 ϕ3 铆固。阀盖与阀体铆钉孔错位时，可重新配钻。

（6）调节杆与作用杆、拉环与限位筒间应采用连接销和不锈钢抽芯铆钉连接，TZD 型及 TZD-1 型脱轨自动制动装置应装用识别标记符合表 5-3-1 所示的制动阀杆、弹片、圆销、扁销、作用杆及锁紧螺母，标记不清时经形式尺寸确认后可对应装用。脱轨自动制动装置拉环面漆如表 5-3-2 所示。

表 5-3-1 脱轨自动制动装置配件识别标记

脱轨自动制动装置型号	识别标记					
	制动阀杆	弹片	圆销	扁销	作用杆	锁紧螺母
TZD	A	A	A	A	D	C
TZD-1	A	A	A	A	E	B

表 5-3-2 脱轨自动制动装置拉环面漆

脱轨自动制动装置规格	拉环规格	拉环销孔距底部钢管内侧高度/mm	拉环面漆	适用转向架型号或车辆型号
Ⅰ	Ⅰ	341	黑色油漆	转8系列、转K2、JSQ6型车（转K6型）
Ⅱ	Ⅱ	366	GSB 05-1426 中的 Y08 深黄色油漆	转K4、转K5、转K6、转K7
	Ⅱ-Ⅰ	381	GSB 05-1426 中的 G02 淡绿色油漆	GHA70、GQ70（H）、GN70（H）、GQ70A、GN70A 型车
Ⅲ	Ⅲ	331	红色油漆	转K2（抽簧）
Ⅳ	Ⅳ	392	GSB 05-1426 中的 PB04 中（酞）蓝油漆	DZ1、DZ2、DZ3、DZ4、DZ5

4. 货车现车制动装置检修

现车制动装置检修岗位是车辆段外制动班组岗位,该岗位是车辆进行单车试验之前的最后一个岗位。岗位作业内容多,脱轨制动阀的检修也在此过程中,故以该岗位作业流程来讲解车辆制动装置的现场制动作业流程。

1)作业要点

(1)制动阀中间体滤尘网、安装座垫全部更换新品。

(2)主管、支管须进行外观检查,在涂防锈检漏剂之前用质量不超过 0.5 kg 的软木锤对管系各连接部位进行敲振,各连接部位敲击次数不少于 3 次,以充分暴露制动管系隐患。

(3)组装时,缸与吊座间、制动管与吊座间原设计是木垫者须更换为尼龙垫或短纤维增强橡胶垫。

(4)管系组装时,螺纹处须使用聚四氟乙烯薄膜,缠绕不得超过螺纹端部,连接处拧紧后须外露 1 扣以上的完整螺纹,旋入部分不得少于 4 扣。

(5)法兰螺栓组装需符合力矩要求。

(6)脱轨自动制动装置顶梁需旋下检查丝扣状态。

2)现车空气制动检修要求

(1)检查卸下后的配件和管件、接箍等,有乱扣或裂纹时更换。

(2)制动阀、空重车阀安装座面,分解的制动缸、各塞门、集尘器和管系等的橡胶密封件须全部更换新品。

(3)中间体的滤尘网及三通阀、分配阀、安全阀的滤尘网须无破损并清除尘垢,三通阀、分配阀、安全阀用的半圆形滤尘网的材质是钢制品或有防锈层者,网内填料应为马鬃、马尾或同类毛制品,长度在 75 mm 以上,禁用树棕。

现车空气制动检修岗位作业流程

(4)通阀安装座、分配阀和控制阀中间体裂纹或作用不良时更换,安装螺栓处螺纹滑扣时攻制螺纹或更换。120/120-1 阀中间体主阀安装面须装有防误装销钉,丢失时补装。

(5)空重车转换塞门调节轴弯曲时调修,裂纹折断时更换,吊架与底架连接处须满焊牢固,手把、标牌、调节轴损坏时,须换为标准品,丢失添补。

5. 工装设备、检测器具、工具清单

工具设备清单 5.3

6. 货车整车现车制动装置检修工艺（见表 5-3-3）

表 5-3-3　货车整车现车制动装置检修工艺

序号	作业项目	作业内容、标准
1	架车	（1）依次分解脱轨制动阀的拉环、基础制动装置的上拉杆圆销。 （2）启动电动架车机，将车辆顶起，推出转向架。 （3）将转向架送到检修车间
2	分解及试验	（1）依次分解 120 主阀、紧急阀、比例阀、传感阀、制动软管，一并送入内制动室。 （2）对各阀体进行分解和检修，组装后应进行试验台试验。制动软管应分别做风压、水压试验
3	检修现车各阀安装座	目视检查中间体、比例阀以及传感阀安装座。更换滤尘网、橡胶垫，中间体状态良好时可不拆下，有裂纹、缺损、腐蚀超限时更换
4	检修空重车自动调整装置	（1）分解测重机构。 （2）检查触头减磨垫磨耗是否过限、抑制盘（磨损）是否作用良好。 （3）检查支架安装座螺栓是否松动。 （4）根据复位弹簧的具体故障进行调修或更换
5	检修制动机附件	（1）分解组合式集尘器，清理集尘杯和止尘伞。 （2）检查截断塞门是否作用良好。 （3）组装组合式集尘器。 （4）检修各风缸的排水堵，清洗并密封

续表

序号	作业项目	作业内容、标准
6	检修基础制动装置	（1）用检点锤敲击各杠杆连接圆销是否锈死、卡滞、作用良好。 （2）目视检查各拉杆、杠杆、闸调器、托架轴套等组装是否符合规范，磨耗是否过限，超限时更换
7	检修手制动机	（1）目视检查手制动机拉杆链条、拉杆、定滑轮、箱壳、手轮处的连接件是否松动。 （2）进行作用试验，检查手制动机是否作用良好，作用不良时更换。 （3）涂打相关检修标记
8	组装	依次组装120型控制阀主阀、传感阀、紧急阀、比例阀以及制动软管
9	单车试风	（1）检查制动管系、制动缸是否有漏泄。 （2）检查各风缸及安装吊座是否有裂纹。 （3）检查接口处是否漏风，如漏风应焊修、更换
10	检修折角塞门	检查折角塞门是否有漏泄，作用是否良好，组装是否符合规定

续表

序号	作业项目	作业内容、标准
11	检修制动管	检查制动管、制动缸接头处、法兰、橡胶垫、连接处是否老化
12	检修脱轨制动阀	检查脱轨制动阀是否良好,顶梁是否生锈、变形。作用杆和制动阀杆的间隙是否符合要求。全车漏泄试验时,用防锈检漏剂检测脱轨阀以及相关管系是否漏泄
13	落车	将转向架推进车体下部,组装上拉杆圆销、拉环,调整触头与横跨梁触板间隙为(6±1)mm

自主提升

同步练习 5.3

1. 单选题

(1)脱轨制动装置是利用车辆脱轨后车体与转向架相对位移所产生的机械作用,引起列车( )制动系统自动发生紧急制动,使脱轨列车自动停车。

A. 基础　　　　　　　　　　B. 空气
C. 电空　　　　　　　　　　D. 电磁

(2)脱轨制动装置的特点:采用拉环、( )环抱车轴的结构来适应货车空、重车挠度差大的特点。

A. 横梁　　　　　　　　　　B. 顶梁

179

C. 端梁　　　　　　　　　　　　D. 牵引梁

（3）脱轨制动装置是将调节杆与作用杆设计成螺纹连接，保证在心盘、承载鞍顶面磨耗及心盘加垫后仍能将车轴与拉环的（　　）调整在安全可靠范围内。

A. 垂向间隙　　　　　　　　　　B. 横向间隙

C. 纵向间隙　　　　　　　　　　D. 以上都不是

（4）脱轨制动装置利用脱轨时车体与轮对的相对位移，在空车脱轨时，脱轨轮对处的车轴拉断（　　）。

A. 拉环　　　　　　　　　　　　B. 拉环座

C. 拉环顶梁　　　　　　　　　　D. 制动阀杆

（5）脱轨制动装置是在车辆原空气制动主管上增加（　　）支路，并通过三通、球阀和支管等连接到脱轨制动阀上。

A. 1个　　　　　　　　　　　　B. 2个

C. 3个　　　　　　　　　　　　D. 4个

2. 判断题

（1）70 t级铁路货车在主风管与脱轨制动阀的连接管路中安装了一个截断塞门，用于在车辆脱轨或脱轨制动阀发生故障时截断脱轨制动装置的支路。（　　）

（2）货车车辆某三根车轴装有脱轨自动装置。（　　）

（3）脱轨自动制动装置的作用是一旦车辆脱轨就产生紧急制动。（　　）

（4）单车制动试验时，必须将通向脱轨制动阀的球阀手把置于开放位。（　　）

（5）脱轨自动制动装置通过制动支管与制动主管连通，中间加装不锈钢球阀，关闭时可以切断脱轨制动装置的气路。（　　）

考核评价

线上考评 5.3

学生姓名		组名		班级			
出勤情况							
考评项目	具体内容	评价要点	分值	学生自评	小组互评	教师评定	
课前	知识点掌握情况	能够理解脱轨阀的基础知识，如作用、组成等	5				
	流程图掌握情况	能够简单阐述检修步骤	10				
	学习主动性	积极参与，主动接受教师指导	5				
	任务完成度	根据情况，酌情赋分	5				
课中	能够简单说出脱轨阀的作用和组成	论述表达清楚，酌情赋分，内容正确，错一处扣2分	10				
	能够清晰阐述脱轨阀的常见故障	论述表达清楚，酌情赋分，内容正确，错一处扣3分	10				
	能够掌握货车脱轨自动制动装置检修工艺的具体内容和要求	论述表达清楚，酌情赋分，内容正确，错一处扣4分	15				
	能够明确检修工艺中需要用到的工装量具和设备	论述表达清楚，酌情赋分，内容正确，错一处扣5分	5				
	团队协作能力	根据情况，酌情赋分	5				
	课堂表现	根据情况，酌情赋分	5				
	职业素养	根据情况，酌情赋分	5				
课后	作业完成情况	根据情况，酌情赋分	10				
	交流反馈	能够进行有效互动并给出合理建议	5				
	自评反思	根据情况，酌情赋分	5				
成绩评定							
改进建议							

任务四　试验台试验

学习目标

1. 知识目标

学习 120 阀试验台的组成与基本作用。

2. 能力目标

掌握 120 阀试验台的试验方法及要求。

3. 素质目标

引导学生养成"工完料净场地清"的良好作业习惯。

学习重难点

1. 学习重点

120 阀试验台试验的操作流程。

2. 学习难点

120 阀试验台试验的具体内容及要求。

学习任务

货车 120 型控制阀的试验台试验具体步骤如图 5-4-1 所示。

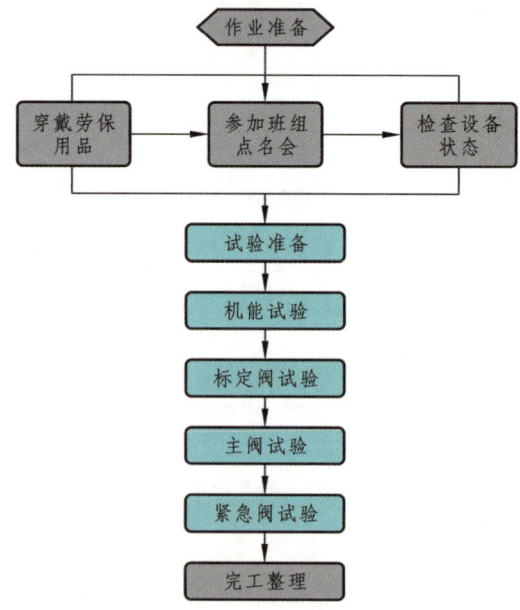

图 5-4-1　试验台试验步骤

基础认知

一、120 阀试验台概述

如图 5-4-2 所示，120 型货车空气控制阀专用试验台（简称 120 阀试验台）是进行 120 型货车空气控制阀（以下简称 120/120-1 阀）性能试验的专用台。它能够对 120/120-1 阀进行全面、系统、准确的检测，以确保阀的制造和检修质量。

该试验台与 120 阀的试验方法相配套（在此之前还有 705 试验台），能够对 120 主阀和紧急阀进行手动或自动检测。试验台特点如下：

（1）结构紧凑，由于将电磁阀作为气路的阀门使用，并采用板式阀集装结构，因而大大简化了管路结构。由于结构布置合理，因此各主要部件可接近性好，方便运用和检修，简化了管路结构，且结构布置合理。

（2）将局减室和紧急室单独设置，保证了两室的容积精度。

图 5-4-2　120 阀试验台

（3）采用按钮操作，并有设置于面板上的带有指示灯的试验台工作原理显示屏与之相配合，不但减少了烦琐的操作，而且使得操作更为直观。

（4）由于采用较高精度的压力表和局减室压力表及质量流量计计量 120 阀的漏泄情况，并采用高精度的压差计测试列车管与副风缸之间的压力差，使得测试精度大大提高，从而保证了测试数据的准确度。同时，试验台还设置了压力表的校验表，可实时校验各压力表的误差，保证各压力表处于受控状态。

（5）在自动测试时由于使用计算机控制操纵检测，从而避免了检测中人为因素的影响，并实现了数据的存储和打印，同时可适应网络化管理。

二、试验台结构简介

试验台由两大部分组成：主机系统和计算机系统。主机主要包括机柜、阀夹紧装置、风缸系统、管路系统、电气控制系统。计算机系统包括计算机柜、IPC 总线工控机、显示器、ISA 总线数据采集卡、针式打印机以及压力变送器等。

（1）主机柜：用于各部件的安装和固定等。

（2）阀夹紧装置：包括主阀风卡和紧急阀风卡两个部件。

（3）风缸系统：包括储风缸，列、副双室风缸，加、制双室风缸，紧急室，局减室5个部件。

（4）管路系统：包括主管路系统和辅助管路系统。主管路系统有供风管系（包括三联体）、主电磁阀管系（包括压差计、流量计）、压力表管系等。辅助管路系统有风卡电磁阀管系、试漏气缸电磁阀管系、电磁阀外先导管系等。

（5）电气控制系统：通过操作盘上的按钮开关键或计算机来控制电磁阀，使气路通、断，完成试验要求的各种功能。该系统包括操作盘（按钮开关键）、显示屏、主机电气系统（包括变送器、连线、电源）、计算机自控电气系统等。

三、试验台结构参数要求和按钮功能

（1）120阀试验台的工作原理示意图如图5-4-3所示。

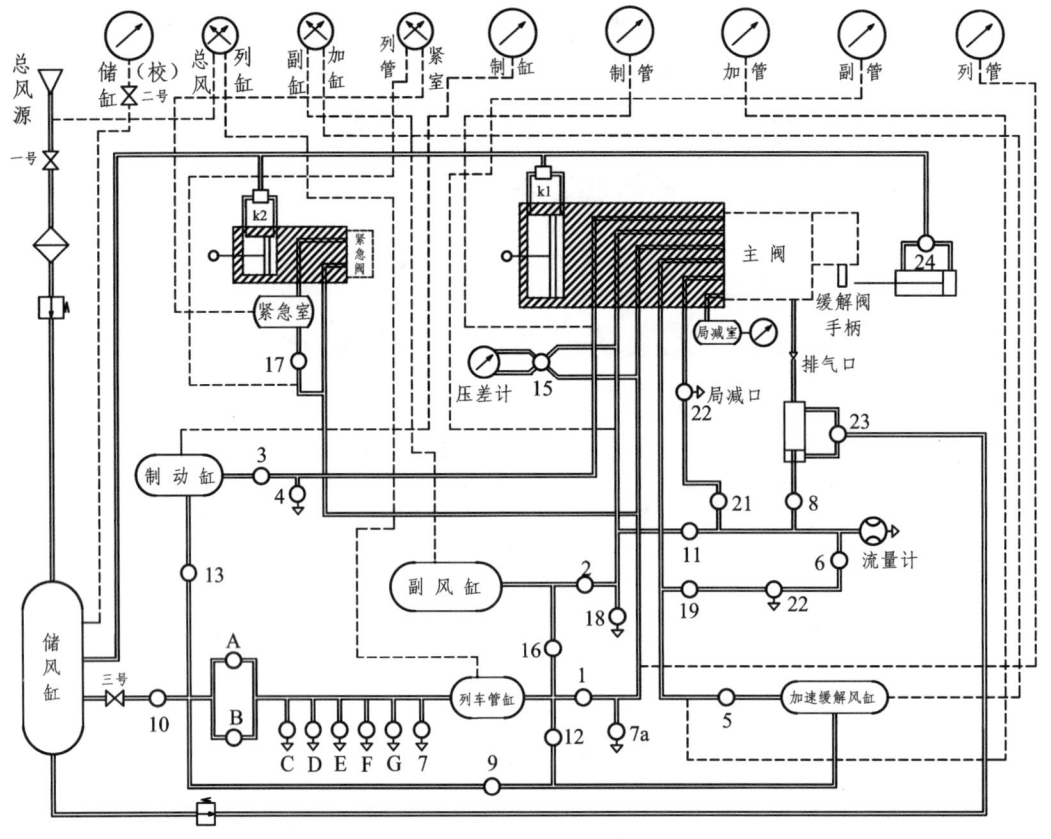

图5-4-3　120阀试验台工作原理图

（2）验台用压力表量程和精度应满足要求。

（3）如表5-4-1所示，操作盘按钮功能大体可分为以下几组。

表 5-4-1 操作盘按钮功能列表

操纵阀组	快充风组
A 钮：列车管容量风缸快充	16 号钮：副风缸快充风
B 钮：列车管容量风缸慢充	9 号钮：加速缓解风缸快充风
C 钮：列车管容量风缸排风	13 号钮：制动缸容量风缸快充风
D 钮：列车管容量风缸排风	17 号钮：紧急室快充风
E 钮：列车管容量风缸排风	管切断组
F 钮：列车管容量风缸排风	1 号钮：列车管容量风缸与列车管间截断
G 钮：列车管容量风缸排风	2 号钮：副风缸与副风缸管路间截断；
7a 钮：列车管管路快排风	3 号钮：制动缸与制动缸管路间截断；
7 号钮：列车管容量风缸排风	5 号钮：加缓风缸与加缓风缸管路间截断
18 号钮：副风缸（管路）排风	15 号钮：列车管、副风缸管路与压差计间截断
19 号钮：加速缓解风缸（管路）排风	12 号钮：列车管容量风缸与加缓风缸间截断
4 号钮：制动缸容量风缸（管路）排风	机械手操作组
试漏组	24 号钮：推动缓解阀手柄动作及自动复位
11 号钮：副风缸管路与流量计间截断	一号塞门：总风源截断塞门；
8 号钮：主阀排气口与流量计间截断	二号塞门：储风缸截断塞门
6 号钮：加缓风缸管路排气口与流量计间截断；	三号塞门：储风缸压力表截断塞门
21 号钮：局减排气口与流量计间截断；	K1、K2 夹紧开关(分别用于主阀和紧急阀在试验台上的安装)
22 号钮：控制局减排气口和加缓风缸管路排气口的测漏气缸动作	总控组
23 号钮：控制主阀排气口的测漏气缸动作；	10 号钮：主管路系统切断

如图 5-4-4 所示，以上按钮除 24 号钮为自动复位钮外，其余均为自锁型钮。以上各钮位于操作盘面的不同区域，并以不同颜色加以区分。

图 5-4-4 各色按钮

此外操作盘右上角还有两个方形可自动复位按钮（合格按钮、不合格按钮），在计算机操纵时根据屏幕提示使用。手动/自动转换开关和电锁均在盘的右上角，前者用于自动操纵与手动操纵的转换，后者用于试验台的启动和关闭。

（4）试验台各风缸配置如表 5-4-2 所示。

表 5-4-2　风缸压力表　　　　　　　　　　　　　　　　　　　单位：L

储风缸	副风缸	制动缸容积风缸	加速缓解风缸	列车管容积风缸	紧急室	局减室
82.4	40.4	12	11.4	15.7	1.51	0.61

（5）主要功能按钮的检测标准如表 5-4-3 所示。

表 5-4-3　按钮检测标准

按钮功能	A 充气	B 充气	C 排气	D 排气	F 排气	G 排气	7a 排气	E 排气	4 排气	18 排气
压力变化/kPa	—	50~150	500~400	500~300	500~200	500`200	500~200	500~470	500~200	500~300
时间/s	—	50~53	24~27	8~9	6.6~7.2	4.7~5.2	7~8	62~68	3~6	6~10

（6）试验台用压差显示器及与其配套的压差变送器、流量显示器及与其配套的流量控制器、压力传感器应满足要求。

（7）试验台应能够满足对风缸及管路进行充气和排气的要求，电磁阀应满足要求。

各显示器、传感器要求　　　　　　　　　电磁阀要求

知识拓展

1. 试验台的日常维护

（1）试验台的风源要经过过滤处理，油、水、尘埃的净化须达到要求。如仅靠试验台所带过滤器过滤不洁净的压缩空气，则会造成过滤器过早损坏，影响试验。

（2）制动室试验区域温度为 10~30℃，相对湿度不得超过 60%。应定期清扫试验台各风缸，以免影响试验结果。

（3）定期校验。如图 5-4-5 所示，精度 1.6 级的压力表每三个月检定一次，其他精度等级压力表每六个月检定一次，流量计、压差计、压力传感器的检定周期不超过一年。

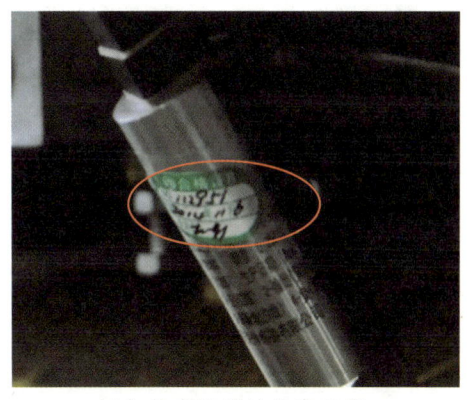

（a）检查压力表检定日期　　　　　　　　（b）检查流量计检定日期

图 5-4-5　定期检验

2. 关于性能试验的说明

（1）主阀。主阀性能试验分为全过程试验和选项试验（见图 5-4-6）。当选择全过程试验后，弹出被试主阀信息输入窗口，输入完成后单击"确定"按钮，试验程序自动按试验方法规定完成主阀的全部性能试验。

图 5-4-6　主阀全过程试验界面

（2）紧急阀。紧急阀性能试验分为全过程试验和选项试验。当选择全过程试验后，进入如图 5-4-7 所示的显示界面，弹出机能信息输入窗口，输入完成后单击"确定"按钮，试验程序自动按试验方法规定完成全过程试验内容。

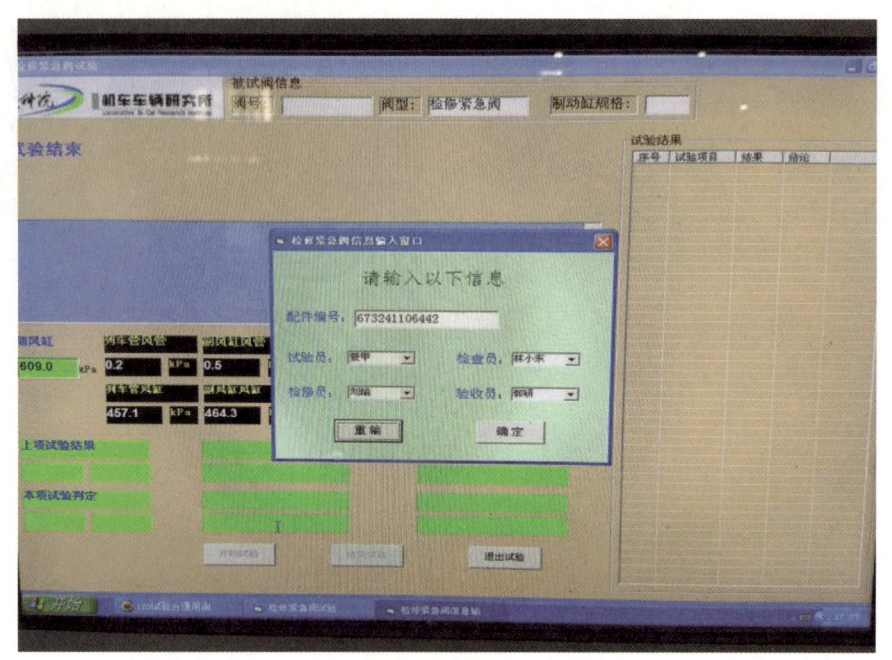

图 5-4-7　紧急阀全过程试验

（3）当主阀或紧急阀选择选项试验后，屏幕出现如图 5-4-8 所示的机能选项窗口，操作人员用鼠标单击复选框选择试验内容。试验顺序由操作人员的选择顺序决定，选项完成后按"确定"按钮完成选择。若选项出错，可以单击"重选"按钮重新选择。

（a）主阀 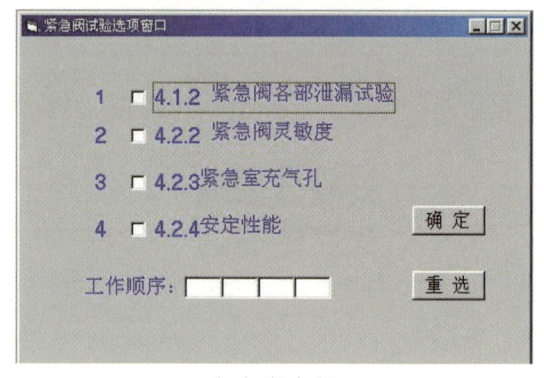　　　　　　　　　　　　　　（b）紧急阀

图 5-4-8　选项窗口界面

3. 工装设备、检测器具及材料

工具设备清单 5.4

4. 120 阀试验台试验步骤（见表 5-4-4）

表 5-4-5　120 阀试验台试验步骤

序号	作业项目	作业内容、标准及图示
1	机能试验 120 阀试验台机能试验作业流程	（1）主阀类型选择提示框选择"120 阀"，点击"确定"，选择"试验内容"—"机能试验"—"全过程试验"选项，进入"压力表显示界面"。 （2）点击"开始试验"，弹出"机能信息输入"提示框，输入试验台编号、试验员后点击"确定"。 （3）按提示框要求确认主阀安装座盲板、紧急阀安装座盲板卡紧在试验台安装座上，点击"确定"，由微机控制进行机能试验。 （4）当试验台试验至 3.7.1 项时，在主阀排气口顶杆处涂刷防锈检漏剂进行检查，主阀排气口顶杆处不允许泄漏。顶杆漏泄检查合格后，在"泄漏"提示框点击"合格"。 （5）试验结束后检查各项试验结果是否合格，合格后点击"是"保存试验结果。 （6）在"120 试验台通用测试程序"窗口，选择标题栏"观察试验数据"—"机能数据"，进入"120 阀试验台机能检测记录单"窗口，点击右上角"打印"，打印《微控 120 阀试验台机能检查记录》
2	标定阀对比试验	（1）工控机开机后进行网络安全检查，禁止"一机两网"运行。 （2）机能试验合格后，使用红色标定阀按照《控制阀试验作业指导书》进行试验，试验结束后打印试验记录，将标定阀放回定制小车。 （3）将标定阀试验结果与同一标定阀上次试验结果进行比对，良好标定阀比对漏泄试验全项试验结果；故障标定阀比对预设故障单项试验结果。比对项目流量不超过 5 mL/min 或压力不超过 5 kPa 时，判定标定阀比对试验合格。 （4）设备状态标识。试验合格后，按 120 型试验台设备点检内容，逐项检查，状态良好后，填写设备点检卡

续表

序号	作业项目	作业内容、标准及图示
3	试验准备	（1）在试验台手动操作面板右上角，将电锁钥匙顺时针扳到开通位，将主机控制按钮向"—"按下，手自动旋钮顺时针扳到自动位。 （2）打开计算机主机后，点击桌面上"120试验台试验程序"，进入程序后点击"预热"，预热时间设定为15 min，中途不得退出预热。 （3）检查储风缸压力表，指针应在590～610 kPa（试验台定压），不符时调整调压阀。 （4）将流量显示器开关向下拨到"流量显示"位，流量值显示为零，不符时通过调零旋钮微调。 （5）检查主阀组装良好，各连接螺栓应紧固
4	主阀性能试验	（1）选择全项试验后，进入试验开始界面，单击"开始试验"按钮，弹出被试主阀信息输入窗口。 （2）输入完成后单击"确定"按钮，试验程序自动按试验方法规定完成主阀的全部性能试验。 （3）在各接合部涂抹防锈检漏剂，检查是否产生漏泄，并在试验过程中注意观察压力表的变化。 （4）试验完毕，排尽各部压力空气，关断夹紧开关K1卸下主阀。 （5）检查各项试验数据，核对检修阀标准，进行试验合格判定。 （6）打印试验记录，根据结果进行合格品等级判定
4	紧急阀性能试验	（1）将紧急阀安装座盲板取下，选择全项试验后，进入显示界面，单击"开始试验"按钮，弹出被试紧急阀信息输入窗口，输入完成后单击"确定"按钮，试验程序自动按试验方法规定完成紧急阀的全部性能试验。 （2）在各接合部涂抹防锈检漏剂，检查是否产生漏泄，并在试验过程中注意观察压力表的变化。 （3）试验完毕，排尽各部压力空气，关断夹紧开关K1卸下主阀。 （4）检查各项试验数据，核对检修阀标准，进行试验合格判定。 （5）打印试验记录，根据结果进行合格品等级判定

续表

序号	作业项目	作业内容、标准及图示
5	完工整理	（1）关闭计算机主机，将主机控制按钮向"○"按下，将电锁钥匙逆时针扳到关闭位，清理工作场地。 （2）开展完工后 5 分钟 6S 自查活动。整理本工位工具、配件，严格按照定量管理要求摆放整齐。 （3）平板电脑、电子标签使用应妥善保管，避免丢失、摔损等问题发生。严禁从高处抛掷、挤压、用硬物敲打等行为发生

自主提升

同步练习 5.4

1. 单选题

（1）新造和检修的空气制动阀必须要经过（　　），合格后方可装车使用。

　　A. 制动机试验　　　B. 单车试验　　　C. 试验台试验　　　D. 列车试验

（2）试验台主机系统不包括下列哪一项？（　　）

　　A. 压力表　　　B. 电气控制系统　　　C. 管路系统　　　D. 风缸系统

（3）试验台的适用环境应该具备（　　）。

　　A. 适宜温度：5～50°C　　　　　　　B. 干燥洁净的压缩空气

　　C. 充足的风压　　　　　　　　　　D. 稳定的电源和可靠接地

（4）电气控制系统通过操作盘上的按钮开关键或计算机来控制（　　），使气路通断完成实验要求的各种功能。

　　A. 风缸　　　B. 电磁阀　　　C. 节流阀　　　D. 压力表

（5）120 型控制阀主阀在试验台做漏泄试验时，不需要做哪项试验？（　　）

　　A. 制动位漏泄　　　B. 缓解位漏泄　　　C. 紧急位漏泄　　　D. 以上都不对

2. 判断题

（1）试验台在自动测试时使用计算机控制操纵检测，避免了检测中人为因素的影响。（　　）

（2）试验台由三部分组成：主机系统、计算机系统以及风源系统。（　　）

（3）主机柜主要用于各部件的安装和固定等。（　　）

（4）120 型控制阀紧急阀在进行试验台试验时，主要是测试紧急阀性能试验。（　　）

（5）在试验台进行安定性能试验时，要求列车管减压 200 kPa 后，在列车管压力下降过程中紧急阀不得产生紧急防风作用。（　　）

考核评价

线上考评 5.4

学生姓名		组名		班级			
出勤情况							
考评项目	具体内容	评价要点	分值	学生自评	小组互评	教师评定	
课前	知识点掌握情况	能够理解基础知识，如试验台的作用、组成等	5				
	流程图掌握情况	能够简单阐述试验步骤	10				
	学习主动性	积极参与，主动接受教师指导	5				
	任务完成度	根据情况，酌情赋分	5				
课中	能够简单说出试验台的作用和试验对象	论述表达清楚，酌情赋分，内容正确，错一处扣2分	10				
	能够清晰阐述试验台试验的特点和准备工作	论述表达清楚，酌情赋分，内容正确，错一处扣3分	10				
	能够掌握试验台试验的具体步骤和要求	论述表达清楚，酌情赋分，内容正确，错一处扣4分	15				
	能够明确试验过程中的注意事项	论述表达清楚，酌情赋分，内容正确，错一处扣5分	5				
	团队协作能力	根据情况，酌情赋分	5				
	课堂表现	根据情况，酌情赋分	5				
	职业素养	根据情况，酌情赋分	5				
课后	作业完成情况	根据情况，酌情赋分	10				
	交流反馈	能够进行有效互动并给出合理建议	5				
	自评反思	根据情况，酌情赋分	5				
成绩评定							
改进建议							

项目六 外制动

项目导入

回顾前期的学习内容，我们已经揭秘了客车手制动机和盘型制动单元的检修内容与检修方法。今天让我们走进货车外制动家族，了解货车不同类型人力制动机的检修任务流程，并学习货车基础制动装置的检修知识。现在开始我们的知识探险吧。

素养小课堂

主题：中国铁路"走出去"

素养课堂6

任务一 NSW 型手制动机的检修

学习目标

1. 知识目标

学习铁路货车 NSW 型手制动机的基础知识。

2. 能力目标

掌握 NSW 型手制动机的作用原理和检修方法。

3. 素质目标

引导学生学习铁路劳模艰苦奋斗、甘于奉献的工匠精神。

学习重难点

1. 学习重点

NSW 型手制动机的组成。

2. 学习难点

NSW 型手制动机的检修工艺。

学习任务

货车 NSW 型手制动机的检修任务流程如图 6-1-1 所示。

基础认知

货车人力制动机最早通称为手制动机，是指用手转动手轮，手把给出制动力原动力，带动基础制动装置动作，从而实现制动或者缓解作用的装置。由于制动力比较小，货车人力制动机常用于原地停车或者调车作业。如图 6-1-2 所示，70 t 级铁路货车人力制动装置由手制动机、手制动拉杆、手制动拉链、手制动动滑轮、手制动定滑轮等组成。货车上大多数人力制动机是手制动机，由于后期出现了脚踏式制动机（通过脚踩脚蹬给出制动力），后更名为人力制动机。70 t 货车常用的为 NSW 型手制动机。各型常见人力制动机可参考图 6-1-3。

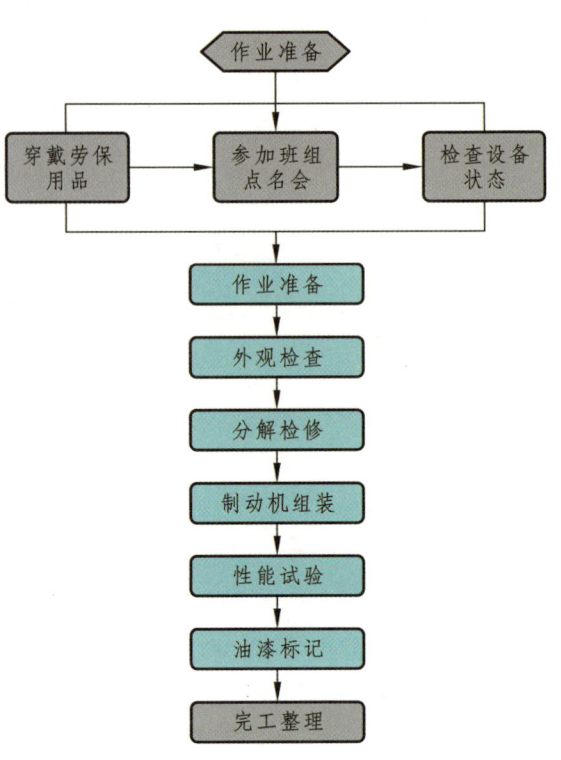

图 6-1-1 NSW 型手制动机检修任务流程

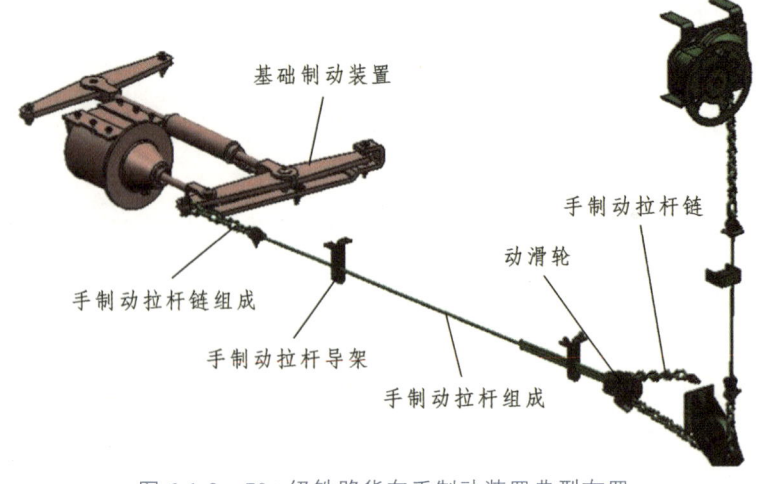

图 6-1-2 70 t 级铁路货车手制动装置典型布置

（a）链条式（固定轴式）　　（b）脚踏式　　（c）NSW 型

图 6-1-3　人力制动机

一、链条式手制动机（60 t 常用）

早期货车多用链条式，按照手制动轴的结构，链条式手制动机可分为固定轴式和折叠轴式，如图 6-1-4 和图 6-1-5 所示。折叠轴式的手制动轴分上下两端，可通过轴套连接成一体。不用时将上段平放，节省空间。手制动轴上设有棘轮，通过与棘子配合，能够防止手制动轴逆转。

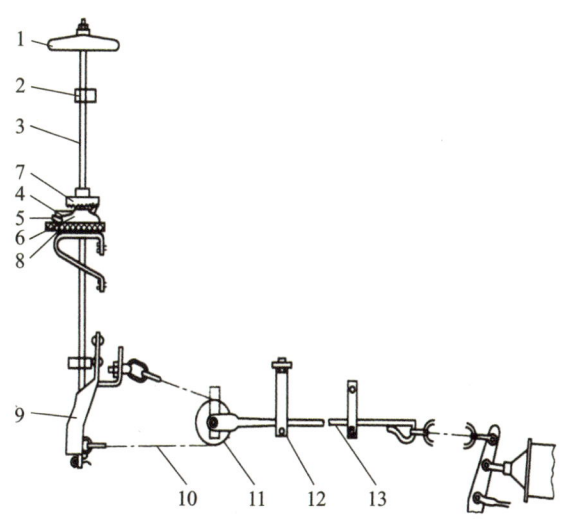

1—手制动手轮；2—手制动轴导架；3—手制动轴；4—棘轮；5—棘子锤；6—棘子；7—棘子托；8—踏板；
9—手制动踏板托；10—手制动轴托；11—手制动轴链；12—链条滑轮；
13—手制动拉杆托；14—手制动拉杆。

图 6-1-4　固定轴式手制动机结构图

图 6-1-5　折叠轴式手制动机

手制动轴底部连有链条，链条另一端连接的是手制动杆，手制动杆与基础制动装置的制动缸前杠杆连接。顺时针转动手轮（制动位），带动手制动轴转动，使链条缠绕在手制动轴上，能够带动基础制动装置动作，闸瓦压紧车轮产生制动作用；缓解时，逆时针旋转手轮，制动链条松开，基础制动装置动作，闸瓦离开车轮踏面，制动机缓解。

二、脚踏式制动机

脚踏式制动机的主要特点是改变了人力制动机的施力形式，改手扳为脚踏，安全性好、制动力大、操作简便、省力、利于瞭望，基本不需要保养。但在制动时如控制不好，容易使制动力施加过大，造成车轮踏面和闸瓦磨耗。

1. 脚踏式制动机的组成

如图 6-1-6 所示，脚踏式制动机主要由脚蹬、控制杆、脚踏杠杆、拉杆、壳体、止动棘爪、绕链棘轮、绕链棘爪、重锤连块、制动链、锁鼻、耳环等组成。

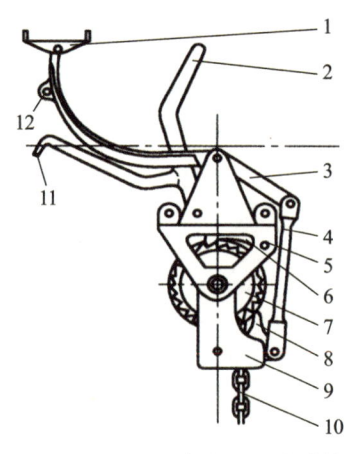

1—脚蹬；2—控制杆；3—脚踏杠杆；4—拉杆；5—壳体；6—止动棘爪；7—绕链棘轮；8—绕链棘爪；9—重锤连块；10—制动链；11—锁鼻；12—耳环。

图 6-1-6　脚踏式制动机

2. 脚踏式制动机的功能

（1）制动保压。

用右脚将控制杆置于左位（制动位），止动棘爪将阻止绕链棘轮倒转。左脚不断踏动脚蹬，通过脚踏杠杆、拉杆使绕链棘爪嵌入绕链棘轮，棘齿带动绕链棘轮转动，拉紧制动链，使货车进入制动状态，如图6-1-7所示。

（2）快速缓解。

左脚脱离脚蹬，右脚稍用力将控制杆置于右位（缓解位），则止动棘爪脱离绕链棘轮，该轮在已经拉紧的制动链作用下迅速倒转，即可实现快速缓解。

（3）阶段制动。

为使溜放货车准确停在预定位置，可通过阶段制动调节制动力的大小来得以实现。当制动力达到一定大小，制动员用左脚将脚蹬踏住，这时绕链棘爪作用于棘轮，而止动棘爪与棘轮虚接触，几乎不受力的作用。再以右脚跟为轴，用脚尖轻易地将控制杆拨向右位（缓解位），此时因制动链已经产生一定的拉力，所以绕链棘爪不会脱离绕链棘轮。这时左脚上抬则绕链棘轮倒转，制动力减少；左脚用力下踏，则绕链棘轮正转，制动力增大，从而可以实现阶段制动功能。

（4）由阶段制动状态转入制动保压状态。

用右脚将控制杆置于左位（制动位），再用左脚踏动脚蹬，则脚制动机进入制动保压状态。

（5）由阶段制动状态转入快速缓解状态。

先由阶段制动进入制动保压状态，然后再进入快速缓解状态。

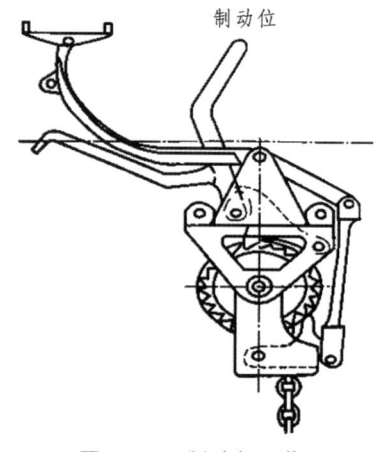

图 6-1-7 制动保压位

快速缓解位和阶段制动位原理图

三、摇臂式链条手制动机

如图6-1-8所示，摇臂式链条手制动机又称为棘轮手制动机，其外部为圆筒形，内部设置有可以转动的轮轴5，其中央部和手制动链6的一端连接，端部安装有棘轮1，依靠棘轮弹簧4的弹力使缓解手把3的尖端（棘子）紧压棘轮，制动时起防止棘轮逆转的作用。在棘轮的另一侧安装有制动手把2，棘轮外部设有盖8，并用螺栓紧固。

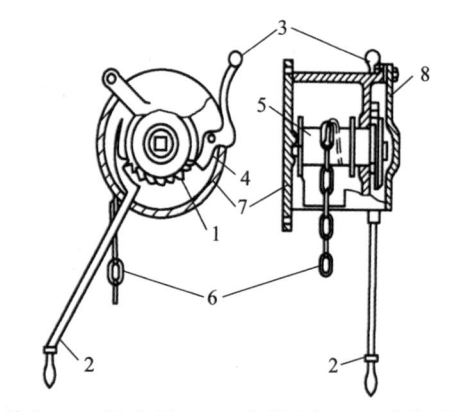

1—棘轮；2—制动手把；3—缓解手把；4—棘轮弹簧；5—轮轴；6—手制动链；7—筒体；8—盖。

图 6-1-8 摇臂式链条手制动机

197

四、FSW 型手制动机简介

FSW 型手制动机的名称：F 表示仿制，S 表示"手"制动机，W 表示卧式。此类型手制动机的原型是随 C_{63} 型运煤敞车从美国引进的，该车装用的 Ajax 和 Universal 型手制动机，是 FSW 型手制动机的原型。

1. FSW 型手制动机的组成

FSW 型手制动机装用在 C_{63}（C_{63A}）型专用敞车、L_{18} 型粮食漏斗车及部分厂矿企业自备车上。如图 6-1-9 所示，FSW 型手制动机由手轮、主动轴、卷链轴、手柄、底座、箱壳等零部件组成。手轮平面与货车端墙板平行。手轮直径为 560 mm，由厚 4 mm 的钢板压制，它与轮毂焊接成一体，其制动倍率为 42。

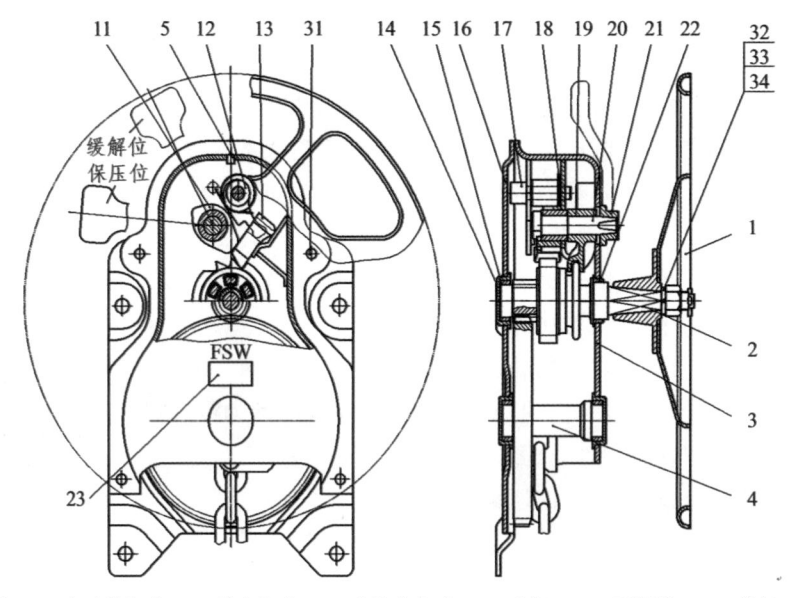

1—手轮组成；2—主动轴组成；3—箱壳组成；4—卷链轴组成；5—油杯；11—开闭挡；12—推柄；13—棘舌；14—轴承座；15—轴承（1）；16—底座；17—轴（1）；18—弹簧；19—扇形轮；20—轴（2）；21—手柄；22—轴承（2）；23—产品铭牌；31—铆钉；32—垫圈；33—螺母；34—开口销。

图 6-1-9　FSW 型手制动机

2. FSW 型手制动机的功能

FSW 型手制动机外形如图 6-1-10 所示，具有制动、阶段缓解和快速缓解三种功能，并具有省力、操作简便、一手扶托、单手操作、安全性好的优点。

FSW 型手制动机的结构

（1）制动：手柄处于保压位，这时扇形轮将离合器拨向左侧，使其与控制轮闭合；开闭挡处于制动位，棘舌受开闭挡限制，可沿斜面往复滑动。它只允许棘轮沿顺时针方向转动。当手轮上沿顺时针方向施加力矩时，借助控制轮与小齿轮之间的螺纹连接，将这两个零件之间的其余零件夹紧，并沿顺时针方向转动。小齿轮带动大齿轮，再带动卷链轴，将链条提升，产生制动作用。当取消力矩时，由于棘轮在保压位不能沿逆时针方向转动，借助棘轮与摩擦片之间的摩擦力作用，链条的拉力不能使小齿轮沿逆时针方向转动。这种摩擦力随着手轮力矩，即随链条拉力的增加而增加，可以有效地起到制动保压的作用。

（a）外观　　　　　　　　　　　　（b）漏斗车装用

图 6-1-10　FSW 型手制动机

（2）阶段缓解：手柄仍处于保压位。当手轮沿逆时针方向施加力矩（其值略小于制动力矩）时，控制轮沿逆时针方向转动，它与小齿轮之间的螺纹连接松开，棘轮与摩擦片之间的摩擦力减小，这时虽然棘轮不能沿逆时针方向转动，但在链条拉力的作用下，小齿轮可克服摩擦力而沿逆时针方向转动，产生阶段缓解作用。实际上，小齿轮与控制轮是同步地沿逆时针方向转动并随时夹紧棘轮等零件，所以取消力矩时，仍有保压作用。

（3）快速缓解：手柄由保压位沿顺时针方向推向缓解位，首先，扇形轮将离合器拨向右侧，使之与控制轮脱开，然后主动轴带动开闭挡沿顺时针方向转动，使开闭挡不再阻止棘舌的往复摆动，棘轮可沿逆时针方向转动。小齿轮在链条拉力的作用下，沿逆时针方向迅速转动，实现快速缓解。由于离合器已提前与控制轮脱开，所以小齿轮至控制轮之间的各零件沿逆时针方向转动时，离合器与手轮静止不动。这对制动人员的安全操作有利。

为了防止缓解后逆时针方向转动手轮而拉紧链条产生制动作用，在箱壳内焊有挡架。该挡架不影响顺时针方向转动手轮时链条在轴上的缠绕，但手轮逆时针方向转到某一位置时，链条会被挡住，以起防护作用。

五、NSW 型手制动机

1. NSW 型手制动机简介

NSW 型手制动机是 70 t/80 t 货车主型人力制动机，尤其适合安装在平车和集装箱平车上，供停车或调车使用。NSW 型手制动机保留了 FSW 型手制动机的特点，增设了闭锁装置（该功能现已取消）。

同时，由于其结构紧凑、质量轻和制动力大等特点（制动倍率为 27），该制动机具备有较好的防溜性能，提高了货车的停放安全性。如图 6-1-11 所示，箱体上标有"调力""常用"方向指向标记；手轮上标有"制动""缓解"方向指向标记。NSW 型手制动机在铁路和轨道交通领域得到了广泛应用。

2. NSW 型手制动机的结构组成

NSW 型手制动机由箱壳、底座、手轮、功能手柄、主动轴、卷链轴、棘轮、大齿轮、小齿轮、离合器、链条、锁闭机构等组成。其壳体及其内部结构装配示意如图 6-1-12 所示。零部件结构分解如图 6-1-13 所示。

（a）箱壳　　　　　　（b）整体　　　　　　（c）实物

图 6-1-11　NSW 型手制动机

图 6-1-12　NSW 型内部结构装配示意

（1）箱壳：这是手制动机的主体部分，为其他组件提供了一个封闭的环境。
（2）底座：作为手制动机的基础，承载着其他所有组件，并确保它们能够稳定地工作。

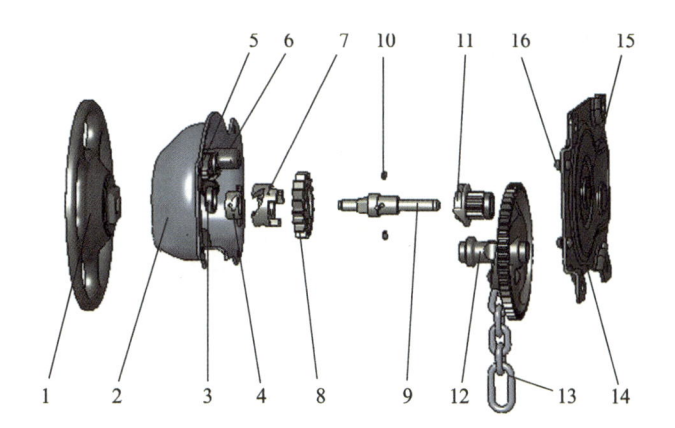

1—手轮组成；2—箱壳组成；3—轴承；4—键轮；5—棘舌；6—配重块；7—离合器；8—棘轮；9—主动轴；10—圆柱销；11—小齿轮；12—卷链轴组成；13—链条；14—底座；15—轴承座；16—铆钉。

图 6-1-13　NSW 型手制动机组成

（3）手轮：用户通过旋转手轮来操作手制动机，从而实现对车辆的制动或缓解。

（4）功能手柄：用于控制手制动机的不同功能，如制动、缓解、调力制动等。

（5）主动轴：作为手制动机内部的主要传动部件，它负责将用户通过手轮输入的力传递给其他组件。

（6）卷链轴：通常与链条配合使用，用于传递力和运动。

（7）棘轮：在制动过程中，棘轮会与链条相互作用，从而提供所需的制动力。

（8）大齿轮和小齿轮：这两个齿轮通常用于改变力的传递速度和方向，以适应不同的操作需求。

（9）离合器：用于控制主动轴与其他组件之间的连接和断开，以便在需要时实现快速制动或缓解。主动轴与各齿轮、离合器装配如图 6-1-14 所示。

（10）链条：作为手制动机内部的主要传动部件之一，它负责将力从手轮传递到棘轮和其他相关组件。手制动链链环直径为 $\phi14\,mm$，材质为 20MnV，链环通过接触焊制成，手制动链如图 6-1-15 所示。

图 6-1-14　NSW 型传动结构　　图 6-1-15　手制动机链条

（11）锁闭机构：当需要长时间保持制动状态时，锁闭机构可以确保手制动机处于锁定状态，以防止意外释放。

（12）手制动拉杆由拉杆、拉杆托架、加强杆、手制动拉杆头、手制动滑轮、手制动链导板、拉铆销、套环、垫圈等组成，如图 6-1-16 所示

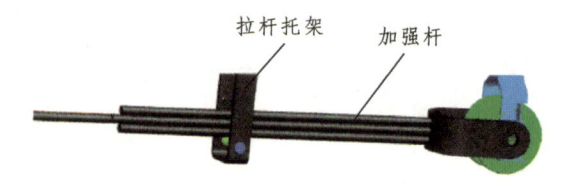

图 6-1-16　手制动拉杆

这些件组件共同协作，使 NSW 型手制动机能够实现对车辆的可靠制动和缓解。手轮上印有"制动""缓解"等方向指示。箱壳上有产品铭牌及手柄位置标识等。NSW 手制动机在各型车上的质量如表 6-1-1 所示。

表 6-1-1　NSW 手制动机的质量

链条	适用车型	标准长度 L/mm	相应总机质量/kg
Ⅰ类	C_{64}、C_{70}	689	33
Ⅱ类	G_{17}、G_{17B}、G_{17C}、G_{70}、G_{60}	1 710	37
Ⅲ类	XN_{17A}、XN_{17B}	1 567	36

3. NSW 型手制动机的功能

NSW 型手制动机具有制动、缓解、调力制动和锁闭 4 种功能。

（1）制动。

功能手柄指向标识"常用"位，顺时针方向转动手轮，可使链条产生并保持制动拉力。

NSW 型主要技术参数

（2）缓解。

功能手柄指向标识"常用"位，逆时针方向转动手轮约 30°，手制动机就会缓解，缓解所需扭矩小于制动时的输入扭矩。

（3）调力。

功能手柄指向标识"常用"位，顺时针方向转动手轮使链条产生一定拉力，此时根据需要可将功能手柄拨向标识"调力"位，顺时针方向转动手轮使制动力增大，逆时针转动手轮使制动力减小，在这一过程中，手不要离开手轮，否则会造成手制动机的彻底缓解。

NSW 型手制动机手轮上用白油漆涂打"制动"和"缓解"方向指示标记，在箱壳上涂打"调力"和"常用"方向指示标记，字号为 20 号，如图 6-1-17 所示。

（4）锁闭。

NSW 型手制动机设有制动锁闭装置。该锁采用三角钥匙操作，如果需要锁闭，制动后用三角钥匙顺时针方向转动位于箱壳左下方的三角锁，直到钥匙转不动为止，此位置可将缓解功能锁闭。逆时针转动钥匙，锁闭功能解除，可实施缓解操作。

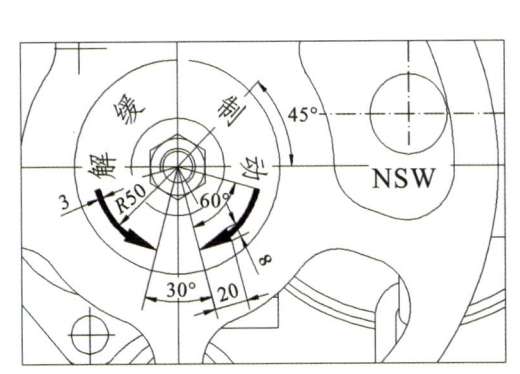

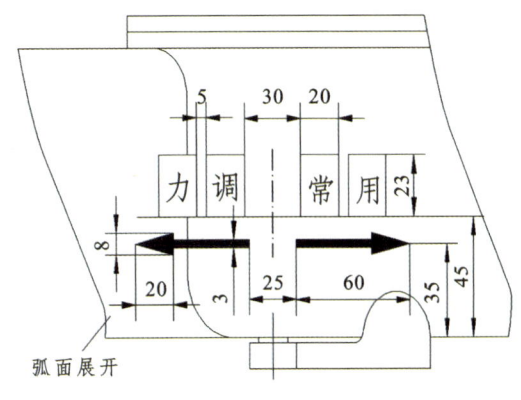

图 6-1-17　标记示意图

> 💡 **知识拓展**

1. 安装要求

NSW 型手制动机底座上有 4 个直径为 φ18 mm 的安装孔，呈矩形布置，孔中心线垂直距离为 305 mm，水平距离为 286 mm。考虑到制动时链条在卷链轴上缠绕，与手制动机链条相对应的曲拐或滑轮的垂直中心线应与卷链轴中心线错开 40 mm，滑轮中心线应在手制动机安装面前方 10 mm 处。

建议手轮中心与制动踏板或车端平台的垂直距离最好为 762 mm，最小为 635 mm，最大不应超过 1 016 mm。对于平车，根据使用方便确定该尺寸。

手制动机装于平车时，手制动机顶面不应与端板放平位置相干涉。

2. 检修具体要求

（1）分解检修的 NSW 型手制动机，须拆除锁闭机构的锁臂、锁闭弹簧、轴、轴架和锁闭凸轮，封堵壳体上钥匙孔，封堵后修磨焊缝，壳体外侧修磨后应光整，并喷涂与壳体相同的底面漆,封堵钥匙孔时应确保手制动机锁闭机构处于开锁位，完成后进行试验，手制动机应能正常工作。

（2）不分解检修时，应按要求封堵壳体上钥匙孔，并涂装与壳体相同颜色的面漆。封堵钥匙孔时应确保手制动机锁闭机构处于开锁位，完成后进行试验验证，手制动机应能正常工作。

（3）手制动机箱内转动件铆接者状态良好时可不分解，状态不良的须分解修理或更换。

（4）手轮组成或箱壳组成零部件裂纹或焊缝开裂时焊修后磨平。

（5）箱壳组成中的注油孔塞须更换新品。

（6）棘轮、离合器、小齿轮损坏时更换；键轮损坏时，主动轴和键轮须同时更换。

（7）卷链轴凹槽深度大于 14 mm 或链环直径磨耗后小于 φ9 mm 时更换。链环裂纹时须熔接焊修，并须进行 14.70 kN 的拉力试验。

（8）键轮与离合器之间、离合器与棘轮和小齿轮之间、小齿轮与主动轴之间和卷链轴组成的大齿轮须涂 89D 制动缸脂。

3. NSW 改进型性能试验要求

（1）进行制动试验，将功能手柄置于"常用"位，顺时针方向转动手轮，直至人力不能转动为止，检查闸瓦贴靠车轮踏面情况。

（2）进行缓解试验，快速逆时针方向转动手轮约 40°时须缓解。

（3）进行调力试验：功能手柄置于"常用"位，顺时针方向转动手轮，使链条产生一定的拉力，此时将功能手柄旋向左侧"调力"位（此时手不得离开手轮，否则手制动机会彻底缓解），顺时针方向转动手轮制动力增大，逆时针转动手轮制动力减小。如图 6-1-18 所示。

NSW 改进型检修要求

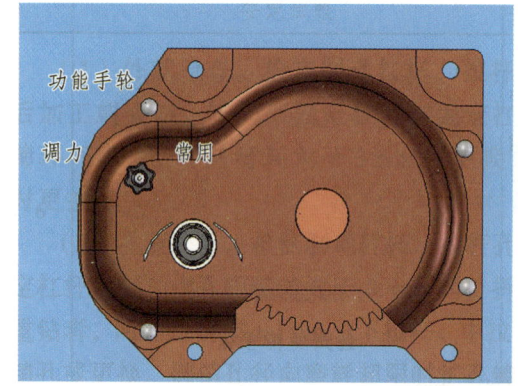

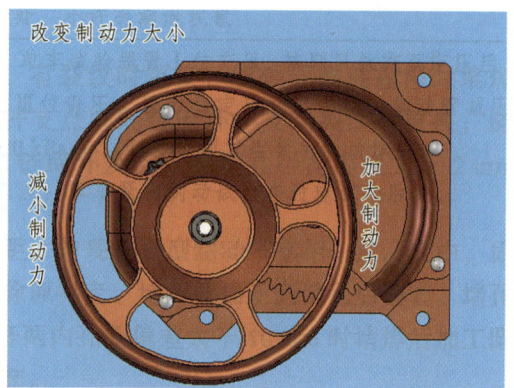

图 6-1-18 调力试验

4. 工装设备、检测器具及材料

工具设备清单 6.1

5. NSW 型手制动机检修工艺（见表 6-1-2）

表 6-1-2　NSW 型手制动机检修工艺

序号	作业项目	作业内容、标准及图示
1	作业准备	（1）作业人员需按规定穿戴好劳保用品，并参加班前点名会。 （2）全面检查所用工量器具状态良好，计量器具检定不过期。 （3）确认施修车辆防溜安全防护设置到位，如止轮器插设到位等

项目六　外制动

续表

序号	作业项目	作业内容、标准及图示
2	外观检查	（1）站立于人力制动机踏板上，检查手制动机安装螺栓，如有松动则紧固或更换，施修后须圆周围满焊。 （2）检查手轮、制动链、拉杆防脱导框组成、踏板、支架、定滑轮等配件，如有破损、裂纹、变形等情况则更换。 （3）检查手轮组装螺栓是否紧固，弹簧垫圈、背母、开口销等是否齐全。检查时，注意脚踩稳，手抓牢，防止坠落
3	分解检修	（1）割除人力制动机安装螺栓，分解制动链；原采用拉铆钉组装的车辆须采用拉铆或螺栓组装，拆卸短尾结构的拉铆部分时应采用专用工具，禁止使用火焰切割。注意不得割伤配件。 （2）分解制动机。用手锤、撬棍使人力制动机与安装座分离，缓慢放松安全绳，使人力制动机缓慢下降，放入转运小车
4	制动机组装	（1）组装前，须检查确认人力制动机为合格品。 （2）安装制动机组装螺栓。 （3）手轮铆接作业。 （4）安装制动链。将人力制动链羊眼螺栓穿入手制动轴，依次安装弹垫、螺栓，紧固后安装开口销。 （5）各摩擦、转动部分须涂抹润滑脂。组装后检查各个尺寸符合要求
5	性能试验	（1）制动试验。 （2）缓解试验。 （3）调力试验。 具体试验步骤请参考正文

续表

序号	作业项目	作业内容、标准及图示
6	油漆与标记	（1）检修后试验合格的 NSW 型手制动机外表面须喷涂底、面漆，油漆干膜厚度不小于 120 μm。 （2）NSW 型手制动机壳体和手轮须喷涂面漆。手轮上用白油漆涂打"制动"和"缓解"方向指示标记，在箱壳上涂打"调力""常用"方向指示标记，字号为 20 号
7	完工整理	（1）作业完成后，对场地进行清理，确保无杂物遗留。 （2）填写相关检修记录，记录检修过程、更换的部件及检修结果等信息

自主提升

同步练习 6.1

1. 单选题

（1）NSW 型手制动机主要用于停车作业和（　　）。

A. 自动驾驶　　　　　　　　B. 调车作业
C. 溜车作业　　　　　　　　D. 救援作业

（2）手轮上印有"制动"（　　）"等方向指示。

A. 缓解　　　　　　　　　　B. 制动管
C. 制动缸　　　　　　　　　D. 压力风缸

（3）外观检查和功能良好的手制动机可以（　　）。

A. 更换　　　　　　　　　　B. 分解
C. 不检查　　　　　　　　　D. 不分解

（4）NSW 型手制动机安装在（　　）。

A. 1 位端　　　　　　　　　B. 2 位端
C. 1 位端 2 位侧　　　　　　D. 2 位端 1 位侧

（5）NSW 型手制动机哪项功能现已取消？（　　）

A. 制动　　　　　　　　　　B. 缓解

C. 锁闭　　　　　　　　　　　　D. 调力

2. 判断题

（1）NSW 型手制动机是铁路货车常用的一种人力制动机。　　　（　　）

（2）NSW 型手制动机只用于调车作业。　　　（　　）

（3）NSW 型手制动机具有制动、缓解、调力制动和锁闭四种功能。　　　（　　）

（4）NSW 型手制动机是在 FSW 型手制动机基础上升级而来的。　　　（　　）

（5）在进行调力功能操作时，只需要将功能手柄拨至"调力"位，顺时针转动手轮即可增大制动力。　　　（　　）

3. 结构图填空

请完成图 6-1-19 中 NSW 型手制动机组成填空。

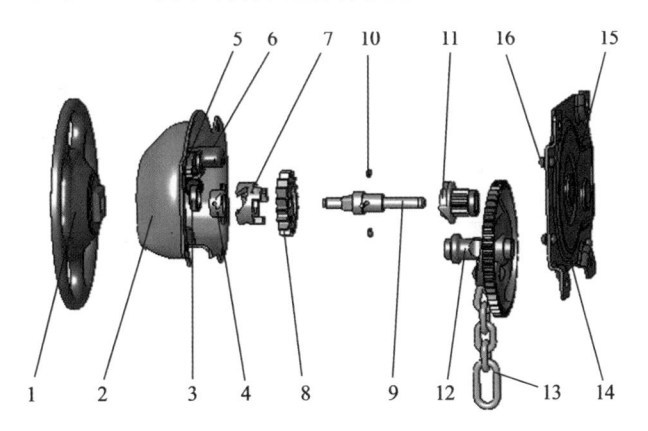

图 6-1-19　NSW 型手制动机组成

1—_____；2—_____；3—_____；4—_____；5—_____；
6—_____；7—_____；8—_____；9—_____；10—_____；
11—_____；12—_____；13—_____；14—_____；15—_____。

考核评价

线上考评 6.1

学生姓名		组名		班级			
出勤情况							
考评项目	具体内容	评价要点	分值	学生自评	小组互评	教师评定	
课前	知识点掌握情况	能够理解基础知识，如NSW型手制动机的作用、组成等	5				
	流程图掌握情况	能够简单阐述检修步骤	10				
	学习主动性	积极参与，主动接受教师指导	5				
	任务完成度	根据情况，酌情赋分	5				
课中	能够简单说出NSW型手制动机的作用和组成	论述表达清楚，酌情赋分，内容正确，错一处扣2分	10				
	能够清晰阐述NSW型手制动机的检查和维护方法	论述表达清楚，酌情赋分，内容正确，错一处扣3分	10				
	能够掌握NSW型手制动机工艺的具体内容和要求	论述表达清楚，酌情赋分，内容正确，错一处扣4分	15				
	能够明确检修工艺中需要用到的工装量具和设备	论述表达清楚，酌情赋分，内容正确，错一处扣5分	5				
	团队协作能力	根据情况，酌情赋分	5				
	课堂表现	根据情况，酌情赋分	5				
	职业素养	根据情况，酌情赋分	5				
课后	作业完成情况	根据情况，酌情赋分	10				
	交流反馈	能够进行有效互动并给出合理建议	5				
	自评反思	根据情况，酌情赋分	5				
成绩评定							
改进建议							

项目六　外制动

任务二　基础制动装置的检修

学习目标

1. 知识目标

掌握基础制动装置的组成及各零部件的作用。

2. 能力目标

能够通过基础制动系统工作原理分析其主要结构产生损伤的类型及原因。

3. 素质目标

培养学生具备一定的团队协作能力，具备顾全大局的责任意识。

学习重难点

1. 学习重点

基础制动装置的组成及作用。

2. 学习难点

基础制动系统组成各零部件的结构、类型及作用。

学习任务

货车制动梁检修任务流程如图 6-2-1 所示。

图 6-2-1　制动梁检修任务流程

基础认知

一、货车基础制动简介

1. 定义及作用

我国铁路货车基础制动装置是指从制动缸活塞推杆到闸瓦之间的一系列杠杆、拉杆、制动梁、吊杆等各个零部件所组成的机械装置。其用途是把作用在制动缸活塞上的压力空气推力增大适当倍数以后，平均地传递给各块闸瓦（或闸片），保证各闸瓦有较一致的闸瓦压力，通过将闸瓦压力转变为压紧车轮踏面（或制动盘）的机械力，阻止车轮转动而产生制动作用。

2. 基础制动装置的分类

（1）按闸瓦的配置，基础制动装置可分为"单侧制动"和"双侧制动"两种。只在车轮一侧配置闸瓦的，称为单侧制动，一般使用于铁路货车上；在车轮相对两侧都配置闸瓦的，称为双侧制动，一般使用于早期客车或者特种货车上。

如图6-2-2所示，单闸瓦式基础制动装置的构造简单，节约材料，便于检查和修理。

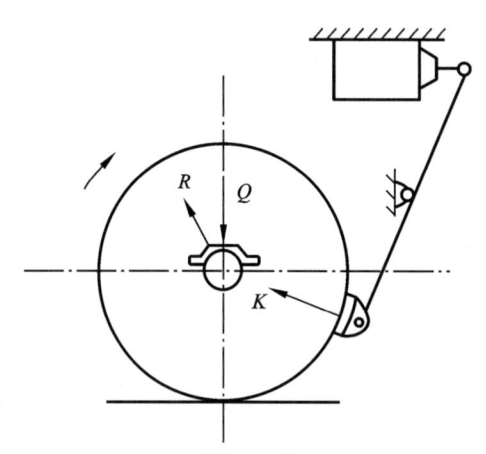

图 6-2-2　单侧闸瓦式制动示意图

（2）按传动机构的配置，基础制动装置分为"散开式"和"单元式"两种。全车只有一个制动缸，在制动缸和各闸瓦之间有很多杠杆和拉杆连接到一起散开布置在整个车架下面的，称为"散开式"；"单元式"的特点是制动缸数量较多，各个制动缸分别设置在各个轮对的附近，制动缸和闸瓦之间杠杆很少，甚至没有杠杆，从制动缸到闸瓦组成一个个非常紧凑的制动单元。

3. 单侧闸瓦式基础制动装置作用

我国目前绝大多数铁路货车均采用单侧闸瓦式基础制动装置，一般由制动缸活塞推杆、制动缸杠杆、连接杠杆、中拉杆、上拉杆、移动杠杆、固定杠杆、固定杠杆支点、制动梁、闸瓦、闸瓦间隙自动调整器及手制动拉杆等组成。另外，控制杠杆、控制杆、闸瓦托吊等零部件，也属于基础制动装置零部件范畴。其结构组成与各部名称如图6-2-3所示。

制动机制动时，压力空气进入制动缸1，推动制动缸活塞，制动缸活塞杆随之伸出，推动活塞推杆2，带动制动缸前杠杆3。此时制动缸前杠杆一边以其中部圆销为支点牵动上拉杆4，同时又以与上拉杆连接的圆销为支点带动中部连接拉杆7，连接拉杆则以制动缸后杠杆托9为支点牵动二位上拉杆，因此一、二位上拉杆同时都向车辆中部移动。上拉杆的移动，再将力传至两个转向架的制动杠杆5，在制动杠杆的下端，圆销孔与下拉杆6销接，而两端的固定杠杆10上端的支点为固定销接，不能移动，只能转动。当运动传至5、10时，带动制动梁16，使各对闸瓦压紧车轮。制动缸内压缩空气所产生的制动缸活塞推力经以上各拉杆和杠杆传到各对闸瓦，压紧车轮产生制动作用。其动作示意图如图 6-2-4 所示。

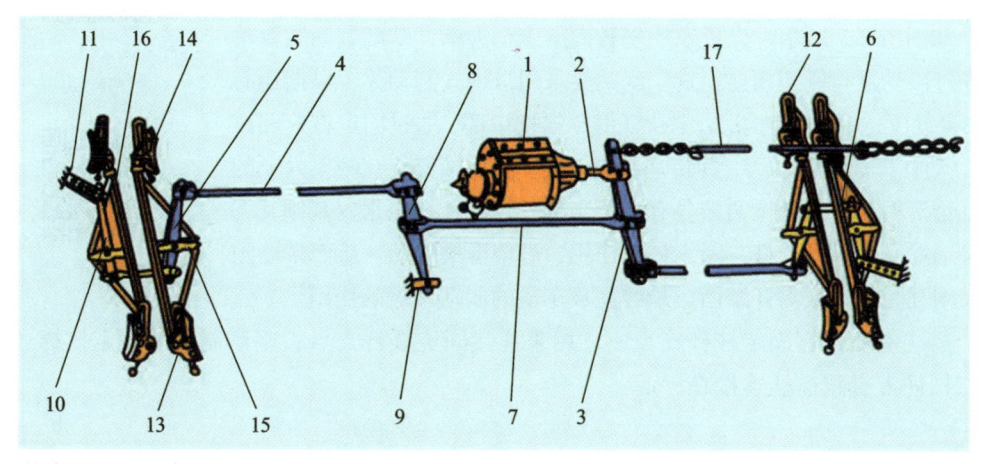

1—制动缸；2—制动缸活塞杆；3—制动缸前杠杆；4—上拉杆；5—制动杠杆；6—下拉杆；7—连接拉杆；8—制动缸后杠杆；9—制动缸后杠杆托；10—固定杠杆；11—固定杠杆支点；12—闸瓦托吊；13—闸瓦托；14—闸瓦；15—制动力支柱；16—制动梁；17—手制动拉杆。

图 6-2-3　单侧闸瓦式基础制动装置布置

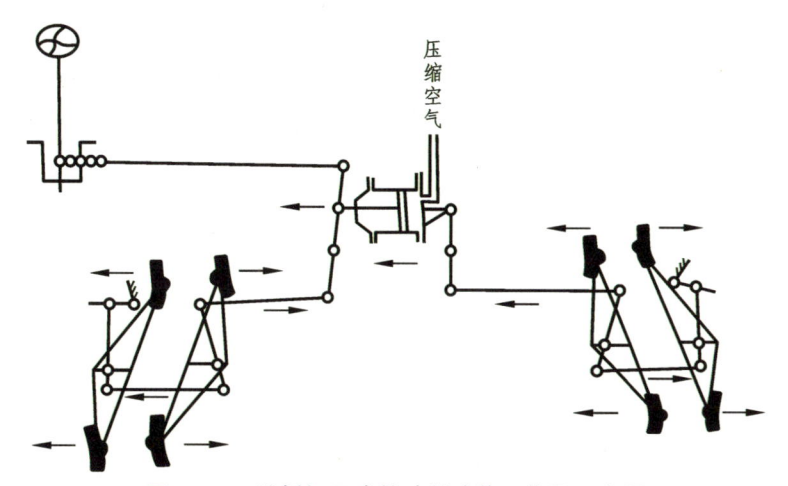

图 6-2-4　单侧闸瓦式基础制动装置作用示意图

制动机缓解时，制动缸内的压力空气排出，制动缸活塞在其缓解弹簧的作用下被推回到原位，活塞杆缩回制动缸内，各拉杆、杠杆、制动梁等也在制动梁重力的作用下，恢复到原位，闸瓦离开车轮，产生缓解作用。

当使用人力制动机时，在人力制动机链卷绕在制动轴后，人力制动拉杆直接拉动制动缸前杠杆的一端，从此以后的动作和空气制动机的制动缸活塞推出的作用相同，只是人力制动拉力比制动缸活塞推力要小得多。

二、基础制动装置主要部件

1. 制动梁

如图 6-2-5 所示,以货车主型转向架 K6 为例,基础制动装置整体通过制动梁与侧架相连。货车制动梁采用滑槽式制动梁(早期还有 T 形制动梁、弓形制动梁),中拉杆横穿摇枕中部,通过固定杠杆和游(移)动杠杆放大制动力,并传递给制动梁。制动梁安装在侧架内侧的制动梁滑槽内。制动梁两端各有一个闸瓦托,闸瓦托用来安装闸瓦,当制动梁受到移动杠杆、固定杠杆作用,沿着滑槽移动,从而带动闸瓦及闸瓦托压紧或离开踏面,最终完成车辆的制动和缓解作用。

摇枕侧面焊有固定杠杆支点座,用来连接固定杠杆支点,基础制动的固定杠杆通过固定杠杆支点跟摇枕连接在一起。

L-A(B)、L-C 型滑槽式制动梁

中拉杆

(a)装配示意图　　(b)转向架具体位置

1—移动杠杆;2—固定杠杆;3—制动梁;4—中拉杆;5—固定杠杆支点;6—固定杠杆支点座。

图 6-2-5　组合式制动梁结构(转 K6 转向架)

我国货车转向架主要采用 L-B 型组合式滑槽制动梁,滑块与制动链端头连成一体,用优质钢整体模段制出,滑块卡在侧架内侧的制动梁滑槽内,为了防止直接磨耗,滑槽和制动梁滑块上都装有磨耗套。各结构组成名称如图 6-2-6 所示。

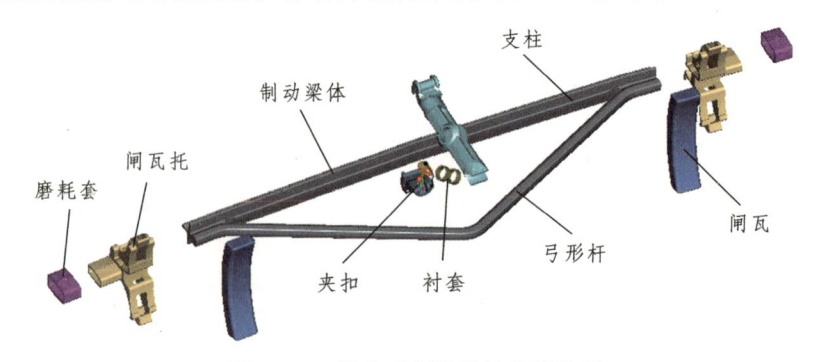

图 6-2-6　组合式制动梁结构爆炸图

如图 6-2-7（a）所示，K5 转向架基础制动采用中拉杆式组合式制动梁，即拉杆从摇枕中部穿过[转 K4 型为下拉杆，拉杆穿过摇枕下部，见图 6-2-7（b）]。与 K6 转向架不同的是，其采用链蹄环结构去连接固定杠杆，如图 6-2-8（b）所示。固定杠杆采用铰接结构，具体结构如图 6-2-8（a）所示。为了防止制动梁脱落，在制动梁上装有两条安全链，分别用螺栓连接在摇枕的两侧。安全链一般留有 200 mm 的松余量。

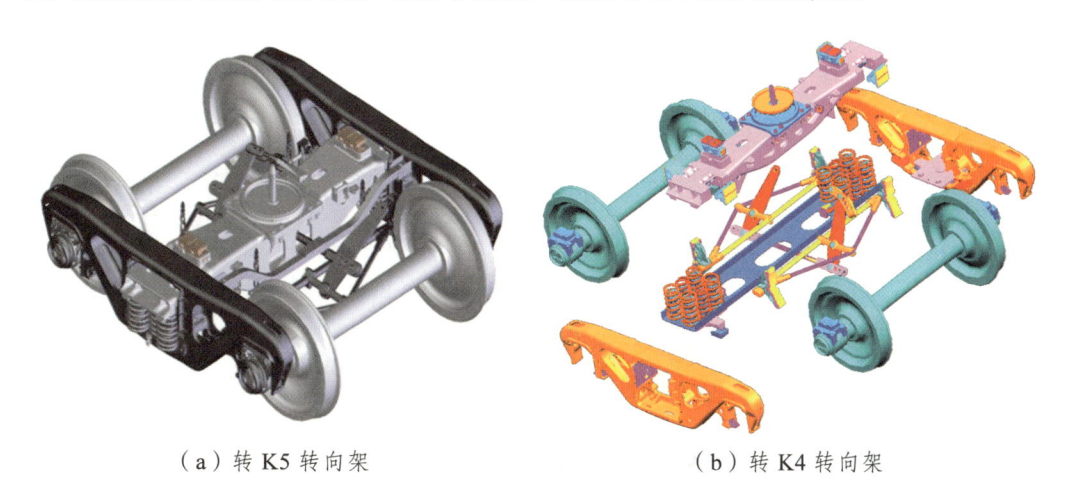

（a）转 K5 转向架　　　　　　　　（b）转 K4 转向架

图 6-2-7　不同拉杆形式

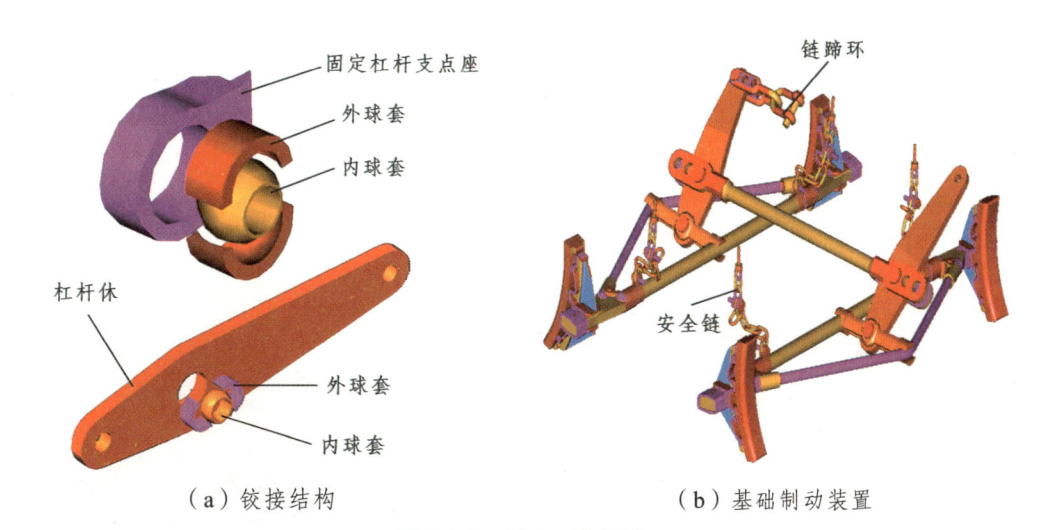

（a）铰接结构　　　　　　　　（b）基础制动装置

图 6-2-8　转 K5 转向架

支柱为优质钢的模锻件，弓形杆为轧制的优质圆钢，撑杆为轧制无缝钢管，支柱与弓形杆、撑杆接合部都为卡装，滑块与弓形杆采用过盈套装结构。

我国大部分货车制动链支柱都为 40°倾斜，因此同一转向架的两根制动梁有左右之分，不能反装。区别方法：面向制动链背侧顺手插入斜口，左手顺插为左部，右手顺插为右部。

2. 转向架集成式制动装置

转向架集成式制动装置将制动缸、闸调器以及传动杠杆等集成在转向架上，车体与转向架之间的连接除心盘和旁承外，仅有制动风管和手制动拉杆等，整个装置直接安装在转向架上，具有便于专用车辆安装、提高传动效率及制动与缓解的可靠性、减少制动故障、消除制动时上拉杆拉力对转向架附加力矩的不利影响等显著优点。

2016年6月，由中车齐齐哈尔车辆有限公司设计的平置自承式 BAB 型集成式制动装置和长江公司研制的一体式自增力 DAB 型转向架集成制动装置通过了装车试验并顺利完成了运用考验。自此，集成式制动装置开始在原制动装置空间受限的漏斗车、全钢浴盆车、双层集装箱平车、低重心罐车及长大货物车等专用车辆上装用，现多见于 SQ6 型凹底双层运输车。

BAB 型集成式制动装置分为 BAB-1 型和 BAB-2 型两种类型，分别使用 915 mm 和 840 mm 轮径。如图 6-2-9 所示，BAB 型集成式制动装置由制动缸、闸调器、制动梁、推杆、制动杠杆等组成，分为带手制动和不带手制动两种形式。其优点如下：

①制动缸安装在制动梁上，制动力通过前后杠杆、推杆直接作用到制动梁上，重车传动效率≥0.8。

②制动缸缓解弹簧提供 700~800 kN 的缓解作用力，具有主动缓解功能。

③闸瓦压力均匀，可降低车轮偏磨。

④结构简单，质量轻，组装、检修方便，运用可靠。

⑤压缩式闸调器和推杆穿过摇枕中部孔，所有零部件不与摇枕连接。

⑥降低了牵引、制动过程中的能源消耗。

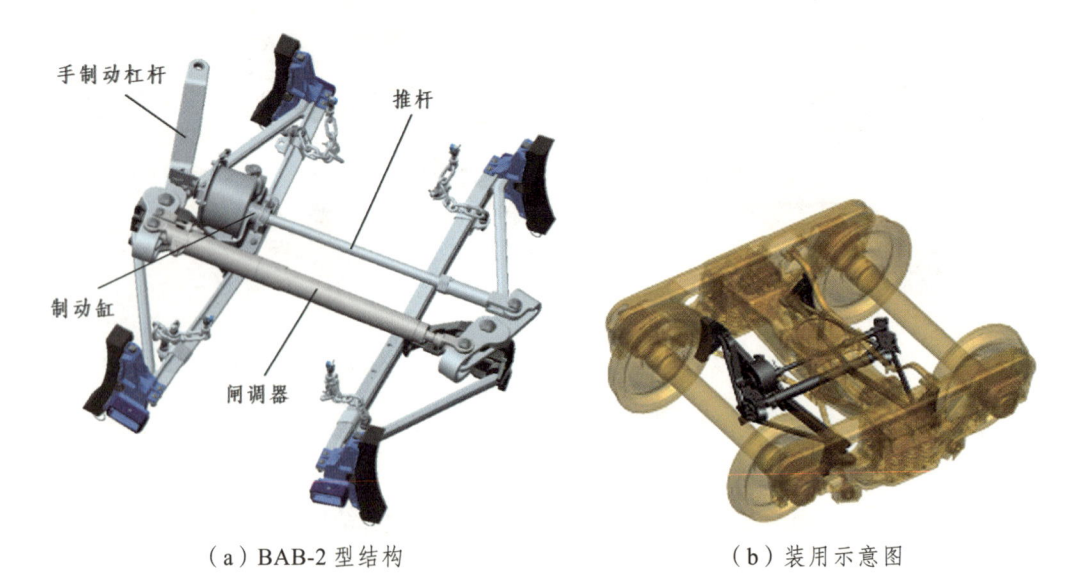

（a）BAB-2 型结构　　　（b）装用示意图

图 6-2-9　BAB 型

如图 6-2-10 所示，DAB 型集成式制动装置的特点是单元制动缸集成了增力型制动缸及压缩式闸调器，能够产生、放大制动力，并自动调整闸瓦与车轮间的间隙，使活塞行程保持在一定范围内。

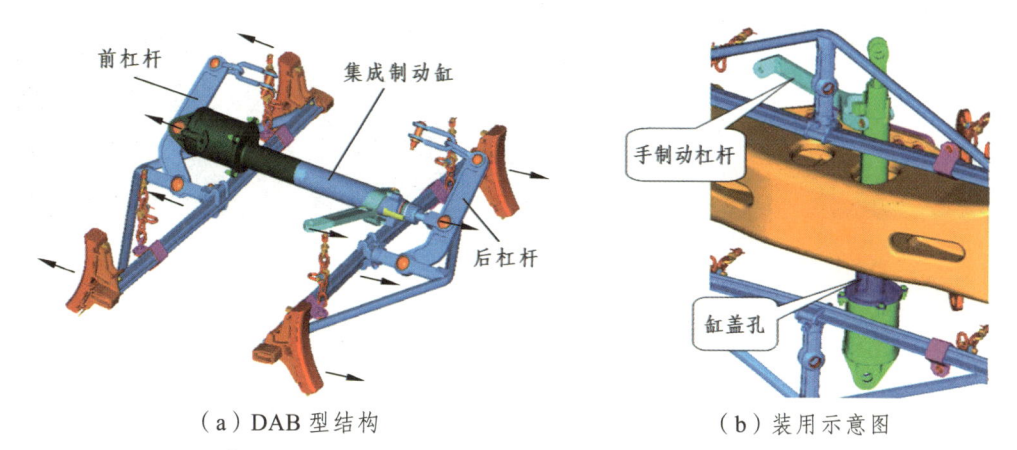

（a）DAB 型结构　　　　　　　　　　（b）装用示意图

图 6-2-10　DAB 型

DAB 型制动力的传递过程：制动缸推出力→制动缸侧杠杆→前制动梁→闸调器→非制动缸侧杠杆→后制动梁→推杆→制动缸座→前制动梁。

集成制动简介

3. 制动缸活塞杆与推杆

制动缸活塞杆是钢管制成的中空筒形圆杆，用圆钉铆固在制动缸活塞座上，中间插入推杆，两者没有固定结合装置。制动时，推杆随着活塞向外移动，推动制动缸杠杆产生制动作用。缓解时，在缓解弹簧的作用下，推杆缩回到筒形活塞杆内。当使用人力制动机时，推杆从筒形活塞杆内拉出，不会带动制动缸活塞一起移动，可以减少阻力。由于推杆和制动缸活塞没有固定的组合装置，并且两者之间有相当的间隙，故当制动缸活塞与制动缸活塞推杆移动方向不一致时，也不会产生别劲。同时在车列中清洗制动缸时，取出活塞也很方便。其结构图如图 6-2-11 所示。

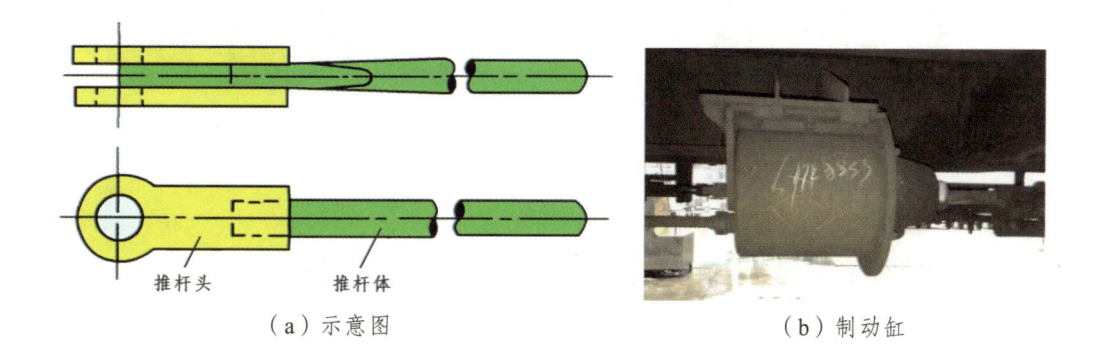

（a）示意图　　　　　　　　　　（b）制动缸

215

（c）推杆　　　　　　　　　　　　　（d）装配实物

图 6-2-11　货车制动缸活塞推杆

4. 杠杆、拉杆

基础制动装置中的拉杆和杠杆分别起传递和放大制动力的作用。如图 6-2-12、图 6-2-13 所示，制动缸活塞推杆连接的是前杠杆，制动缸后方为后杠杆，前后杠杆之间连接的是闸调器。杠杆由于中部受力较大，故其断面尺寸较大，两端稍窄，构成鱼腹形。

图 6-2-12　前杠杆（左）、后杠杆（右）　　　　图 6-2-13　上拉杆

前后杠杆通过上拉杆分别连接两个转向架的移（游）动杠杆。移动杠杆再通过中拉杆连接固定杠杆，当移动杠杆动作，中拉杆、固定杠杆动作，从而将制动力传递给制动梁。手制动机拉杆连接的也是前杠杆，可以取代制动缸，使基础制动装置动作。

5. 闸瓦、闸瓦托

闸瓦种类比较多，有铸铁闸瓦和合成闸瓦。如图 6-2-14 所示，货车现用闸瓦为高摩擦系数合成闸瓦，简称高磨合成闸瓦。它是由钢背和摩擦体两部分组成。合成闸瓦由于材料强度较小，所以需要一块钢板增加它的强度。

（a）合成闸瓦

（b）钢背

（c）闸瓦托

（d）闸瓦插销

图 6-2-14　闸瓦与闸瓦托

闸瓦托为安装闸瓦的支承件，由铸钢制成。闸瓦通过闸瓦插销（闸瓦钎）被固定。闸瓦钎下部有开孔，用来安装闸瓦插销环，防止车辆在振动时，闸瓦插销从闸瓦托中窜出。

闸瓦托与闸瓦的接触面的弧度为 $R451\,\mathrm{mm}$，中部两支承面必须与闸瓦接触，闸瓦向闸瓦托上安装时，将闸瓦的鼻子嵌入闸瓦托的两支承面中间，闸瓦插销由上向下插入，穿过闸瓦与闸瓦托的插销座，使闸瓦能在闸瓦托上保持定位。当闸瓦磨耗到限时，拔出闸瓦销即可将闸瓦取下，再装上新闸瓦，装拆均比较方便。

闸瓦发展史简介

6. 闸瓦间隙自动调整器

为了保证行车安全，货车基础制动装置增设了闸瓦间隙自动调整器（简称闸调器），如图 6-2-15 所示。闸调器位于制动缸的前后杠杆之间，取代了早期的连接拉杆。它能在制动过程中根据闸瓦的变化（磨耗或者换新），自动调整闸瓦与车轮之间的间隙，使制动缸活塞行程（活塞移动的距离）保持在正常范围，避免制动力过大或者过小，造成车轮踏面擦伤或者制动距离增大。

我国在20世纪70年代后期开始研制闸瓦间隙自动调整器。1980年研制铁路货车新式闸调器，1982年定名ST$_1$-600型闸调器。此后经过改进设计，减轻质量，并缩小调整量到250 mm，将闸调器安装在中拉杆处，定名为ST$_2$-250型闸调器，如图6-2-15（b）所示。现阶段ST$_2$-250型闸调器已成为我国铁路货车的主型闸调器。

（a）实物

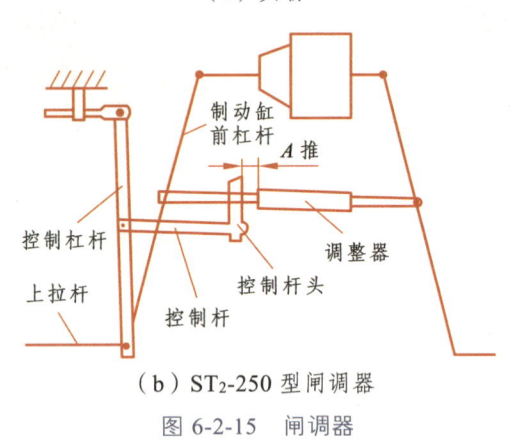

（b）ST$_2$-250型闸调器

图6-2-15　闸调器

（1）闸调器的功能。

①能根据闸瓦间隙的变化，自动使制动缸活塞行程保持在规定的范围内，保持闸瓦与车轮的间隙正常，确保货车制动力不衰减，有效地保证了行车安全。

②在列车中各辆车的制动缸活塞行程能自动保持一致，减小了列车的纵向动力作用，使列车的冲击力减小。

③采用自动调整作用，大大减轻了列检工作人员手工调整制动缸活塞行程的体力劳动，缩短了列检停站技术作业的时间，从而加速货车周转，提高了运输效率。

（2）闸调器的特点。

如图6-2-16所示，ST型闸调器是双向调整闸调器，ST$_1$-600型闸调器和ST$_2$-250型闸调器两种闸调器的作用原理都一样，其区别是安装的位置不同（ST$_1$-600安装在上拉杆处）和螺杆的工作长度不同，ST$_1$-600型闸调器的螺杆工作长度为600 mm，ST$_2$-250型闸调器螺杆工作长度为250 mm。ST型闸调器具有以下特点：

①ST型闸调器具有双向调整作用。货车运行中，无论闸瓦与车轮的间隙偏大或偏

小，它都能自动地调整制动缸活塞行程达到正常间隙，使制动缸活塞行程保持在规定的范围内。

②采用非自锁螺纹式机械结构，作用比较可靠，机构紧凑，而且动作较迅速，对空气制动又没有干扰。

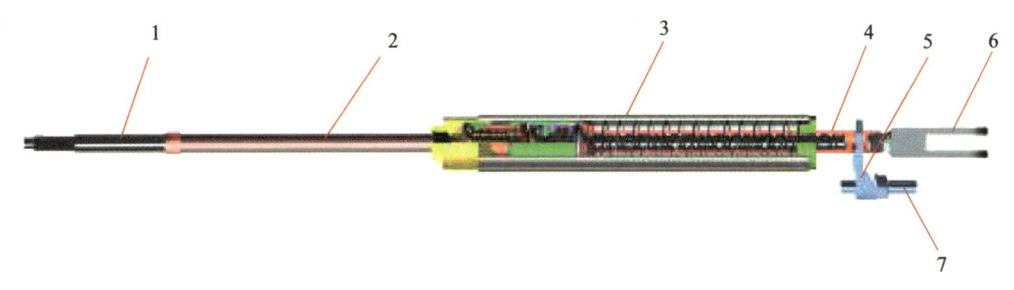

1—螺杆；2—护管；3—调整器体；4—拉杆；5—控制杆头；7—控制杆。

图 6-2-16　闸调器

闸调器结构及原理简介　　制动缸活塞行程调整的意义　　货车制动倍率计算方法

拓展知识

1. 货车制动倍率 β

所谓制动倍率，是指制动缸活塞推力，经杠杆系统转换为闸瓦压力时所扩大的倍数，即

$$\beta = \frac{\sum K}{P_r}$$

式中　β——制动倍率；

　　　P_r——制动缸活塞推力；

　　　$\sum K$——一辆车按理论计算的闸瓦总压力。

基础制动装置放大制动力的倍数叫作制动倍率，制动倍率的大小与制动缸活塞行程及闸瓦间隙大小无关，仅与基础制动装置各杠杆的孔距尺寸有关。选择制动倍率应适中：制动倍率过小，要保证足够的闸瓦压力，必须考虑提高制动管定压，或增大制动缸直径，这样则会造成空气制动系统耐压强度及漏泄严重的问题，或者增大制动缸直径，带来不便安装布置的困难；制动倍率过大，又会带来闸瓦磨耗，引起制动缸活塞行程显著伸长，影响制动效果，造成检修工作量大的问题。我国客货车的制动倍率，一般客车在 7~9 之间，货车在 8~10 之间。

2. 制动梁检修要求

（1）制动梁从转向架分解下来后，闸瓦、闸瓦插销从制动梁上依次拆解，闸瓦全数换装新品，同一制动梁闸瓦型号要一致。

（2）闸瓦插销集中检修：分别检测闸瓦插销头部、中部剩余厚度，头部剩余厚度小于 13 mm、中部剩余厚度小于 10 mm 时更换。

（3）螺栓、螺母、拉铆钉等紧固件状态良好可不分解，松动或锈蚀严重时更换，安全链架子状态良好可不分解。

（4）段修时，需对制动梁滑块根部进行探伤检查，厂修时，还需对 $R6~R8$ mm 圆弧根部进行探伤检查。

3. 杠杆、拉杆检修要求

（1）外观检查。检查制动杠杆、拉杆，有裂纹时更换，腐蚀或磨耗超限时堆焊后加工或更换。转向架固定杠杆与固定杠杆支点座间链蹄环、支点裂纹时更换；链蹄环杆腐蚀、径向磨耗大于 3 mm 时更换；链蹄环及支点圆销孔径向磨耗大于 2 mm 时更换。

（2）孔距检测。检测制动杠杆、拉杆孔距，与现车车型制动倍率相一致。其中，固定杠杆、游动钢孔距偏差大于 3 mm 时，拆除原衬套、堵焊并加工圆销孔后镶套。堵孔重钻者，两孔距偏差 ±1 mm。下拉杆、中拉杆两内孔距偏差大于 10 mm 时堵焊后加工圆销孔或更换。圆销孔径向磨耗超限时扩孔镶套。

（3）拉力试验。新焊装上拉杆头的搭接量不小于 50 mm，新焊装下拉杆头的搭接量不小于 85 mm，焊后进行拉力试验。

4. 工装设备、检测器具、工具清单

工具设备清单 6.2

5. 转 K6 型转向架制动梁检修工艺（见表 6-2-1）

表 6-2-1

序号	作业项目	作业内容、标准及图示
1	外观检查	（1）手电筒和检点锤相互配合，从制动梁右端向左端依次敲击检查制动梁状态。 （2）目视检查制动梁滑块磨耗套状态，断裂时需更换。 （3）目视检查制动梁闸瓦托状态，闸瓦托裂纹、磨平时需更换。 （4）检查制动梁支柱及衬套状态，松动、裂纹时更换。 （5）检查制动梁安全链及卡子状态，发现安全链卡子松动、裂纹时更换。 （6）检查制动梁检修标记状态是否规范

续表

序号	作业项目	作业内容、标准及图示
2	制动梁检测	（1）检测组合式制动梁全长。 （2）测量制动梁两闸瓦托中心距，要求：组合式制动梁两闸瓦托中心距离为 1524^{+6}_{-4} mm，超限时更换梁架或调整闸瓦托位置。 （3）检测制动梁两闸瓦托中心至支柱中心距离。 （4）检测组合式制动梁支柱孔中心至闸瓦托弧面中心距，要求：制动梁支柱孔中心至闸瓦托弧面中心距为 53^{+7}_{-2} mm。 （5）检测制动梁两闸瓦托倾斜度。 （6）检测制动梁两闸瓦托扭曲情况
3	除锈	（1）确认制动梁在存放托盘卡槽内放置稳固。 （2）对制动梁标志牌表面污垢进行清理，标志板信息需清晰可见。 （3）进行人工除锈，使用角磨机对闸瓦托滑块根部进行除锈；滑块根部除锈后表面清洁度须达到 Sa2 级，局部不低于 Sa1 级
4	电磁探伤	（1）确认磁悬液浓度符合 1.3～2.5 mL/100 mL。 （2）除锈质量检查，并使用手持机核对制动梁信息。 （3）进行探伤作业，作业完毕后涂打探伤标记。 （4）组合式制动梁闸瓦托滑块根部裂纹深度不大于 1 mm、长度不大于 30 mm 时，磨修并圆滑过渡；裂纹超限时制动梁报废。 （5）采集探伤结果信息
5	安全链检修	（1）分解制动梁安全链头，检查链头无破损、滑扣。 （2）手持检点锤敲击检查制动梁安全链及卡子等附属件，松动、链环裂纹时需更换。 （3）依次对各部进行限度测量，要求：安全链吊座厚度≥4 mm，孔边宽度≥8 mm，制动梁安全链环直径≥9 mm，安全链卡子厚度≥2 mm。 （4）将安全链长眼孔螺栓装入安全链卡子内，卡子组装螺栓点需焊固。 （5）同一制动梁安全链及卡子结构需一致，检查同一制动梁两安全链卡子中心距符合（1 000±5）mm

续表

序号	作业项目	作业内容、标准及图示
6	闸瓦组装	（1）确认制动梁在存放托盘卡槽内放置稳固。 （2）放置闸瓦，将闸瓦放置于闸瓦托上。 （3）安装闸瓦插销。 （4）安装闸瓦插销环。 （5）段修时闸瓦须全数装用新品，厂代号端须向上。同一制动梁闸瓦形式须一致
7	标记涂打	（1）涂装底漆，确认制动梁编号，核对无误后进行标记涂打并进行质量检查。 （2）检修标记应包括检修车间简称、检修年月4位标记，字号为20号。检修标记应涂打在横梁或撑杆上距支柱中心 200 mm 处
9	完工整理	（1）每日完工后关闭风源、电源，将风带、拉铆机管带盘起放置，整理工具，擦拭设备，做到干净、整齐、安全。 （2）整理本工位工具、配件，严格按照定量管理要求摆放整齐，做到干净、整齐、安全。 （3）清扫作业区域，做到工完料净场地清

自主提升

同步练习6.2

1. 选择题

（1）以下哪些属于基础制动装置制动梁结构组成部分。（　　）

A. 制动缸　　　　　　　　B. 制动缸前杠杆

C. 闸瓦托　　　　　　　　D. 上拉杆

（2）L-A 型制动梁、L-B 型制动梁的结构区别在（　　）结构上。

A. 制动梁架　　　　　　　B. 支柱

C. 闸瓦托　　　　　　　　　　　D. 夹扣

（3）平行头弓杆制动梁及滑槽式制动梁拉力试验的试验压力为（　　）。

A. 60 kN　　　　　　　　　　　B. 50 kN

C. 70 kN　　　　　　　　　　　D. 90 kN

2. 判断题

（1）单闸瓦式基础制动装置在制动时，车轮只受一侧的闸瓦压力作用，结构简单，闸瓦单位面积承受的压力大，制动效果好。　　　　　　　　　　　　　（　　）

（2）铸铁闸瓦因其制动效能高在铁路上得到广泛的应用。　　　　（　　）

（3）安全链的主要功能是防止基础制动装置中的下拉杆脱落。　　（　　）

3. 结构认知

说明图 6-2-17 中所示各结构的名称。

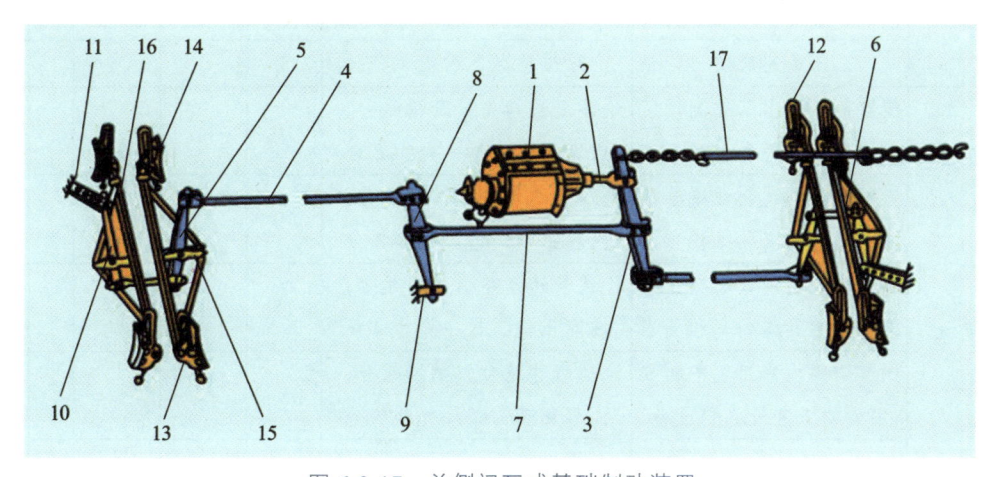

图 6-2-17　单侧闸瓦式基础制动装置

1—_____；2—_____；3—_____；4—_____；5—_____；
6—_____；7—_____；8—_____；9—_____；10—_____；
11—_____；12—_____；13—_____；14—_____；
15—_____；16—_____；17—_____。

考核评价

线上考评 6.2

学生姓名		组名		班级			
出勤情况							
考评项目	具体内容	评价要点	分值	学生自评	小组互评	教师评定	
课前	知识点掌握情况	能够理解基础知识，如基础制动装置的作用、组成等	5				
	流程图掌握情况	能够简单阐述检修步骤	10				
	学习主动性	积极参与，主动接受教师指导	5				
	任务完成度	根据情况，酌情赋分	5				
课中	能够简单说出基础制动装置的作用和组成	论述表达清楚，酌情赋分，内容正确，错一处扣 2 分	10				
	能够清晰阐述制动梁等典型结构的检查和维护方法	论述表达清楚，酌情赋分，内容正确，错一处扣 3 分	10				
	能够掌握制动梁等典型结构检查的具体内容和要求	论述表达清楚，酌情赋分，内容正确，错一处扣 4 分	15				
	能够明确检修工艺中需要用到的工装量具和设备	论述表达清楚，酌情赋分，内容正确，错一处扣 5 分	5				
	团队协作能力	根据情况，酌情赋分	5				
	课堂表现	根据情况，酌情赋分	5				
	职业素养	根据情况，酌情赋分	5				
课后	作业完成情况	根据情况，酌情赋分	10				
	交流反馈	能够进行有效互动并给出合理建议	5				
	自评反思	根据情况，酌情赋分	5				
成绩评定							
改进建议							

> 考核评价

碳纤维

1. 碳纤维简介

碳纤维是一种含碳量在 90%以上的高强度、高模量纤维材料，具有轻质、高强度、耐腐蚀、耐高温等特性。它主要由有机纤维在高温下裂解碳化而成，可用于制造飞机结构、汽车车身、体育器材等高科技产品。碳纤维因其优异的性能被誉为"新材料之王"，在航空航天、汽车工业、体育休闲等领域有广泛应用。但由于碳纤维的生产成本较高，且成型相对复杂，限制了其在一些领域的应用。

2. 货车车体应用情况

2024 年 9 月 10 日，由我国自主研发的首批碳纤维重载铁路货车，在黑龙江齐齐哈尔正式下线。这次下线的铁路货车共有 6 辆，车体首次使用以碳纤维为主的新材料。货车自重仅 18 t，载重达到 82 t，容积 94.3 m³，为国内同轴重铁路货车最高水平，车辆整体技术世界领先。

碳纤维以其高强度、防腐蚀、质量轻的特性，为铁路货车的设计制造注入了新的活力，实现了车辆自重的显著降低，更在载重和容积上达到了国内同轴重铁路货车的最高水平，不仅提高了货车的运输效率，更为铁路货运的绿色发展开辟了新的道路。

3. 货车闸瓦应用情况

目前，碳纤维闸瓦在铁路货车上的应用还处于推广阶段，但已经在一些特定领域和车型上得到了应用。例如在重载列车上，碳纤维闸瓦因其耐磨性好和制动性能优越，被用于替代传统的铸铁闸瓦。这不仅可以提高重载列车的制动性能，还可以延长闸瓦的使用寿命，降低维护成本。

随着技术的不断进步和成本的降低，碳纤维闸瓦有望在未来得到更广泛的应用。目前，研究人员正在不断探索碳纤维闸瓦的最佳配方和制备工艺，以提高其综合性能。例如，通过添加石墨烯等纳米材料，可以进一步提高碳纤维闸瓦的摩擦系数和耐磨性。同时，也在研究碳纤维闸瓦的制动性能和安全性评估方法，以确保其在实际应用中的可靠性和稳定性。

任务三　单车性能试验

> 学习目标

1. 知识目标

学习单车性能试验的具体步骤与方法。

2. 能力目标

掌握单车性能试验的检修流程。

3. 素质目标

引导学生养成遵规守纪、勇于探索的良好品德。

学习重难点

1. 学习重点

感度试验的方法和原理。

2. 学习难点

安定性试验的方法和原理。

学习任务

货车单车性能试验的具体检修流程如图 6-3-1 所示。

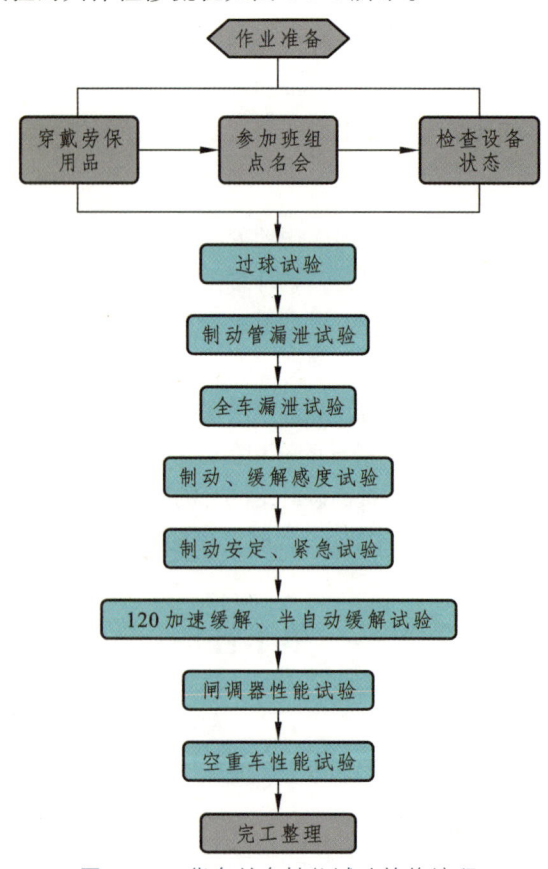

```
                    作业准备
        ┌──────────────┼──────────────┐
    穿戴劳保        参加班组        检查设备
     用品          点名会          状态
        └──────────────┼──────────────┘
                    过球试验
                       │
                  制动管漏泄试验
                       │
                  全车漏泄试验
                       │
                制动、缓解感度试验
                       │
                制动安定、紧急试验
                       │
            120加速缓解、半自动缓解试验
                       │
                  闸调器性能试验
                       │
                  空重车性能试验
                       │
                    完工整理
```

图 6-3-1　货车单车性能试验检修流程

基础认知

一、制动机性能试验

制动机性能试验是对整列车的制动机性能进行质量检查、分析和故障判定的一种手段，包括制动阀和整个制动装置各部件在内的各项性能与漏泄的全部检查，分为试验台试验、单车试验和列车试验。

（1）试验台试验是对整个制动阀未装车前在专用的实验台上进行性能检查，经试验合格后，才能装配到车辆上（见图 6-3-2）。

图 6-3-2　120 阀试验台试验

（2）单车试验是对一辆车的制动机的性能进行检查，只有经单车试验合格后的车辆才能编组到列车中。

（3）列车试验是对已经编组的列车进行全列车的制动装置的性能检查，包括简略试验、全部试验、持续一定时间的保压试验，如图 6-3-3 所示。只有经列车试验合格后的列车，才能参加运输生产。

（a）司机显示屏 　　　　（b）控制手柄

图 6-3-3　列车试验

由此可见，车辆制动装置组装完毕后，须按规定进行单车试验，包括新造的车辆或者经过检修的车辆。

二、单车试验类型

单车试验在客、货车检修现场均有两种操作方法，手动和微机控制两种（见图6-3-4）。微机控制的单车试验在车辆段现场占大多数，个别场地和风源受限的可以选择手动进行单车试验。

（a）微机控制 　　　　　　　　　　（b）手动控制

图 6-3-4　单车试验器

1. 手动单车试验器的构造和作用

手动单车试验器的构造如图6-3-5所示，各部分组成的作用如下：

（1）构架就是单车试验器的支撑及安装部分，放在小车上，方便灵活。

1—制动软管连接器；2—远心集尘器；3—给风阀；4—双针压力表；5—单车制动阀；6—构架

图 6-3-5　单车试验器结构图

（2）制动软管连接器的作用是连接车辆一端的制动软管并提供风源。

（3）远心集尘器的作用就是过滤空气中的杂质和水分。

（4）双针压力表用来监测制动管中的压力，有红黑两根指针：红针指示总风源的压力，黑针指示车辆制动管的压力。

（5）给风阀的作用是将风源送来的高压空气的压力调整到车辆制动管所需的压力值并使之保持恒定（货车为 500 kPa，客车为 600 kPa）。

（6）构架就是单车试验器的支撑及安装部分，放在小车上，方便灵活。

单车制动阀外形如图 6-3-6 所示。阀内有阀体 1、回转阀座 2、手把 3 等。单车制动阀的回转阀座上有 A~E 共 6 个孔位，当转动单车制动阀手柄时，分别对应不同的作用位置。

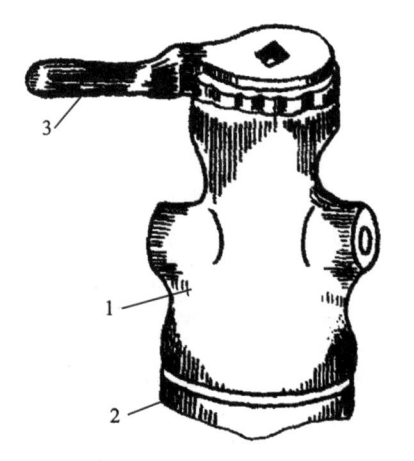

1—阀体；2—回转阀座；3—手把。

图 6-3-6 单车制动阀外形

单车制动阀的用途是将给风阀送来的压缩空气转送到制动主管使之增压，或将制动主管的压缩空气排向大气使之减压，或关闭通向制动主管和大气的通路使之保压，以达到车辆制动机发生制动、保压、缓解等作用的操纵机构。

2. 微机控制单车试验器

如图 6-3-7 所示，微机控制单车试验器能对车辆制动机和闸调器进行机能试验。试验时可自动控制，也可手动操作；可对所有试验项目进行自动连续试验，也可对某个项目单独试验；能对试验过程进行实时监控，也可对试验结果进行打印、存储、查询和删除等操作。

目前，部分货车车辆段更新技术，选用集中控制的单车试验器，如图 6-3-8 所示，即在地面下方引入风源，车辆可在工位上直接测试，避免了推车的麻烦。

3. 单车试验器作用位置（手动）

因微控单车试验器能够自动进行试验，不需要人工参与，故以手动操作讲解单车试验器的作用原理。

(a）试验器外形　　　　　　　　　（b）显示器界面

图 6-3-7　微控单车试验器

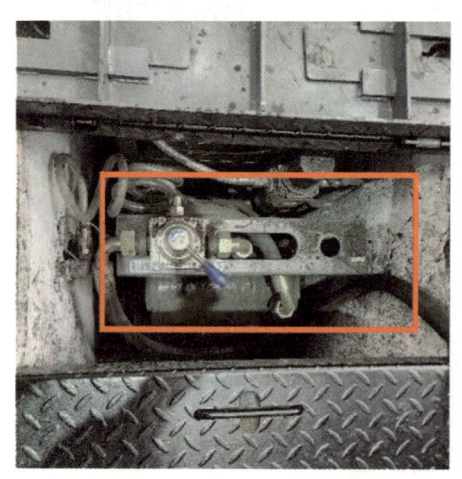

图 6-3-8　集控单车试验器

（1）第Ⅰ位：快充气位。

单车制动阀手把放在第Ⅰ位时，给风阀来的压缩空气进入回转阀上方后向车辆制动管充气。因 A 孔大，能够实现制动管快速增压。

（2）第Ⅱ位：慢充气位。

单车制动阀手把放在第Ⅱ位时，给风阀来的压缩空气仍然向车辆制动管充气，因 B 孔较小，所以充气速度较慢。第Ⅱ位使车辆制动管缓慢增压，因此可用此位来检查制动机缓解的灵敏度，即缓解灵敏度，故第Ⅱ位又称缓解灵敏度试验位。

（3）第Ⅲ位：保压位。

单车制动阀手把在此位，各通路都遮断，实现了制动管的保压状态。向车辆制动管充气到一定压力后再放置此位，即可停止制动管的增压；同样当制动管减压后，再移放置此位，即可停止制动管的减压。

（4）第Ⅳ位：慢排气位。

单车制动阀手把在此位时，制动管的压缩空气排向大气。C孔很小，制动管排气缓慢，故可用此位检查制动机的制动灵敏度，即制动灵敏度。第Ⅳ位也可叫制动灵敏度试验位。

（5）第Ⅴ位：快排气位。

单车制动阀手把在此位时，车辆制动管的压缩空气排向大气。由于D孔较大，制动管排气较快，故可用此位检查制动机常用制动的安定性，如不发生紧急制动，说明安定性良好。第Ⅴ位也可叫制动安定试验位。

（6）第Ⅵ位：紧急排气位。

单车制动阀手把在此位时，车辆制动管的压力空气排向大气。E孔最大，制动管排气压力迅速降至0，使制动机发生紧急制动作用。第Ⅵ位也叫紧急制动试验位。

4. 列车试验

列车制动机性能试验简称列车试验，也叫列车试风，可以提前发现制动机的故障，以便及时检修处理。列车制动机试验是铁路运输中不可或缺的一环。通过严格的试验程序，可以确保列车制动系统的性能和可靠性，为铁路运输的安全提供有力保障。

1）旅客列车制动机试验

如图6-3-9所示，旅客列车制动性能试验有全部试验、总风系统漏泄试验、简略试验和持续一定时间的全部试验。其中，持续一定时间的全部试验包括全部试验和持续一定时间的保压试验。

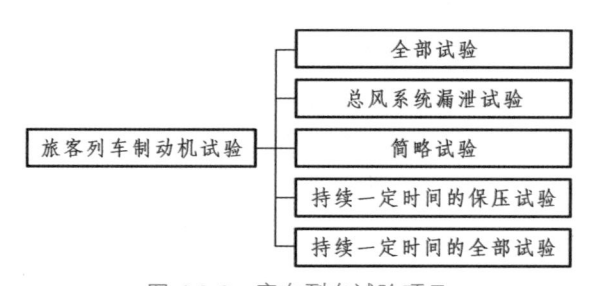

图6-3-9 客车列车试验项目

（1）试验时机。

①库列检作业时，应使用微控列车制动机试验器对旅客列车制动机进行全部试验、列车总风管漏泄试验及持续一定时间的保压试验。

②在有客列检作业的车站折返的旅客列车作业时，应按规定进行列车制动机全部试验。

③旅客列车始发前，通过旅客列车技术检查作业后，更换机车或更换机车乘务组时，列车停留超过20 min，列车软管有分离情况时，列车进行摘、挂作业开车前，应按规定进行制动机简略试验。

④终到旅客列车不做制动机试验。

（2）试验方法及技术要求。

① 全部试验。

A. 试验准备：将列车制动管与微控列车试验器连接前，必须对系统管路进行排水排尘。试验前对车列防溜装置进行检查。安装尾部试风监测仪，在列车制动管尾部达到定压 600 kPa 后，检查列车尾部车辆压力表与尾部测试设备（校对风表）压力差不大于 20 kPa。

B. 客列尾试验（仅在库列检实施）。

a. 客列尾试验装置分别与首部、尾部客列尾主机建立连接。

b. 首部、尾部客列尾主机查询压力正常。

c. 客列尾辅助排风试验。

列车制动管达到定压后，减压 100 kPa 保压，分别触发首部、尾部客列尾主机排风。排风须能够分别引起首部、尾部车辆发生紧急制动作用。

C. 漏泄试验（仅在库列检实施）。

列车制动管达到定压后，保压 1 min 列车制动管漏泄不大于 20 kPa。

D. 制动缓解感度试验。

列车制动管达到定压后，制动管减压 50 kPa（试验设备减压速度控制在 10～20 kPa/s），全列必须发生制动作用，保压 1 min 不得自然缓解。充风缓解，全列在 1 min 内缓解完毕。

E. 制动安定试验。

列车制动管达到定压后，制动管减压 170 kPa（试验设备减压速度控制在 25～35 kPa/s），确认全列车制动机不得发生紧急制动作用。制动缸活塞行程须符合规定。在制动保压状态下，保压 1 min 列车制动管漏泄不大于 20 kPa。

② 总风系统漏泄试验。

将列车总风管与微控列车试验器连接，安装尾部试风监测仪；列车总风管压力达到 550～620 kPa 时，确认列车总风管系贯通良好，全列（静态）保压 1 min，总风管漏泄不大于 20 kPa。

③ 简略试验。

安装尾部试风监测仪，列车制动管达到定压后，机车制动阀减压 100 kPa，保压 1 min，列车管漏泄不大于 20 kPa。确认最后一辆车制动后，进行缓解并确认制动机缓解作用良好。

④ 持续一定时间的保压试验。

列车制动管达到定压后减压 100 kPa，制动保压状态下，持续 5 min 内任一车辆不得自然缓解，且每分钟内的漏泄量不大于 20 kPa。

2）货物列车制动机试验

列检作业场进行货物列车制动机试验时，须使用制动机微控地面试验装置和列车车辆制动试验监测装置进行，试验、监测数据须进行分析，监测结果作为列车制动机试验过程及质量判别的依据，监测数据保存 1 个月。遇有制动机微控地面试验装置检修、停电及故障等不能使用时或未安装微控地面试验装置的列检作业场，可利用本务机车进行列车制动机试验。

如图 6-3-10 所示，货物列车制动试验有持续一定时间的全部试验和简略试验。

图 6-3-10　货车列车试验项目

（1）试验时机。

①列检作业场对始发列车、中转列车在发车前施行一次持续一定时间全部试验。对于到达列车，运行情况正常时，不进行列车制动机试验；对于司机反映途中列车制动故障和作业中发现铁路货车存在车轮踏面温度异常偏高、轮辋变色严重、闸瓦异常磨耗等疑似抱闸迹象，施行制动机持续一定时间全部试验，确认并查找故障原因，按规定处置；进行制动机试验时，列检值班员通知车站值班员待列车制动机试验结束后，再进行排风作业。

②列检作业场始发、中转作业使用制动机微控地面试验装置进行列车制动机试验结束连挂机车后，应进行一次列车制动机简略试验；始发、中转作业的列车制动机试验后停留超过 20 min 时，发车前须再次施行列车简略试验。挂有列尾装置时，简略试验由机车乘务员负责，否则应由列车首、尾部检车员负责。

（2）试验方法及技术要求。

①持续一定时间全部试验：在列车最后一辆车尾部制动软管上安装无线风压监测仪，并确认主管压力达到规定压力。

A. 感度保压试验：置常用制动位，减压 50 kPa（编组 60 辆以上时减压 70 kPa），全列车须发生制动作用；同时保压，第 1 min 内无线风压监测仪显示的列车主管压力下降不大于 20 kPa，3 min 内不得发生自然缓解，并确认制动缸活塞行程是否符合规定。然后置运转位充风缓解，全列车须在 1 min 内发生缓解作用。

B. 安定试验：置常用制动位，减压 140 kPa（列车主管压力为 600 kPa 时减压 170 kPa），不得发生紧急制动。

②简略试验：在列车最后一辆车尾部制动软管上安装无线风压监测仪，确认列车管压力达到规定后，通知机车乘务员减压 100 kPa，尾部检车员确认最后一辆车制动缸活塞发生制动作用后，向机车乘务员显示缓解信号并确认最后一辆车制动缸活塞发生缓解作用。

知识拓展

1. 微控单车试验准备工作

（1）单车试验器的试验压力调至 600 kPa。

（2）微控单车试验器每日开工前必须进行机能检查，确保试验器状态良好。机能试验不合格不得使用。

（3）车辆与单车试验器连接前，须排除风源和单车试验器内的积水、灰尘。

客车列车试验

（4）在制动缸后盖或制动缸管路上及副风缸上分别安装压力表或者传感器（装有高度阀、差压阀的客车准备量程为 1 000 kPa、1.6 级的压力表）。

（5）准备直径为 $\phi25.4\sim25.45$ mm 的实心尼龙球（客车为 $\phi19.5\sim20$ mm），并准备安装于软管连接器上的网状回收器。

（6）安装 ST_2-250 型闸调器的车辆需准备长度为 340 mm、宽度为 60 mm、厚度为 16 mm、弧度为 $R420$ mm 的弧形钢垫板 1 块。全部装用新闸瓦时，闸调器螺杆伸出长度 L 值应为 200~240 mm。

2. 设置防护（货车不用）

（1）安全员到脱轨器室设置安全号志，进行股道作业。

（2）单车作业时确认两端铁鞋（止轮器）防溜状态无误。

（3）确认脱轨器上道后使用对讲机告知班组工长防护已设置好，如图 6-3-9 所示。

图 6-3-9　脱轨器

客车单车试验流程

工具设备清单 6.3

3. 工装设备、检测器具、工具清单

4. 货车微控单车试验步骤（见表 6-3-1）

表 6-3-1　货车微控单车试验

序号	作业项目	作业内容、标准及图示
1	过球试验	（1）将实心尼龙球放在单车试验器连接端的制动软管连接器中，然后将单车试验器与车辆端软管连接器连挂。 （2）折角塞门处于开通位，截断塞门处于关闭位，单车试验器置Ⅰ位充风，实心尼龙球须通过制动主管进入网状回收器。 （3）试验结束，置Ⅲ位，将网状回收器与小球取下

续表

序号	作业项目	作业内容、标准及图示
2	制动管漏泄试验	（1）单车试验器与车辆一端制动软管连接器连接，关闭该端折角塞门，置Ⅰ位充至定压后置Ⅲ位，保压1 min，制动管压力下降不大于2 kPa。另一端制动软管加装软管堵，开放两端折角塞门，开放两端折角塞门，关闭截断塞门，置Ⅰ位充至定压后置Ⅲ位，保压1 min，制动管压力下降不大于3 kPa。 （2）关闭另一端折角塞门，取下软管堵，保压1 min，单车试验器置Ⅲ位保压1 min，制动管压力下降不大于3 kPa。 （3）用防锈检漏剂涂刷制动软管连接处、管路各接头处、活动接头处，不许有漏泄现象
3	全车漏泄试验	（1）打开制动支管截断塞门，单车试验器置Ⅰ位，将副风缸充至压力稳定，置Ⅲ位保压1 min。 （2）用防锈检漏剂检查制动支管、副风缸、加速缓解风缸、脱轨阀管系接头、主阀和紧急阀安装面及中间体密封堵等部位不得漏泄，全车压力下降不大于3 kPa
4	灵敏度试验	（1）制动感度试验：单车试验器Ⅰ位，将副风缸充至压力稳定后置Ⅳ位，当制动管减压40 kPa时移至Ⅲ位保压，须达到下列要求：制动机须在制动管减压40 kPa之前发生制动作用。从发生局减作用开始，局部减压量不大于40 kPa；局部减压作用终止后，置Ⅲ位保压1 min，制动机不得发生自然缓解。 （2）缓解感度试验：保压1 min完毕后，单车试验器置Ⅱ位充风，制动机要在25 s内开始缓解，制动缸压力45 s内下降到30 kPa以下，60 s内制动缸缓解完毕。制动缓解指示器制动、缓解指示正确，显示清晰

续表

序号	作业项目	作业内容、标准及图示
5	安定试验	（1）单车试验器置Ⅰ位充风,待副风缸充至定压后,置Ⅲ位保压,压力稳定后开启Ⅶ位减压200 kPa,其间制动机不得发生紧急制动作用,关闭Ⅶ位,保压1 min,制动缸压力下降不大于3 kPa。 （2）保压时检查制动缸活塞行程,须符合规定。以制动缸尺寸为305×254为例,行程为(155±10)mm。 （3）用防锈检漏剂涂刷制动缸、降压风缸管系接头处,不许有漏泄现象
6	紧急制动试验	单车试验器置Ⅰ位充风,待副风缸充至定压后,置Ⅲ位保压,压力稳定后开启Ⅷ位,制动管减压100 kPa前,制动机须发生紧急制动作用。 注：客车紧急制动试验在过球试验后做。 客车紧急制动试验
7	加速缓解阀试验	单车试验器置Ⅰ位充气,待副风缸充至定压后,将单车试验器置Ⅵ位减压100 kPa,然后置Ⅲ位保压,待压力稳定后,单车试验器置Ⅱ位,制动缸开始缓解时,制动管压力应有不低于10 kPa的明显跃升
8	半自动缓解阀试验	（1）主阀缓解试验：单车试验器置Ⅰ位,待副风缸充至定压后,将单车试验器置Ⅵ位减压50 kPa,然后置Ⅲ位保压,拉缓解阀手柄至全开位3~5 s后松开,待制动缸压缩空气自动排完后,将单车试验器置Ⅴ位,再减压50 kPa,制动机须发生制动作用,然后再置Ⅰ位。 （2）制动缸缓解试验：待副风缸充至定压后,单车试验器置Ⅵ位,开启专用紧急试验位,施行紧急制动,制动管压缩空气排尽后,拉缓解阀手柄至全开位3~5 s后松开,制动缸压力应能下降到零

续表

序号	作业项目	作业内容、标准及图示
9	闸调器性能试验	（1）闸瓦间隙减小试验：单车试验器置Ⅰ位，待制动机缓解完毕后，将垫板放入任一闸瓦与车轮之间，副风缸充至定压后，单车试验器置Ⅴ位减压170 kPa，反复制动、缓解2次后，闸调器螺杆伸出长度须变长（压缩式闸调器螺杆伸出长度须变短）。再次制动后制动缸活塞行程与未安装垫板时的行程（简称初始行程）之差须不大于10 mm。 （2）闸瓦间隙增大试验：制动机缓解后，撤去闸瓦与车轮之间的垫板，副风缸充至定压后，单车试验器置Ⅴ位减压170 kPa，反复制动、缓解2次后，闸调器螺杆伸出长度须变短（压缩式闸调器螺杆伸出长度须变长）。再次制动后制动缸活塞行程与初始行程之差不大于10 mm
10	空车位试验 重车位试验	（1）制动机缓解时，抑制盘触头与横跨梁触板的间隙应符合规定，触头与抑制盘螺杆须用开口销锁定。 （2）空车位试验：将单车试验器置Ⅰ位充至定压后，置Ⅴ位减压200 kPa，置Ⅲ位保压，制动缸压力应符合规定。压力稳定后，保压1 min，制动缸压力下降3 kPa。此时空重车位显示牌不应翻起。置Ⅰ位缓解，制动缸压力须降至零。 （3）半重车位试验：将抑制盘上移，在触头与触板之间插入半重车位试验垫板。单车试验器Ⅰ位充气，待副风缸充至定压后，置Ⅴ位减压200 kPa，置Ⅲ位保压。此时空重车显示牌须翻起不小于45°，制动缸压力应符合规定。压力稳定后，保压1 min，制动缸压力下降不大于3 kPa，置Ⅰ位缓解，制动缸压力须降至零，空重车显示牌须落下。 （4）重车位试验：将抑制盘上移，在触头与触板间插入重车位试验垫板。单车试验器置Ⅰ位充气，待副风缸充至定压后，置Ⅴ位减压200 kPa，置Ⅲ位保压。此时空重车位显示牌须完全翻起。制动缸压力须符合规定，压力稳定后，保压1 min，制动缸压力下降不大于3 kPa；置Ⅰ位缓解，制动缸压力须降至零，显示牌落下。 空重车自动调整装置试验垫板厚度表 空重车自动调整装置单车试验压力值

续表

序号	作业项目	作业内容、标准及图示
11	完工整理	（1）试验小球回收：每班末，作业人员须将过球试验实心尼龙小球交回班组专人统一保管。 （2）单车试验结果打印、保存。 （3）关闭单车试验器端折角塞门，排出制动软管连接器内余风，摘下单车试验器。 （4）将软管吊起，收拾工具、量具、材料，清扫设备及作业现场，关闭电源、风源

自主提升

同步练习 6.3

1. 选择题

（1）制动机性能试验可以分为三种，以下哪项不是该试验内容？（　　）
A. 试验台试验　　B. 架车试验　　C. 单车试验　　D. 列车试验

（2）过球试验是为了检查下列哪一项的气路是否通畅？（　　）
A. 折角塞门　　B. 制动支管　　C. 制动主管　　D. 制动软管

（3）灵敏度试验包括两项，下面哪项不是？（　　）
A. 安定性　　B. 制动感度　　C. 缓解感度　　D. 感度试验

（4）制动管漏泄试验主要是测试（　　）的密封性能。
A. 制动支管　　B. 制动主管　　C. 折角塞门　　D. 制动软管

（5）对于 120 型制动机，紧急制动试验要求在制动管减压（　　）kPa 前，必须发生紧急制动作用。
A. 40　　B. 60　　C. 170　　D. 100

2. 判断题

（1）单车试验中的紧急制动阀试验，客货车都需要做。（　　）

（2）车辆制动装置组装完毕后，须按规定进行单车试验。（　　）

（3）制动机的安定性试验，不论客货车，都需要测试。（　　）

（4）单车制动感度试验时，要求制动主管减压达到 70 kPa 之前发生制动作用。（　　）

（5）单车试验器双针压力表有红黑两根指针。红针指示给风阀来的压力，黑针指示制动管的压力。（　　）

3. 结构图填空

（1）在图 6-3-10 中填写单车试验器（手动）结构。

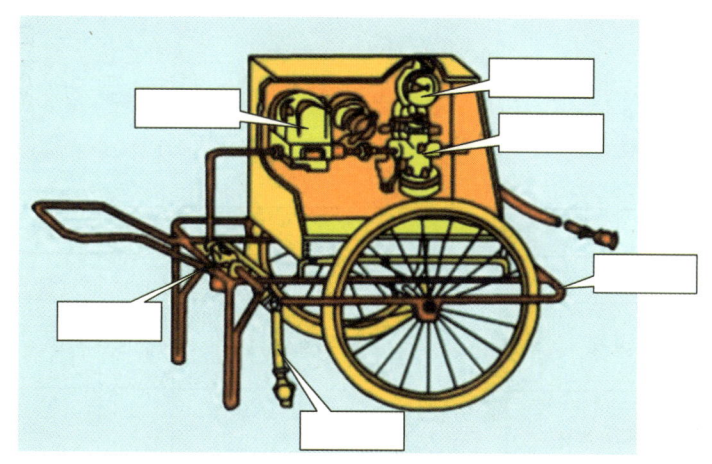

图 6-3-10　单车试验器（手动）结构

（2）综合题（填写表 6-3-2）。

表 6-3-2　单车试验项目及其功能

序号	单车试验项目（客货车都做）	各试验项目的功能

考核评价

线上考评 6.3

学生姓名		组名		班级			
出勤情况							
考评项目	具体内容	评价要点	分值	学生自评	小组互评	教师评定	
课前	知识点掌握情况	能够理解基础知识，如单车试验器的作用、组成等	5				
	流程图掌握情况	能够简单阐述检修步骤	10				
	学习主动性	积极参与，主动接受教师指导	5				
	任务完成度	根据情况，酌情赋分	5				
课中	能够简单说出单车试验器的作用和组成	论述表。清楚，酌情赋分，内容正确，错一处扣2分	10				
	能够清晰阐述过球试验的注意事项	论述表达清楚，酌情赋分，内容正确，错一处扣3分	10				
	能够掌握单车试验的具体操作步骤及要求	论述表达清楚，酌情赋分，内容正确，错一处扣4分	15				
	能够明确掌握客货车单车试验内容的不同部分	论述表达清楚，酌情赋分，内容正确，错一处扣5分	5				
	团队协作能力	根据情况，酌情赋分	5				
	课堂表现	根据情况，酌情赋分	5				
	职业素养	根据情况，酌情赋分	5				
课后	作业完成情况	根据情况，酌情赋分	10				
	交流反馈	能够进行有效互动并给出合理建议	5				
	自评反思	根据情况，酌情赋分	5				
成绩评定							
改进建议							

货车重载 ECP 技术

货车重载 ECP（Electric Control Pneumatic）制动技术，是一项革命性的创新技术。它利用无线通信和计算机网络控制技术，结合铁路货车制动控制技术，实现了对重载列车的精确、快速和同步制动控制。

2024 年 4 月 20 日，总长约 4.2 km、载重 3 万吨级的货运重载列车从朔黄铁路肃宁北站出发，经过 3 个多小时行驶，于 11 时 39 分顺利到达黄骅港站，标志着朔黄铁路 3 万吨级重载列车运行试验取得成功。该重载列车是目前我国铁路编组最长、载重最大的重载列车。

一、技术原理

无线 ECP 技术通过在重载列车上建立独立自主的列车无线网络和车地一体数据通信网络，传递制动缓解控制指令。电信号代替传统的空气制动信号，在列车内部快速传播，实现长大列车中所有车辆的制动缓解同步控制。

二、技术特点

（1）同步性好：通过无线自主网络，实现列车制动缓解的同步控制，提高了车辆动作的一致性。

（2）响应速度快：电信号传播速度快，制动响应时间短，有效缩短了制动距离。

（3）适应性强：对机车基本无改造要求，受环境影响小，列车网络自带独立，车辆改造要求小。

（4）智能化高：结合数据信息化和故障判断智能化技术，提高了重载列车的运行安全性和可靠性。

三、技术突破

（1）突破了铁路货车长期以来"不带电"的难题，采用轴端发电装置结合蓄电池的供电系统，实现了货车电能的智能调整与分配。

（2）突破了网络通信技术，解决了列车运用通信环境复杂、容错性保障、故障自恢复能力等难题，建立了双路由、多优先级介质访问控制的无线自主网络。

参考文献

[1] 张旺狮. 车辆制动装置[M]. 北京：中国铁道出版社，2018.

[2] 铁路职工岗位培训教材编审委员会. 制动钳工（车辆）[M]. 北京：中国铁道出版社，2010.

[3] 黄毅，陈雷. 铁路货车检修技术[M]. 北京：中国铁道出版社，2010.

[4] 中国国家铁路集团有限公司机辆部. 铁路客车检修[M]. 北京：中国铁道出版社，2022.

[5] 王婷，宋少文. 铁道车辆制动装置及制动新技术[M]. 成都：西南交通大学出版社，2023.